Meike Watzlawik (Hrsg.)

Kreative Entwicklung – Beschreiben, Verstehen, Fördern

Meike Watzlawik (Hrsg.)

Kreative Entwicklung – Beschreiben, Verstehen, Fördern

Mit Beiträgen von und in Andenken an Werner Deutsch

Tectum Verlag

Meike Watzlawik (Hrsg.)

Kreative Entwicklung – Beschreiben, Verstehen, Fördern
Mit Beiträgen von und in Andenken an Werner Deutsch
© Tectum Verlag Marburg, 2013
ISBN: 978-3-8288-3198-8

Umschlagabbildungen: Mit freundlicher Unterstützung von Ellen Watzlawik, Silvia de Vries, Birgit Sobiech, Brunhilde Sobiech, der Werkstatt für Menschen mit Behinderung des CJD Salzgitter, der Grundschule Salzgitter-Lichtenberg und des Kindergartens in Salzgitter-Salder, Foto von Werner Deutsch (Privatbesitz); siehe auch letzte Seite der Publikation.

Druck und Bindung: CPI buchbücher.de, Birkach
Printed in Germany
Alle Rechte vorbehalten

Besuchen Sie uns im Internet
www.tectum-verlag.de

Bibliografische Informationen der Deutschen Nationalbibliothek
Die Deutsche Nationalbibliothek verzeichnet diese Publikation in der Deutschen Nationalbibliografie; detaillierte bibliografische Angaben sind im Internet über http://dnb.ddb.de abrufbar.

Werde, der du bist

...und bleibe wandlungsfähig. So könnte das Motto des vorliegenden Werkes von und mit Werner Deutsch lauten. Das Buch ist getragen von der Idee der Menschlichkeit, der Offenheit, der Neugierde und der Wertschätzung des Kreativen. Das Buch ist aber auch ein Spiegel der weitgespannten wissenschaftlichen Interessen und der beeindruckenden Persönlichkeit von Werner Deutsch, der allzu früh im Jahr 2010 von uns gegangen ist. Ihn „nur" als Entwicklungspsychologen zu charakterisieren, würde ihm nicht gerecht, denn er war viel mehr. Er war ein begnadeter Lehrer, ein Verfechter des Echten, Ehrlichen, Unverfälschten, ein Philosoph, ein Kunstkenner, ein Musiker, manchmal ein Provokateur und immer ein liebenswerter Kollege.

Ich hatte viele Jahre lang das Glück, mit Werner Deutsch zusammenarbeiten zu dürfen. Wir betreuten gemeinsam Diplomanden, wir gestalteten Symposien und Vortragsreihen und wir diskutierten viel über Musik, über Kindererziehung, über Flow, und vor allem über die moderne Unart, Kreatives in den Dienst einer einseitig leistungsorientierten Gesellschaft zu stellen. Eine Gesellschaft, die den Blick für die Stärken der vermeintlich Schwächeren verloren hat, eine Gesellschaft, in der es vor allem auf Funktionieren, auf Wertschöpfung und Steigerung des Bruttosozialproduktes ankommt. Eine Gesellschaft, die Kindern mit Musik zum höheren IQ „verhelfen" will und die Manager in die Orchester schickt, damit sie „Kooperation" lernen. Eine Gesellschaft, die wachen Menschen Angst einflößen kann, weil sie einen wichtigen Teil des Menschen ausblendet: sein kreatives Potential frei von Ziel und Zweck. Stichworte sind hier Spiel, Erkundung, Suche ...

Der vorliegende Sammelband mit 17 Artikeln von Werner Deutsch und seinen Schülerinnen und Schülern ist in drei sich ergänzende Teile gegliedert, die man mit den Überschriften „Menschwerdung", „Menschsein", und „Selbsterkenntnis" charakterisieren könnte.

Im ersten Teil, eingeführt von Meike Watzlawik geht es um unsere Wurzeln. Werner Deutsch behandelt die spannende Frage, wann Erinnerungen an die eigene Kindheit auftauchen, welche Funktionen sie haben und in welchem Verhältnis sie zur erlebten Wirklichkeit stehen. Das menschliche Gedächtnis ist kein objektiver Datenspeicher, sondern es gewichtet, schreibt um, und bewertet aus der Rückblende neu. Bereits in diesem ersten Artikel wird der Leser in die Methoden der Entwicklungspsychologie, aber auch in die Kritik dieser Methoden eingeweiht. Man erfährt Wichtiges über Biographie-Forschung, Tagebuchtechnik, über Psychoanalyse, neurobiologische Grundlagen der Gedächtnisbildung, und über die frühkindliche Amnesie, welche uns die Erinnerungen an unsere frühe Kindheit verwehrt.

Das autobiographische Gedächtnis ist wichtig für den Prozess unserer Identitätsfindung und für den Prozess der ständigen Identitätswandlung. Exemplarisch arbeitet dies Werner Deutsch am Beispiel von eineiigen Zwillingen heraus, die sich der Herausforderung stellen müssen, trotz genetischer Identität eine eigene Persönlichkeit zu entwickeln. Werde, der Du bist – das ist auch die Aufgabe, die uns die Adoleszenz stellt: Wie könnte dies plastischer dargestellt werden, als an der Lebensgeschichte des Helden Siegfried. Nachdem er sich im Spiegel selbst gesehen hat löst er sich von seinem Adoptivvater Mime und wird durch Brünhilde aus seiner narzisstischen Selbstbezogenheit befreit. Durch einen Gifttrank verliert er seine Erinnerung an Brünhilde, und damit einen Teil seiner Identität und scheitert tragisch.

Der zweite Teil des Buches behandelt kreatives Schaffen im Kindes- und Erwachsenenalter. Hier sind die Themen Zeichnen, Malen, und Singen. Eingeleitet wird dieser Teil mit einer für Werner Deutsch typischen, überraschenden Wendung: Was kann ein Pädagoge und Therapeut von seinen Schülern und Klienten lernen? Ein derartiger Perspektivwechsel setzt Offenheit und Vorurteilsfreiheit voraus, er fordert einen kindlich neugierigen Blick auf das kreative Potential des vermeintlich Pathologischen. Dieser Zugang kann für den Betreuer und Beobachter zum Glücksfall werden, um eingefahrene Wahrnehmungsschablonen zu überdenken. Das vermeintlich „Unnormale" wirft uns so immer auf die Frage zurück, was eigentlich „normal" ist, und warum wir etwas für normal halten.

Die musikalische Förderung von Kindern war dem Musiker Werner Deutsch ein wichtiges Anliegen. Sein Bericht über zwei Projekte in Braunschweiger Kindertagesstätten (KITA) zeigt aber auch klar die ge-

Vorwort

genwärtigen Grenzen der musikalischen Förderung. Selbst vier- bis fünfjährige Kinder singen nicht mehr gerne vor einer Gruppe, sondern empfinden Scham. Hier benötigt man spezielle pädagogische Kniffe, um die Kinder dann doch noch zum Singen zu bewegen. Auch das zeigt, dass Musik machen und Singen bei Kindern nicht ein Selbstläufer ist, sondern gezielt gefördert werden muss. Das folgende Kapitel von Maike Hauschildt und Susanne Wiedau führt diesen Gedanken noch weiter aus und berichtet detailliert über den Erfolg des Braunschweiger Musikprojektes und insbesondere über dessen positive Bewertung durch die Eltern. In der Interviewstudie waren die Eltern der KITA-Kinder überzeugt, dass musikalische Erziehung wichtig ist, den Kindern guttut und das Leben bereichert.

Eine weitere Facette eröffnet Werner Deutsch in seinem Aufsatz zur Kreativität in der Entwicklung des Zeichnens. Kinderbilder sind oft von einer elementaren Schöpferkraft, die dann aber meist noch vor der Pubertät zu verlöschen scheint. Manche, – oft große Künstler –, bewahren sich diese kindliche Schaffenskraft, andere gewinnen sie wieder, sei es als Provokateure im Graffiti, sei es eher versteckt in den Kritzeleien, die während Telefonaten, langweiligen Sitzungen, und Vorträgen entstehen. Die spannende Frage ist, warum das Zeichnen in der späteren Kindheit so an Bedeutung abnimmt? Werner Deutsch stellt die These auf, dass es die Schriftsprache ist, das Zeichen, das das Zeichnen entthront! Der Intellekt siegt über die Urkraft des Kreativen.

Wie Kinder sich und ihre Familie in unterschiedlichen Kulturen sehen und zeichnen ist das wichtige Thema des Beitrags von Ariane Gernhardt. Kulturvergleichende Arbeiten in dieser Qualität sind sehr bereichernd, denn sie liefern eine Außenperspektive auf kindliches kreatives Schaffen und zeigen, dass jede Selbstwahrnehmung und Familiensicht kultur- und traditionsgebunden ist. Dieser Aufsatz spiegelt die wichtige Rolle des Fremden, denn die Beschäftigung mit dem Kreativen in anderen Kulturen ist wichtig für die Selbsterkenntnis und Identitätsfindung in der eigenen Kultur. Der letzte Aufsatz von Petra Sandhagen stellt die provokante Frage: Wie viel Medien braucht der Mensch? Dieser exzellente Beitrag ist keine dumpfe Medienkritik, sondern eine äußerst vielschichtige, pointierte und ausgewogene Behandlung dieser Frage. Medien sind wichtig und nicht mehr aus unserer Kultur wegzudenken. Sie verführen manche zur Sucht, aber ermöglichen auch Aufklärung und die jüngsten Revolutionen in der arabischen Welt. Die Aufgabe der Pädagogik (zu Hause, in der Schule, durch gleichaltrige Peers) ist es hier, Kindern einen verantwortungsvollen Umgang mit den Medien zu vermitteln.

Der dritte und letzte Teil des Werkes ist für mich besonders anrührend. Er nimmt am stärksten auf Werner Deutsch Bezug und ist vielleicht auch der Teil, der dem Leser die meisten neuen biographischen Details offenbart. Werner Deutsch erinnert sich daran, wie er begonnen hat, Psychodrama zu spielen. Die frühen siebziger Jahre sind bewegte Zeiten, für ihn persönlich, aber auch gesellschaftlich. Die Nachwehen der Studentenrevolution sind zu spüren und der Terror der Baader-Meinhof-Gruppe ist auf dem Höhepunkt. Es ist eine eigene, wiederum sehr kreative Form der Identitätsfindung, stark exponiert, experimentell und mutig. Die ersten Gruppenstunden sind noch von Befangenheit geprägt, aber dann wird das Spielen, – nicht das Schauspielen –, zum Bedürfnis. Im Zweiten Beitrag mit dem Titel „Wohin führt das Psychodrama" wird dieser Zugang vermittelt und das Psychodrama zwischen spielerischer Alltagserfahrung und Stegreifschauspiel verortet. Welches Potential dieses Spielen für die Entwicklungspsychologie hat, zeigt Jan Kretschmar in seinem anschließenden Artikel über das Kinderpsychodrama. Hier wird eine Methode mit praktischen Anleitungen vorgestellt und ihre Wirkungsweise aus vielen Blickwinkeln erkundet. Der letzte Beitrag von Florian Henk ist dem Flow-Erleben gewidmet. Kinder können oft noch selbstvergessen spielen, Erwachsene müssen sich dafür oft erst mühsam die Freiräume schaffen und es erneut erlernen. Sie werden belohnt durch ein tiefes Befriedigungsgefühl, durch das kindliches Glück, das vollständiges Aufgehen in einer Aufgabe verschafft.

Das Buch ist nicht nur ein Spiegel der Persönlichkeit von Werner Deutsch, es zeigt auch in den vielgestaltigen Beiträgen seiner Schüler sein Weiterwirken. Es ist ein Buch, das über einen großartigen Menschen Auskunft gibt, und das doch auch ein Fachbuch ist. Es vermittelt Inhalte, Methoden und Visionen einer Disziplin, die sich behutsam, aber enthusiastisch der Identitätsfindung durch kreatives Handeln widmet. Ich möchte daher allen interessierten Eltern, allen Pädagogen und Kollegen der Fachdisziplinen dieses Buch ans Herz legen. Ich beglückwünsche die

Herausgeberinnen für ihren Wurf und wünsche dem Buch eine weite Verbreitung. Möge das Buch beitragen, dass wir werden, was wir sind und doch wandlungsfähig bleiben!

Eckart Altenmüller

Hannover, Juli 2012

Inhaltsverzeichnis

TEIL I: Mensch werden?
Erinnerung, Entwicklung und die Frage nach dem Selbst 13

Werner Deutsch
Die Entdeckung der frühen Jahre:
Vergangenheit erinnern und Gegenwart erforschen 15

Werner Deutsch
Werde, der Du bist!
Identität und ontogenetische Entwicklung 31

Meike Watzlawik
Identitätsentwicklung als kreativer Prozess:
Wie Ich „Ich" werde und bleibe 45

TEIL II: Kreativer Ausdruck in der Entwicklung
Singen, Zeichnen und (neue) Medien 55

Werner Deutsch
Entwicklungsstörungen – ein Glücksfall?
Was ein Lehrer von seinen Schülern lernen kann 57

Werner Deutsch
Die Bedeutung von Musik
für die ganzheitliche Entwicklung von Kindern 63

Maike Hauschildt & Susanne Wiedau
Musikalische Entwicklung – ein Selbstläufer?
Überlegungen zur musikalischen Förderung von Kindern 67

Werner Deutsch
Wie Kreativität in der Entwicklung des Zeichnens wächst,
vergeht und – manchmal – wieder neu entsteht 82

Ariane Gernhardt
„Ich sehe was, was du nicht siehst": Zur Interpretation
von Kinderzeichnungen aus kulturvergleichender Perspektive 105

Petra Sandhagen
Wie viel Medien braucht der Mensch? 119

**TEIL III: Sich kreativ selbst entdecken,
in Frage stellen und weiterentwickeln** 144

Werner Deutsch
Wie das Psychodrama zu mir gekommen ist:
Ein Erinnerungsversuch 147

Werner Deutsch
Wohin führt das Psychodrama?
Spielen und nicht Schau-Spielen 152

Jan Kretzschmar
Spielerisch Entwicklung fördern:
Kinderpsychodrama 167

Florian Henk
Spielend einfach die Zeit vergessen: Flow-Erleben 199

**Vom Schulkind mit Schiefertafel zum Professor:
Werner Deutsch stellt sich vor** 215

Nach-Worte 219
Autorenliste & Kontaktdaten 221
Danksagung & Cover 222

TEIL I: Mensch werden?
Erinnerung, Entwicklung und die Frage nach dem Selbst

„Der Personalismus von William Stern ist […] ein Entwurf über Entwicklungsmöglichkeiten des Menschen, sofern die physischen und sozialen Umstände solche Entwicklungen zulassen. Günther Anders, William Sterns Sohn, hat genau dazu in seinem Hauptwerk *Die Antiquiertheit des Menschen* ein Gegenbild entworfen, warum das Mögliche nicht möglich ist, wenn Menschen die Grundlagen ihrer Existenz zerstören und die technische Entwicklung den Menschen zu einer Sache macht (vgl. Dries, 2009). Ich für meinen Teil sympathisiere mit dem Optimismus des Vaters, ohne vor den Gründen für den Pessimismus des Sohnes die Augen zu verschließen."

Werner Deutsch, 2010

Auch wenn man William Stern (1871-1838) und seinen Sohn Günther Anders (1902-1992) nicht kennt, wird in dem obigen Zitat dennoch ein Gegensatz deutlich. Im personalistischen Sinn kann Entwicklung stattfinden, wenn die Umstände dies erlauben. Was heißt in diesem Zusammenhang „personalistisch"? Der kritische Personalismus nach Stern stellt die Person in den Mittelpunkt. Laut Stern handelt der Mensch aus einem inneren Antrieb heraus und muss in seiner Vielfalt und Einzigartigkeit erlebt und verstanden werden (Stern, 1918). Sterns Sohn hingegen konzentriert sich weniger auf die im Menschen schlummernden Potentiale, sondern eher auf die Umstände, unter denen diese Potentiale gar nicht erst sichtbar werden können.

Werner Deutsch, der sich am Optimismus des Vaters orientiert, hat die Entwicklung des Menschen immer im Hinblick auf die Potentiale untersucht – auch wenn das Umfeld nicht außer Acht gelassen wurde. Er hat Kinderzeichnungen analysiert, ein autistisches Mädchen beim Singen beobachtet und die musikalische Entwicklung von Kindergartenkindern verfolgt – um nur einige Beispiele zu nennen. Ein wichtiger Hinweis dabei war, dass sich Kreativität nur dann entfalten könne, wenn man sich zwischendurch auch einmal langweile. Langeweile scheint sich heute allerdings seltener einzustellen als es früher der Fall gewesen ist, da man jederzeit zu seinem Smartphone, Gameboy oder Tablet-PC greifen kann. Was haben die Menschen bloß früher ohne diese Dinge gemacht?

Werner Deutsch hat sich als Kind u.a. mit seinem Stabilbaukasten beschäftigt. Als Erwachsener surfte er nicht im Netz, da er weder ein Smartphone, geschweige denn einen Laptop besaß, sondern ging ins Theater, traf sich mit seiner Psychodramagruppe oder trat selbst als Tenor auf. Hat eventuell der Stabilbaukasten dazu beigetragen, dass Werner Deutsch auch als Erwachsener kreativ tätig gewesen ist? Untersuchungen, die dies be- oder widerlegen könnten, sind mir nicht bekannt, jedoch ist eines sicher: Kindheitserfahrungen sind prägend. Die Vergangenheit ist immer Teil von uns, wir erinnern uns und können dadurch wichtige Fragen wie: „Wer waren wir, wer sind wir und wer möchten wir sein?" beantworten.

Dieser Abschnitt geht deshalb, bevor wir uns konkreten Bereichen der kreativen Entwicklung widmen, auf grundlegende Überlegungen zum „Menschsein" ein. Welche Rolle spielen Erinnerungen für die (eigene) Entwicklung? Wie entwickeln wir einen Sinn für Identität? Und wie schaffen wir es – obwohl ständiger Wandel gefordert ist – uns nicht zu verlieren? Gerade der letzte Aspekt kann durchaus als kreativer Prozess verstanden werden – aber dazu im Folgenden mehr.

Meike Watzlawik

Literatur

Dries, C. (2009). *Günther Anders*. München: Fink.

Stern, W. (1918). *Grundgedanken der personalistischen Philosophie*. Berlin: Reuther & Reichard.

Die Entdeckung der frühen Jahre:
Vergangenheit erinnern und Gegenwart erforschen[1]

Werner Deutsch

Die Entdeckung der frühen Jahre geschieht auf zwei Wegen.

Erstens als Erinnerung an die eigene Kindheit. Wann tauchen solche Erinnerungen auf, welche Funktionen haben sie und in welchem Verhältnis stehen sie zur erlebten Wirklichkeit?

Zweitens als Beobachtung und Dokumentation von Entwicklungsprozessen. Wie hat sich im Laufe der Geschichte der Entwicklungspsychologie der methodische Zugang geändert? Was zeichnet die frühen Jahre vor späteren Entwicklungsabschnitten aus?

Vergangenheit erinnern

Durch eine Umstellung im Schuljahresbeginn vom Frühjahr auf den Herbst habe ich 1966 ein halbes Jahr früher mein Abitur ablegen können. Zwanzig Jahre danach traf sich mein Abiturjahrgang, um vor Ort die Schulzeit noch einmal Revue passieren zu lassen.

Wir hatten den Wunsch geäußert, die Prüfungsakten zu unserem Abitur einsehen zu können. Unser Wunsch ging in Erfüllung. Wir konnten im Lehrerzimmer in unseren Abiturarbeiten blättern. Als Schüler hatte keiner von uns jemals dieses Zimmer betreten dürfen. Jetzt saßen wir auf den Stühlen und an den Tischen, wo unsere teils geliebten, teils gehassten Lehrer ihren Pausenkaffee getrunken und ihre Notenkonferenzen abgehalten hatten. Vor jedem Platz lag eine Akte mit einem fein säuberlich beschriebenen Etikett, auf dem der Name des Abiturienten vom Jahrgang Herbst 1966 zu lesen war.

---

[1] Der vorliegende Aufsatz ist die schriftliche Fassung des Eröffnungsvortrags „Die Entdeckung der frühen Jahre" auf der 13. Fachtagung des Fachverbandes für integrative Lerntherapie vom 1. bis 3. Mai 2003 in Schauenburg-Elmshagen.

Der Blick in die eigene Abiturakte ist eine merkwürdige Reise in die Vergangenheit. Sie bestätigt nicht nur Bekanntes, sondern bringt auch Überraschendes hervor. Mein Sitznachbar im Lehrerzimmer, inzwischen selbst Lehrer, schüttelte den Kopf, als er die Lösungen der Abituraufgaben im Fach Mathematik betrachtete. Der Handschrift nach musste es sich um seine Lösungen handeln, doch er konnte nicht nachvollziehen, wie ihm das gelungen sein sollte. Das größte Erstaunen in meiner Abiturakte rief ein Blatt hervor, das den Abiturarbeiten als Anlage beigefügt war. Das Blatt enthielt meinen Lebenslauf. Er bestand aus wenigen Zeilen – geboren und aufgewachsen, da und dort zur Schule gegangen, besondere Interessen, Sprachkenntnisse und Berufswunsch. Das war's schon. Ein Text, so knapp und spröde, dass der Verfasser nach der Devise „Nur so wenig wie möglich, aber so viel wie nötig" zu schreiben schien. War dieser Lebenslauf eine Ausnahme oder entsprach er der Regel? Während meine Mitabiturienten ihre Deutschaufsätze durchlasen, verglich ich die gesammelten Lebensläufe. Der Vergleich beruhigte mich. Die anderen Lebensläufe waren ähnlich schematisch und unpersönlich wie mein eigener ausgefallen. Jetzt fiel mir auch wieder ein, dass ich mich vor 20 Jahren seitenlang über Kafkas „Das Urteil" auslassen konnte, aber unfähig war, die ersten 18 Jahre meines Lebens in eine Form zu bringen, hinter der ich als Person stand und nicht ein Schema für die Abfassung von Lebensläufen. Was gab es – damals – aus meinem Leben schon zu berichten? Objektiv waren doch nur die harten Fakten der Lebensdaten einschließlich der Noten auf den Schulzeugnissen. Wen interessierte, dass ich am Waldrand auf der Heide in der Nähe einer psychiatrischen Großklinik – sozusagen zwischen Idylle und Elend – aufgewachsen war? Wen interessierte, dass meine Familie aus sechs Personen bestand, die in einem kleinen Haus mit großem Garten und vielen Tieren lebten? Wen interessierte, dass mein um fünf Jahre älterer Bruder und ich außer einem Stabilbaukasten kein Spielzeug hatten und es auch nicht vermissten?

Wer sich entwickelt, lebt mit seinen Gedanken und Phantasien nicht in der Vergangenheit, sondern in der Gegenwart und noch mehr in der Zukunft. Das gilt vermutlich auch für Angehörige der „No Future Generation". Im Nachhinein kann ich verstehen, warum das Schreiben eines Lebenslaufs beim Schulabgang überhaupt keine inspirierende Aufgabe ist. Wer glaubt, das Leben vor sich zu haben, sieht keinen Sinn darin, über seine Vergangenheit nachzudenken. Von einem bestimmten Zeitpunkt an wollen Kinder keine Kinder mehr sein, weil sie beispielsweise selber bestimmen möchten, wann sie zu Bett gehen und welche T-Shirts sie tragen. Der Jugendliche träumt vom Erwachsenenleben mit eigener Wohnung und eigenem Wagen. Der voll etablierte Erwachsene hofft, sein Zustand möge möglichst lange so bleiben, wie er ist. Erst im Alter treten an die Stelle von Sehnsüchten, Träumereien und Hoffnungen Erinnerungen – Erinnerungen an „die frühen Jahre" des eigenen Lebens, Erinnerungen an eine Kindheit in Trümmern mit Steckrübensuppe und dem magischen Auge eines Röhrenradios, Erinnerungen an eine Zeit, als bei Festen gemeinsam Lieder gesungen und nicht von Kassetten abgespielt wurden, Erinnerungen an Indianerspiele im Brombeergebüsch und „Himmel und Hölle" auf Ahorn-Chausseen ohne Autos. Wie werden die Erinnerungen der heute Fünfjährigen aussehen, wenn sie, alt geworden, ihre frühen Jahre entdecken? Werden auch sie ihre Kindheit in ein Paradies verwandeln – ein Paradies, das ihnen den ersten Computer bescherte und sie zum begeisterten Pokémon-Sammler machte?

Das menschliche Gedächtnis ist kein Kassettenrekorder und auch keine Videoanlage. Unser Gedächtnis verfügt trotzdem über eine Menge von Tricks, wie zum Beispiel eine fantastische Lichtregie, die aus einem tristen Grau ein lebhaftes Rot macht, und eine wirkungsvolle Dramaturgie, die Langeweile in Hochspannung verwandeln kann. Erinnerungen an die frühen Jahre sind weder Tatsachenberichte noch Phantasiegebilde, sondern Lebensgeschichten, bei denen „Dichtung und Wahrheit" in ein produktives Verhältnis treten. Lebensgeschichten, deren Thema „Die frühen Jahre" sind, stehen hoch im Kurs, wenn die Gegenwart in der Gleichförmigkeit alltäglicher Abläufe aufgeht und die Zukunft keine Versprechungen mehr auf ein künftiges Glück im Diesseits bereithält. Wer seinem Lebensende ins Auge sieht, beginnt, mit und von der eigenen Vergangenheit zu leben.

So sind die frühen Jahre im Leben der meisten Menschen eine späte Entdeckung, die in Form von Erinnerungen auftritt. Sie tauchen das Damals in ein mildes Abendlicht. Mit solchen Erinnerungen lässt sich gut leben und – vermutlich – auch gut sterben.

Kindheitserinnerungen treten bevorzugt, aber nicht ausschließlich im Alter auf. Wer in jungen Jahren Vater wird, den erinnert das Aufwachsen des Sohnes an die eigene Kindheit. Die Erinnerung schafft Nähe zwischen Vater und Sohn, wenn der Vater sich in die Gefühle und Handlungen seines Sohnes hineinversetzt. Sie schafft auch Distanz, weil die Reichweite der eigenen Erinnerungen begrenzt ist. Nur wenige Erinnerungen von Erwachsenen reichen zurück bis in das dritte Lebensjahr. Obwohl das Gedächtnis in den beiden ersten Lebensjahren bereits funktioniert, sind Erinnerungen aus dieser Zeit später kaum noch abrufbar. Über das Phänomen der frühkindlichen Amnesie ist viel gerätselt worden. Sind die frühkindlichen Erfahrungen so intensiv, dass sie verdrängt oder verleugnet werden? Oder sind die neurobiologischen Grundlagen für Gedächtnisbildung in den ersten beiden Lebensjahren und auch noch danach so starken Veränderungen unterworfen, dass der Zugang zu Gedächtnisinhalten aus dieser Zeit blockiert ist? Die nachweisbaren Fakten zur frühkindlichen Gehirnentwicklung sprechen für eine neurobiologische Erklärung frühkindlicher Amnesie.

Sexueller Missbrauch in der Kindheit kann traumatische Folgen haben. Die Erinnerung an das traumatisierende Ereignis verblasst dann nicht mit der Zeit. Sie lässt sich nicht wie ein Lichtschalter ein- und ausschalten. Die Erinnerung kommt und geht, wann und wie sie will, und ruft eine Erfahrung wach, die möglicherweise Jahre oder Jahrzehnte zurückliegt. Solche Erinnerungen, denen Menschen ungewollt ausgeliefert sind, werden Intrusionen genannt. Nur selten kann die betroffene Person ohne Hilfe von außen ihr Auftreten unter Kontrolle bringen und sich dabei auch vom traumatisierenden Ereignis befreien.

Erinnerungen an die frühen Jahre stellen sich auch bei den Personen ein, die als Kindergärtnerinnen, Vorschulerzieherinnen, Pädiater, Kinderkrankenschwestern oder Kinderpsychologen in ihrem Beruf regelmäßig mit Kindern dieser Altersgruppe zu tun haben. Welche Rolle spielt die erinnerte eigene Kindheit für den professionellen Umgang mit Kindern? Welche Bedürfnisse werden durch solche Tätigkeiten angesprochen, die über den Gelderwerb hinausgehen? Führt der regelmäßige Kontakt mit Kindern zu einem Wiedererleben eigener Kindheitserfahrungen? Wie wirken sich solche Erfahrungen auf die Erwartungen aus, die mit der beruflichen Tätigkeit verknüpft werden? Ist das professionelle Interesse für die Entwicklung und Erziehung von Kindern ein Ersatz für die eigene Kinderlosigkeit? Ohne Selbsterfahrung und ohne Gelegenheit zur Supervision besteht die Gefahr, dass der Umgang mit Kindern in professionellen Routinen erstarrt oder zu einer persönlichen Dauerbelastung wird.

Die Erfahrungen der frühen Jahre gehen an keinem Menschen spurlos vorüber. Die Spuren sind bei jedem Menschen nachweisbar, auch wenn er den frühen Jahren entwachsen ist. Sie sind erkennbar an Bedürfnissen, Interessen, Tätigkeiten und eben auch an Erinnerungen. Welche Funktion haben solche Erinnerungen? Sind die Erinnerungen Müll, der entsorgt werden sollte? Sind die Erinnerungen eine Kompensation für nicht mehr vorhandene oder entgangene Erfahrungsmöglichkeiten? Sind die Erinnerungen Dauerbelastungen, denen man sich nicht entziehen kann? Oder sind die Erinnerungen eine Ressource, aus der auch Erwachsene Kraft und Stärke zur Lebensbewältigung ziehen? Fragen über Fragen, die Anlass geben, über persönliche Antworten nachzudenken. Je nach Lebenslage werden die Antworten unterschiedlich ausfallen.
Bildende Künstler wie Paul Klee und Pablo Picasso haben wiederholt darauf hingewiesen, wie sehr sie versucht haben, ihre kindliche Spontaneität und Kreativität wiederzubeleben (vgl. Deutsch, 1997). Aus ihrer Sicht sind die frühen Jahre ein Kraftzentrum. Klee und Picasso wollten malen wie Kinder, die ihren Vorstellungen im Kopf und ihren Gefühlen im Bauch Ausdruck geben, ohne auf Konventionen Rücksicht zu nehmen. Der authentische Ausdruck ist eine Fähigkeit, die in den frühen Jahren bei fast allen Kindern aufblüht. Diese Fähigkeit äußert sich in vielfältiger Weise – in Erzählgesängen, bei denen Kinder Texte und Melodien verbinden, die ihnen – hier und jetzt – einfallen, in Rollenspielen, bei denen sie den Rasen vor dem elterlichen Haus zur Bühne für ein frei erfundenes Drama mit Rollen aus ihrem Leben machen, in Sprachspielen, bei denen herkömmliche Wörter durch den Austausch eines Lauts in ein bedeutungsloses anderes Klangbild verwandelt werden, und dergleichen mehr. Improvisierte Gesänge, Stegreiftheater und Wortspiele sind Zeugnisse einer Kinderkultur, deren Credo die spielerische Welterfahrung ist. Im Spiel wird Schein in Sein und Sein in Schein verwandelt. Wirklichkeit ist durch Phantasie veränderbar. Phantasie kann Welten erzeugen, die bisherige Erfahrungshorizonte übersteigen. Selbst biologi-

sche Tatsachen wie die Einteilung von Menschen in Kategorien wie Mann und Frau bzw. Junge und Mädchen werden in den frühen Jahren zeitweise noch als veränderbar erlebt. Für einen Dreijährigen wird aus einer Frau ein Mann, wenn sie sich einen Rauschebart anklebt. Zurückverwandlungen in das Ursprungsgeschlecht sind auch möglich. Wenn der Rauschebart als kennzeichnendes Attribut für die Kategorie Mann entfernt wird, dann mutiert der Mann zur Frau.

Das Kraftzentrum der frühen Jahre bleibt nur in ganz seltenen Fällen das, was es einmal gewesen ist. Der durch Schule, Ausbildung und Beruf geprägte „Ernst des Lebens" drängt die Fähigkeiten an den Rand, die in den frühen Jahren im Mittelpunkt gestanden haben. An die Stelle von Phantasien tritt Wirklichkeitsnähe, an die Stelle von Spontaneität Disziplin, an die Stelle von Improvisation Routine, an die Stelle von Hingabe Pflicht und an die Stelle von Kooperation Konkurrenz. Kein Wunder, dass als Erwachsene gerade diejenigen vom Kraftzentrum der frühen Jahre zehren oder träumen, die für ihren Beruf Kreativität und Spontaneität brauchen wie eben Paul Klee oder Pablo Picasso.

Künstlerische Durchbrüche, technische Erfindungen, wissenschaftliche Entdeckungen und auch psychotherapeutische Erfolge sind auf ein solches Kraftzentrum angewiesen, doch die besonderen Werke und Leistungen setzen voraus, dass Spontaneität und Disziplin, Improvisation und Routine, Hingabe und Pflicht und vielleicht sogar Kooperation und Konkurrenz keine Gegensätze, sondern ergänzungsbedürftige Partner sind. Kinder können wie Forscher entdeckend lernen, aber ihnen gelingen keine wissenschaftlichen Neuentdeckungen, bei denen spielerisch entwickelte Ideen einer harten systematischen Prüfung an der Wirklichkeit ausgesetzt werden müssen.

„O wüss't ich doch den Weg zurück, den lieben Weg zum Kinderland!" So beginnt ein von Johannes Brahms vertontes Gedicht, das der norddeutsche Dichter Klaus Groth geschrieben hat. Es endet mit der Zeile: „Vergebens such' ich nach dem Glück, ringsum ist öder Strand, öder Strand!" Der romantische Wunsch nach einer Zeitreise zurück in die Kindheit zerplatzt wie eine Seifenblase. Das „Vergebens" der Romantiker hängt vielleicht damit zusammen, dass ihr Wunsch eine Nummer zu groß ausgefallen ist. Das Rad der Zeit in der eigenen Entwicklung lässt sich nicht zurückdrehen. Erwachsene können nicht ein zweites Mal Kind sein. Wenn sie sich so verhalten, dann sind sie kindisch, aber keine Kinder. Trotzdem ist das Land der frühen Jahre nicht wie ein Paradies, aus dem Kinder sich freiwillig entfernt haben, als sie nicht mehr Kinder sein wollten, oder aus dem sie von den Älteren vertrieben worden sind. Kreativität und Spontaneität sind reaktivierbare Ressourcen. Vielleicht nicht gerade durch so genannte kreative Programme, die in teuren Wellnesszentren marktgerecht abgespult werden, sondern durch Konzentration auf Kräfte, die an kindliche Erfahrungen anknüpfen. Der Erfinder des Psychodramas Jakob Levy Moreno hat hierzu Wege aufgezeigt, die im Grunde jedem Menschen, gleichgültig wie alt oder jung er ist, offen stehen (vgl. Moreno, 1959). Ausgangspunkt ist nicht ein Zeitpunkt in der Vergangenheit an einem entfernten Ort, sondern die aktuelle Situation im Hier und Jetzt. Von hier aus kann das, was untergegangen zu sein scheint, neu belebt werden, und zwar so, dass das Vergangene nicht alt und grau erscheint, sondern wie neugeboren erlebt wird. Von hier aus kann auch das, was noch in weiter, unerreichbarer Ferne liegt, erkundet werden, so, als trete die Zukunft in die Gegenwart ein. Erinnern kann mehr sein, als Vergangenes wiedererkennen oder abrufen. In Cees Notebooms Erstlingswerk „Philip und die anderen" sagt jemand: „Du bist als altes Kind geboren, Du wirst nichts erleben, sondern Dich nur erinnern." Wenn Menschen das Kraftzentrum der frühen Jahre in ihrem eigenen Leben und dem Leben ihrer Menschen ernst nehmen, dann sind sie nicht an das „Sich nur erinnern können" bzw. das „Sich immer wieder erinnern müssen" gebunden. Vielmehr können sie über ihre Erinnerungen Vergangenes neu erleben und Zukünftiges erlebbar machen.

Wie hatte William Stern in seinem letzten Werk „Allgemeine Psychologie auf personalistischer Grundlage" (1935, S.99) Psychologie definiert? „Psychologie ist die Wissenschaft von der erlebenden und der erlebnisfähigen Person". Weil Menschen solche Personen sind, können Erinnerungen an die Vergangenheit und Wünsche an die Zukunft in die Gegenwart geholt werden. Ohne das Kraftzentrum der frühen Jahre, in denen Spontaneität und Kreativität sich entwickelt haben, wäre die Vergegenwärtigung von Vergangenheit und Zukunft nicht möglich.

Gegenwart erforschen

Sigmund Freud (1937) hat einmal die Tätigkeit eines Psychotherapeuten mit der eines Archäologen verglichen, der aus Bruchstücken, den Erinnerungsfetzen eines neurotisch gestörten Patienten, zu rekonstruieren versucht, wie frühere Zustände ausgesehen haben könnten. Eben diese Zustände, die schief gelaufene Entwicklungsverläufe anzeigen, werden als Ursachen für die Entstehung von neurotischen Störungen angesehen. Die Krankengeschichte wird damit rückwärts aufgerollt, wobei der Weg vom Hier und Heute immer weiter in die Lebensgeschichte eines Menschen führt, bis die neuralgischen Punkte – der bzw. die psychischen Grundkonflikte – in seiner Entwicklung entdeckt sind. Solange diese Ursachen unbekannt sind oder falsch eingeschätzt werden, ist eine Linderung oder sogar Heilung der psychischen Störungen aussichtslos.

In der entwicklungspsychologischen Forschung hat sich dieser Zugang zur Untersuchung von normalen Entwicklungsprozessen nicht durchgesetzt. Retrospektive Daten – wie etwa die allerersten Erinnerungen an die eigene Kindheit oder das Bewusstwerden der eigenen sexuellen Orientierung in der Pubertät – werden höchst selten benutzt, um Entwicklungsverläufe zu beschreiben und die zugrundeliegende Dynamik, die zu Entwicklungsveränderungen führt, zu erklären. Trotzdem sind retrospektive Daten kein Abfall, der für Forschungszwecke ungeeignet ist. Solche Daten können aufschlussreich für das – entwicklungsspezifische – Funktionieren des autobiographischen Gedächtnisses und seine Beziehung zur Identitätsentwicklung eines Menschen sein. Erinnern sich beispielsweise Erwachsene, deren sexuelle Orientierung nicht gegengeschlechtlich ausgerichtet ist, anders an die Vorgänge, die sich in und mit ihnen beim Bewusstwerden ihrer sexuellen Orientierung abgespielt haben, als Personen mit einer gegengeschlechtlichen sexuellen Orientierung? Das Standardmodell entwicklungspsychologischer Forschung ist prospektiv ausgerichtet, d.h. Zustände und Veränderungen von Zuständen werden fortlaufend möglichst zeitnah erfasst. Zwischen dem Ereignis, das festgehalten werden soll, beispielsweise dem allerersten Auftreten des Pronomens „Wir" in der Sprachentwicklung eines Kindes, und seiner Dokumentation sollte möglichst wenig Zeit verstreichen. Mit diesem Ansatz, auf den meiner Ansicht nach die Bezeichnung „Aufsteigendes Verfahren" gut passt, können Entwicklungsverläufe so erfasst werden, wie sie sich in der Zeit, für die als Maßstab meistens das chronologische Alter des sich entwickelnden Menschen verwandt wird, abspielen. Die Vorteile der prospektiven gegenüber der retrospektiven Datenerhebung liegen auf der Hand. Das menschliche Gedächtnis ist weit entfernt vom Ideal objektiver Datenerfassung. Es wählt aus, ergänzt, streicht, stellt um, fügt zusammen, ordnet unter und ordnet über, verschweigt und übertreibt. Was Erwachsene über ihre eigene Kindheit erinnern, sind keine reinen Fakten, sondern mit Lebenserfahrung getränkte Interpretationen. Im Nachhinein lässt sich kaum noch trennen, was an einer Erinnerung Tatsache und was Deutung ist. Hinzu kommt, dass manche Erinnerung gar nicht aus erster Hand stammt, sondern aus Erzählungen von nahen Angehörigen übernommen worden ist. So genannte Erinnerungen sind nur Teile einer mündlichen Erzähltradition innerhalb von Familien.

Der Archäologe braucht eine klare Vorstellung davon, wie frühere Zustände ausgesehen haben könnten, damit er einen Fund zutreffend einordnen kann. Der Fund spricht nicht für sich. Er wird erst durch Einordnung in ein Gesamtbild verständlich. Auch retrospektive Daten verlangen nach Theorien und Fakten von Entwicklungsprozessen, die sich auf Entwicklung als Prozess in der Gegenwart beziehen. Was den Bereich der frühen Kindheit anbelangt, stellt sich für die Forschung ein Dilemma. Das sich entwickelnde Kind kann selbst keine Auskunft darüber geben, was mit ihm passiert. Selbst wenn im Verlauf des zweiten Lebensjahres das Kind in eine oder mehrere Sprachen hineinwächst, dient Sprechen und Sprachverstehen dem unmittelbaren Ausdruck und der unmittelbaren Mitteilung von Sachverhalten. Die Sprache hat nicht die Funktion, etwas über den Augenblick hinaus festzuhalten. Erst durch die Schriftsprache bzw. die technische Aufzeichnung gesprochener Sprache ist die Konservierung von Ereignissen möglich. Bei der prospektiven Erkundung der frühen Jahre fallen das erforschende und das erforschte Subjekt auseinander. In diesem Entwicklungsabschnitt kann die „erlebende und erlebnisfähige Person" nicht ihre eigene Entwicklung durch Schriftsprache bzw. Audio- und Videoaufzeichnungen festhalten. Notwendig ist ein Dokumentator, der mehr oder minder regelmäßig Beobachtungen anstellt und seine Beobachtungen durch Aufzeichnungen festhält.

Die Geschichte der wissenschaftlich orientierten Entwicklungspsychologie beginnt mit Tagebuchaufzeichnungen eines Erwachsenen, der Beobachtungen aus den ersten Lebensjahren eines ihm anvertrauten Kindes mit Papier und Bleistift festhält. Aus Einzelinitiativen, die bis in das 17. Jahrhundert zurückreichen, ist am Ende des 19. und zu Beginn des 20. Jahrhunderts ein Tagebuchboom entstanden, der von da an bis heute wegen anderer Möglichkeiten der Datenerhebung an Bedeutung verloren hat. Heute versteht die Entwicklungspsychologie sich als eine Wissenschaft, die die gesamte Lebensspanne – von der Befruchtung einer Eizelle durch eine Samenzelle bis hin zum Gehirntod – umfasst. Begonnen hat die Entwicklungspsychologie als Psychologie der frühen Kindheit, indem Beobachtungen über die Entwicklung eines einzelnen Kindes von der Geburt an fortlaufend in einem Tagebuch in Form von Schriftsprache aufgezeichnet worden sind. Hinter solchen Aufzeichnungen steckt die Überzeugung, dass Kinder keine Miniaturerwachsenen sind, sondern Eigenarten aufweisen, die nur auf dem Wege über prospektiv erhobene Daten und nicht auf dem Wege über Erinnerungen an und Reflexionen über die eigene Entwicklung gewonnen werden können. Durch entwicklungspsychologische Forschung kann also Neues entdeckt werden. Jede menschliche Fähigkeit hat eine eigene Entwicklungsgeschichte. Der Mensch wird nicht mit aufrechtem Gang, Tiefensehen und logischem Denken geboren. Diese Fähigkeiten entwickeln sich. Über das Wann und das Wie können Tagebuchaufzeichnungen Auskunft geben.

Die frühen Tagebuchstudien haben vieles gemeinsam. Es sind Einzelfallstudien, die mit der Geburt beginnen und höchst selten über das 6. Lebensjahr hinausreichen. Darüber hinaus betreffen die Dokumentationen Kinder, die in einem Elternhaus aufwachsen, das die Entwicklung ihrer Kinder nach besten Kräften unterstützt. Frühe Tagebuchstudien über entwicklungsgestörte Kinder sind nicht bekannt.

Das entwicklungspsychologische Tagebuch scheint die passende Methode für die prospektive Untersuchung der frühen Jahre zu sein. Die selten überschrittene Grenze des sechsten Lebensjahres wirft ein Licht auf die Frage, um die wir bis jetzt einen Bogen gemacht haben. Wann fangen die frühen Jahre an, wann hören sie auf? Die Tagebuchmethode ist nur ergiebig, wenn Beobachterin bzw. Beobachter und Kinder in engem Kontakt zueinander stehen. Das gilt so lange, wie die Familie (oder familienähnliche Konstellationen) das soziale Zentrum des sich entwickelnden Kindes ist. Bereits früh können Epizentren entstehen, wenn das Kind regelmäßig Kontakt zu einer Krabbelgruppe oder einer Kindergruppe bei einer Tagesmutter hat. Eine größere soziale Veränderung tritt durch den Besuch eines Kindergartens ab dem 3. oder 4. Lebensjahr ein. In der Tat markiert dieses Alter das Ende vieler Tagebuchstudien. Eine zweite, noch deutlichere Grenze wird mit dem Schuleintritt überschritten. Hier findet die frühe Kindheit ein Ende, weil neben dem sozialen Zentrum in der Familie ein neues zweites Zentrum entsteht, in dem andere Formen sozialer Beziehungen vorherrschen. Aus einer fürsorglichen Eltern-Kind Beziehung wird eine auf Leistungsanforderung hin ausgerichtete Lehrer-Schüler Beziehung, aus geschwisterlichen und freundschaftlichen Beziehungen zu Altersgenossen kooperierende und konkurrierende Beziehungen innerhalb von Schulklassen. Tagebuchstudien, die über das 6. Lebensjahr hinausgehen, haben Seltenheitswert. Die bekannteste Ausnahme ist sicherlich das bis in die Pubertät hineinreichende Tagebuchprojekt von Clara und William Stern (Behrens & Deutsch, 1991). Die Begrenzung der Tagebuchmethode auf die frühen Jahre, d.h. die Entwicklung von Kindern bis etwa zum Schuleintritt, macht ein Grundproblem entwicklungspsychologischer Forschung deutlich. Es gibt nicht die Methode, die als Königsweg auf Entwicklungsbereiche in allen Entwicklungsabschnitten passt. Auch innerhalb der frühen Jahre hat die Tagebuchmethode ihre ursprüngliche Vormachtstellung eingebüßt. Kritische Stimmen haben die Subjektivität bei der Auswahl und Interpretation von beobachteten Ereignissen sowie die mangelnde Repräsentativität von Einzelfallstudien moniert. Die Tagebuchmethode selbst erlaubt, wie Siegfried Hoppe-Graff (1989) herausgearbeitet hat, große Spielräume, was die Vorabbestimmung von beobachteten Ereignissen und Zeitintervallen zwischen Beobachtungszeitpunkten anbelangt. Außerdem ist sie mit anderen Methoden wie Entwicklungstests und standardisierten Aufgaben, die systematische Bedingungsvariationen erlauben, gut kombinierbar. So hat Johanna Bächli in ihrer von mir betreuten Diplomarbeit, die im Sommer 2003 abgeschlossen worden ist, die Entwicklung des Bittens und Bestätigens bei ihrer Tochter Paula untersucht. Zwei Erhebungsmethoden sind während des 2. Lebensjahres vor und nach Erreichen der 50-Wort-Grenze miteinander verglichen worden. In einer standardisierten Situation sind Bitten provoziert worden, indem das Kind ein Musikinstrument oder ein Bilderbuch aus einem Angebot von verschiedenen Büchern und Musikinstrumenten auswählen konnte. Erfasst wurde, wie das Kind zu unterschiedlichen Tageszeiten gegenüber zwei verschiedenen Personen sein Verlangen zum Ausdruck bringt und wie es den Empfang des erhaltenen Objekts bestätigt. Neben den standardisierten Situationen hat die Untersucherin in Tagebuchaufzeichnungen ereigniszentriert Situationen festgehalten, in denen Paula um etwas gebeten hat und wie sie auf das Empfangene reagiert hat. Am Anfang, vor Erreichen der 50-Wort-Grenze, sind die standardisierten Situationen hilfreich, damit Paula sich gegenüber ihrem Gegenüber, vor allem mit nonverbalen Mitteln wie Blicken oder Handgesten, verständlich machen kann. Beides, Bitten und Bestätigen, wird zur Routine, die sich nach Erreichen der 50 Wort Grenze nur wenig verändert. Anders sieht es in den durch Tagebuchaufzeichnungen erfassten nicht-standardisierten Situationen aus. Sobald Paulas Wortschatz eine bestimmte kritische Masse, die viel genannte 50-Wort-Grenze, übersteigt, werden Bitten und Bestätigungen immer expliziter und differenzierter. Gerade bisher unbekannte Situationen regen Paula an, neue Formen, die in der standardisierten Situation nicht vorgesehen und nicht erfasst sind, auszuprobieren. Diese Formen werden danach ins Repertoire übernommen. Ein Interaktionsformat, das von Seiten der Erwachsenen soziale Interaktionen mit Kindern standardisiert, ist, so wie Jerome Bruner bereits vor einem Vierteljahrhundert gezeigt hat, ein geeignetes Sprungbrett, um mit beschränkten Mitteln eine beachtliche Wirkung zu erreichen. Je weiter die Entwicklung sprachlicher Fähigkeiten in Sachen Wortschatz und Grammatik voranschreitet, umso wichtiger werden neue Herausforderungen, die jenseits von zur Routine gewordenen Formaten liegen. Die Befunde von Johanna Bächli beziehen sich auf einen Einzelfall, dessen Übertragbarkeit auf andere Kinder noch nachzuweisen ist. Trotzdem enthält diese Untersuchung einen deutlichen Hinweis auf die Gefahr, die eine fortschreitende Standardisierung von Untersuchungsmethoden in den frühen Jahren mit sich bringt.

Die Laboratorien der Kindheit sind heute immer weniger die natürlichen Bedingungen, unter denen Kinder aufwachsen, sondern hoch technisierte Untersuchungslabors, in denen unter extrem standardisierten Bedingungen quantifizierbare Reaktionen auf systematisch variierte Reize erfasst werden. An die Stelle natürlicher Interaktionen treten in Paradigmen vorgeschriebene Untersuchungsabläufe (vgl. Deutsch & Lohaus, 2006). Die Ergebnisse solcher Untersuchungen sind oft so spektakulär, dass sie von den Medien aufgegriffen werden, bevor sie in Fachzeitschriften veröffentlicht sind. Auf diesem Weg verändert Wissenschaft das traditionelle Bild von Kindheit. Föten und Babys scheinen Leistungen zu erbringen, die das normale Vorstellungsvermögen weit übersteigen. Bereits Neugeborene scheinen ihre Muttersprache von Fremdsprachen unterscheiden zu können. In Habituations-Dishabituationsparadigmen verändert sich ihre Nuckelrate, wenn der Input für die Kopfhörer von der Muttersprache Deutsch auf eine Fremdsprache wie Chinesisch umgestellt wird. Bedeutet ein solcher Befund tatsächlich, dass Sprachen unterschieden werden können? Was Neugeborene erkennen können, sind Sprechmelodien die sie nolens volens bereits im Mutterleib etwa ab der 20. Schwangerschaftswoche hören konnten. Nachgeburtlich lässt sich ein Gewöhnungseffekt nachweisen. Vertraute Sprechmelodien sind eine wichtige Komponente für Unterschiede zwischen gesprochenen Sprachen. Die Sprechmelodie ist sicherlich auch ein Schlüssel für sprachliche Einheiten wie Sätze und Satzteile. Trotzdem folgt aus der Fähigkeit, unterschiedlich vertraute Sprechmelodien auseinanderhalten zu können, noch lange nicht, dass, wenn eine Komponente beherrscht wird, die anderen Komponenten auch schon mitbeherrscht werden. Wie spektakulär ein Untersuchungsbefund aus der an Paradigmen orientierten Erforschung der frühen Jahre tatsächlich ist, ergibt sich nicht aus dem Titel einer populärwissenschaftlichen Untersuchungspräsentation.

In der Entwicklungspsychologie als Wissenschaft ist die Entdeckung der frühen Jahre nicht neu. Sie hat als Kinderpsychologie angefangen und erst nach und nach die anderen Abschnitte des menschlichen Lebenslaufs als Forschungsgebiete erobert. Nach Jugend, vorgeburtlicher Entwicklung und Alter ist seit einigen Jahren der Erwachsene als Thema für entwicklungspsychologische Untersuchungen entdeckt worden. Entsprechend dem Zeitgeist versteht sich die Entwicklungspsychologie als Veränderungswissenschaft. Ihr Motto lautet: Abgesehen von der genetischen Ausstattung ist jeder Mensch in seiner Entwicklung ständigem Wandel unterworfen. Nichts bleibt so, wie es einmal war. Trotzdem sind die meisten Menschen immer noch davon überzeugt, dass sie trotz vielfältig wechselnder Identitäten lebenslang ein- und dieselbe Person bleiben.

Die alte Entdeckung der frühen Jahre war gekoppelt an die Auffassung, dass Kinder Kinder sind und nicht die Kleinausgabe von Erwachsenen, denen noch etwas zum Erwachsenendasein fehlt. Wie Kinder sich entwickeln, ist eine Frage, die nur mit Hilfe von Beobachtungen beantwortet und nicht aus normativen Vorstellungen über Entwicklung abgeleitet werden kann. Die passende Methode war das Tagebuchverfahren, das seit dem Beginn des 20. Jahrhunderts durch weniger subjektive Methoden wie Entwicklungstests, Beobachtungsskalen, experimentelle Paradigmen wie das Habituations-Dishabituationsparadigma aus seiner Vormachtstellung verdrängt worden ist. Wünschenswert ist die Mischung verschiedenartiger Untersuchungsmethoden, damit Inhalte nicht über Methoden, sondern Methoden über Inhalte bestimmt werden. Bewährt hat sich der nach vorne gerichtete prospektive Ansatz für die Untersuchung kurzfristiger oder auch langfristiger entwicklungspsychologischer Veränderungen. Der prospektive Ansatz bedeutet, dass Entwicklung mit der Zeit von der Gegenwart in die Zukunft hinein betrachtet wird, und zwar bei menschlichen Individuen, die – längsschnittlich – über die Zeit hinweg untersucht werden. Der querschnittliche Ansatz über den Vergleich von unterschiedlichen Altersgruppen, der seit dem Niedergang von längsschnittlich ausgerichteten Tagbuchstudien in der Entwicklungspsychologie Fuß gefasst hatte, scheint kein befriedigender Ersatz für Längsschnittstudien zu sein.

Die neue Entdeckung der frühen Kindheit, die methodisch mit dem Paradigmenansatz verschwistert ist, propagiert das Kind als Alleskönner oder – etwas bescheidener ausgedrückt – als „the competent child". Diese Sicht betont, dass die Plastizität des menschlichen Gehirns in den frühen Jahren viele Möglichkeiten offen hält, die praktisch viel zu wenig genutzt werden. Das Aufwachsen in mehreren Sprachen ist eine solche Möglichkeit, die keine Überforderung an das Kind darstellt, wenn die passenden „Anreize" in seiner sprachlichen Umgebung vorkommen. Deshalb sollte Mehrsprachigkeit in einer globalisierten Welt zur Regel werden. Die neurobiologische Perspektive von Entwicklung sieht allerdings auch die – teilweise erheblichen – interindividuellen Unterschiede beim „competent child", etwa bei den Fähigkeiten, ohne die in einer alphabetisch geprägten Schriftkultur das Lernen von Lesen und Schreiben zu einer Qual werden kann. Während die gesprochene Sprache in der frühen Kindheit wie von selbst gelernt wird, benötigen die meisten Kinder für die Kulturtechniken des Schreibens und Lesens eine systematische Anleitung. Eine Schlüsselqualifikation, die bereits während der frühen Kindheit erworben werden kann, ist das Lautbewusstsein für den Aufbau gesprochener Sprache. Prospektive Untersuchungen zeigen, dass das Lautbewusstsein der beste Prädiktor ist, um den Erfolg der Alphabetisierung in der Grundschule vorherzusagen (siehe etwa Schneider, 1996). An diesem Beispiel wird deutlich, dass in der Entwicklungspsychologie die Trennung von Grundlagenforschung und Angewandter Forschung überwunden werden kann. Aus prospektiv gewonnenem Wissen kann prognostisches Wissen werden. Prognostisches Wissen erlaubt das Erkennen von Kindern, die Risikogruppen angehören. Prognostisches Wissen kann also präventiv nutzbar gemacht werden. Wenn das Lautbewusstsein sich nicht von selbst einstellt, kann es mit spielerischen Methoden systematisch eingeübt werden. Die Prävention ist allerdings nur dann von Erfolg gekrönt, wenn sie früh genug praktiziert wird.

Entwicklung eröffnet Spielräume, weil sie auf dem Zusammenspiel von biologischen Grundlagen und psychischen Erfahrungen beruht. In keinem Entwicklungsabschnitt sind die Spielräume größer als während der frühen Jahre. Noch scheint vieles, wenn auch nicht alles, möglich zu sein. Es kommt darauf an, die Spielräume zu nutzen und sie so zu gestalten, dass in der weiteren Entwicklung der Ernst des Lebens spielerisch bewältigt werden kann.

Literatur

Behrens, H. & Deutsch, W. (1991). Die Tagebücher von Clara und William Stern. In H.E. Lück & R. Miller (Hrsg.), *Theorien und Methoden psychologiegeschichtlicher* Forschung (S. 66-76). Göttingen: Hogrefe.

Deutsch, W. (1997). Wie in der Entwicklung des Zeichnens Kreativität wächst, vergeht und – manchmal – wieder neu entsteht. In O. Kruse (Hrsg.), *Kreativität als Ressource für Veränderung und Wachstum* (S. 335-348). Tübingen: DGVT.

Deutsch, W. & Lohaus, A. (2006). Methoden in der Entwicklungspsychologie: Historische und aktuelle Perspektiven. In W. Schneider & F. Wilkening (Hrsg.), *Enzyklopädie der Psychologie. Theorien, Modelle und Methoden der Entwicklungspsychologie* (Band 1, S. 793-831). Göttingen: Hogrefe.

Freud, S. (1989; Original: 1937). Konstruktionen in der Analyse. In S. Freud, *Schriften der Behandlungstechnik* (S. 393-403). Frankfurt am Main: Fischer.

Hoppe-Graff, S. (1989). Die Tagebuchaufzeichnung: Plädoyer für eine vergessene Form der Längsschnittbeobachtung. In H. Keller (Hrsg.), *Handbuch der Kleinkindforschung* (S. 233-252). Berlin: Springer.

Moreno, J.L. (1959). *Gruppenpsychotherapie und Psychodrama: Einleitung in die Theorie und Praxis.* Stuttgart: Thieme.

Schneider, H. (1996). *Sprache: Sprachentwicklung – Sprache im psychotherapeutischen Prozess.* Heidelberg: Mattes

Stern, W. (1935). *Allgemeine Psychologie auf personalistischer Grundlage.* Den Haag: Nijhoff.

Werde, der Du bist![1]
Identität und ontogenetische Entwicklung

Werner Deutsch

Identität ist Identität ist Identität

Was ist Identität? Übereinstimmung sagen die Synonymwörterbücher. Übereinstimmung setzt voraus, dass zwei Dinge – es können auch Merkmale von Gegenständen, Personen, Symbole sein – miteinander etwas gemeinsam haben. Müssen sie absolut gleich, d.h. ein- und dasselbe sein? Oder toleriert der Begriff der Identität auch gewisse Ungleichheiten, wenn die Gemeinsamkeiten zwischen zwei Dingen überwiegen? Betrachten wir drei Beispiele aus den Bereichen Mathematik, Werbung und Poesie.

In der Mathematik wird die Identitätsbeziehung so ausgedrückt:

A = A (A ist gleich A).

A ist nur ein Symbol, eine gedachte Größe. Was vor dem Gleichheitszeichen steht, stimmt mit dem überein, was nach dem Gleichheitszeichen kommt. Die Mathematik kümmert sich nicht um die inhaltliche Bedeutung von A. Statt A kann in die Gleichung auch B oder X eingesetzt werden. Solange die Symbole vor und hinter dem Gleichheitszeichen nicht verschieden sind, behält der Satz der Identität seine Gültigkeit. Sind diese Überlegungen nur Gedankenspielereien? Keineswegs! Wenn Größen im mathematischen Sinne identisch sind, dann folgt daraus, dass wir sie zusammenzählen oder voneinander abziehen dürfen. Es sind Aussagen über Mengen möglich wie „Im Korb liegen fünf Äpfel und sechs Birnen." Äpfel und Birnen kann man nicht zusammenzählen, es sei denn, wir wechseln die Ebenen. Wenn uns nicht die Fruchtsorte, sondern nur die

---

[1] Schriftliche Fassung eines Vortrags auf dem 52. Psychotherapie-Seminar Freudenstadt (September 1997) und den 9. Cloppenburger Wirtschaftsgesprächen (Oktober 1998).

Tatsache interessiert, dass die Früchte im Korb Kernobst sind, dann werden aus fünf Äpfeln und sechs Birnen elf Stück Kernobst.

Unser zweites Beispiel führt uns in den Bereich der Werbung. „Berlin bleibt doch Berlin." Ich weiß nicht, wer diesen Werbeslogan in die Welt gesetzt hat. Er hat sich nicht nur in den Köpfen der Berlinerinnen und Berliner festgesetzt, sondern lockt Fremde immer wieder in diese Stadt. Wie der mathematische Satz drückt der Werbeslogan eine Identitätsbeziehung aus. Statt der abstrakten Symbole begegnet uns jetzt der Name einer Stadt. Städte verändern sich, auch wenn ihre Namen gleich bleiben. Mit „Berlin ist Berlin" könnte man keinen Hund hinter dem Ofen hervorlocken. Der Slogan „Berlin bleibt doch Berlin" lebt davon, dass diese Stadt ihren unverwechselbaren Charakter – das für Berlin Typische – trotz Veränderungen behält. Was das Typische nun genau ist, darf jeder selbst bestimmen.

Wir kommen zur Poesie. Wer den Namen der amerikanischen Dichterin Gertrude Stein hört, dem fällt auf der Stelle ein bestimmter Satz ein: „A rose is a rose is a rose." Das ist kein grammatischer Satz, eher der Beginn der Endlosschleife eines Tonbands. Er stellt das auf den Kopf, was wir bis jetzt über Identität festgehalten haben. Identität ist eine (gewisse) Übereinstimmung zwischen zwei Seiten einer Gleichung. In Gertrude Steins Satz wird die Gleichung verdoppelt, wobei das mittlere Glied zwei Funktionen hat. Es ist Ende der ersten und Beginn der zweiten Gleichung. Wie nüchtern kommt dieser Satz daher, wenn wir ihn in zwei richtige Sätze auflösen! „A rose is a rose. A rose is a rose." Genauso nichtssagend wie „Berlin ist Berlin. Berlin ist Berlin", nämlich die Wiederholung einer Tautologie. „A rose is a rose is a rose" dagegen entfaltet einen Zauber . Er klingt wie Musik, die uns den Duft von zahllosen Rosen beschert. Hier geht es nicht um die analytische Aussage, dass Rosen, die in vielen Größen, Farben und Formen vorkommen, einer gemeinsamen Klasse angehören und – in dieser Hinsicht – identisch sind. Mit der Parodie des Satzes der Identität entführt Gertrude Stein uns mit denkbar einfachen formalen Mitteln in eine andere Wirklichkeit, das Reich der Poesie.

Bis jetzt haben wir Identität als eine Relation kennengelernt, die wir in der Mathematik auf abstrakte Symbole, in der Sprache der Werbung auf

Städte und im Reich der Poesie auf Rosen angewandt haben. Welchen Sinn macht es, den Begriff der Identität mit Menschen und ihrer Entwicklung in der Ontogenese in Verbindung zu bringen?

Genetische Identität

Nichts ist dauerhafter als der Wechsel. Während der ontogenetischen Entwicklung eines Menschen – also vom Zeitpunkt seiner Zeugung durch die Vereinigung von mütterlicher Ei- und väterlicher Samenzelle bis hin zum Aussetzen der Herztätigkeit – bleibt kaum etwas unverändert. Mit welchem Recht sprechen wir dann Menschen eine Identität zu? Gibt es überhaupt Merkmale, die über die gesamte (oder zumindest einen langen Abschnitt der) Lebensspanne hinweg konstant bleiben?

Jeder Mensch besitzt eine genetische Identität, die erstens in der Ontogenese unverändert bleibt und zweitens, von wenigen Ausnahmen abgesehen, diesen Menschen von allen anderen unterscheidet. Genetisch betrachtet sind die allermeisten Menschen also einzigartige Individuen, die einander mehr oder weniger ähnlich sind. Verwandtschaftsbeziehungen stehen in systematischem Zusammenhang mit dem Grad der genetischen Ähnlichkeit zwischen Individuen. „Das gesamte genetische Erbe einer Person befindet sich in der DNA jeder einzelnen Kernzelle, und mit modernen molekulargenetischen Methoden lässt sich diese Information äußert effizient abrufen" (Schmidtke & Krawczak, 1994, S. 126). Auf den englischen Molekulargenetiker Alec Jeffreys geht der Begriff DNA-Fingerprinting (genetischer Fingerabdruck) zurück. Dieser Begriff ruft eine Methode in Erinnerung, die Francis Galton entwickelt hat. Er beschäftigte sich mit „richtigen" Fingerabdrücken von Menschen, indem er Hautleisten, Bögen und Schleifen zählte und ihre Muster analysierte. Hierbei machte er die Entdeckung, dass „die Fingerbeerenmuster eines Menschen nie mit denen eines anderen identisch sind" (nach Kabet vel Job, 1986, S. 219). Mit Hilfe des Fingerabdrucks können menschliche Individuen eindeutig identifiziert werden, ohne dass – wie bei fast allen anderen Merkmalen wie Nasenform, Augenfarbe, Muttermale, Gesichtsnarben – die Gefahr einer Verwechslung besteht. Der genetische Fingerabdruck basiert auf dem Prinzip genetischer Polymorphismen. Darunter versteht man zwei oder mehr Allele eines Gens, die mit einer Häufigkeit von über einem Prozent in einer Population vorkommen. Als Material für den genetischen Fingerabdruck sind Fragmente der DNA geeignet, die in allen kernhaltigen Zellen wie zum Beispiel dem Sperma, Speichel und Haar zu finden sind.

Das Produkt des genetischen Fingerabdrucks ist eine Darstellung des DNA Fragmentmusters, die einem Strichcode ähnelt. Vorausgegangen sind die elektrophoretische Auftrennung genomischer DNA-Fragmente und ihre Inkubation mit multi locus-Sonden. Der genetische Fingerabdruck ist ein wissenschaftlicher Durchbruch, der mit erheblichen praktischen Folgen einhergeht. Das Verfahren gibt genaue Auskunft in Abstammungsfragen, auch solchen, die jahrzehntelang die Gemüter bewegt haben wie die (inzwischen widerlegte) Behauptung, Kaspar Hauser sie ein Spross des Badener Herrschaftshauses gewesen. Täter in Vergewaltigungs- und Gewaltverbrechen können eindeutig identifiziert werden. Schließlich profitiert auch die Zwillingsforschung vom genetischen Fingerabdruck. Bei Zwillings- und auch anderen Mehrlingsgeburten kann jetzt mit an Sicherheit grenzender Wahrscheinlichkeit entschieden werden, ob bei einer Mehrlingsschwangerschaft mehr als eine Eizelle oder nur eine einzige Eizelle befruchtet worden ist. Die Abbildung 1 zeigt genetische Fingerabdrücke von vier Zwillingspaaren, zwei eineiige und zwei zweieiige, die im Rahmen unseres Braunschweiger Zwillingsprojekts mit Hilfe von Speichelproben im Institut für Humangenetik der Medizinischen Hochschule Hannover (Leitung Prof. Dr. Schmidtke) untersucht worden sind.

Bei den dizygoten Zwillingspaaren stimmen die Strichcodes nur teilweise überein, da sie wie normale Geschwister – im Durchschnitt – die Hälfte ihrer Gene teilen, während bei den eineiigen Zwillingen die Strichcodes genau parallel verlaufen. Eineiige Zwillinge sind, was die genetische Identität betrifft, eine Ausnahme, die psychologisch von großem Interesse ist. Genetisch sind sie identisch. Wie können sie unter solchen biologischen Bedingungen eine persönliche (individuelle) Identität entwickeln und welchen Problemen begegnen sie in ihrer Identitätsentwicklung, von denen genetisch einzigartige menschliche Individuen verschont bleiben?

TEIL I: Mensch werden?

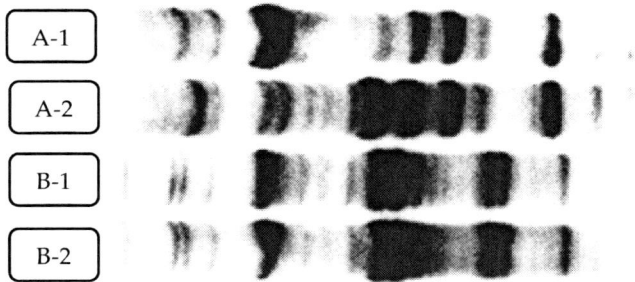

Abbildung 1: Genetische Fingerabdrücke von eineiigen Zwillingen (B) und zweieiigen Zwillingen (A) (siehe auch Burchardt, 1999)

Die Identitätsentwicklung von Zwillingen

Zwillinge sind nicht gleich Zwillinge. Manche gleichen einander wie ein Ei dem anderen, und andere sind so verschieden, dass sie bestenfalls für Geschwister gehalten werden. Der Dichter (und Pfarrer) Eduard Mörike hat, noch bevor die psychologische Zwillingsforschung in Gang gekommen ist, ein wenig bekanntes Gedicht geschrieben, das den Titel „Die Schwestern" trägt. Es lautet so:

Wir Schwestern zwei, wir schönen,
So gleich von Angesicht,
So gleicht kein Ei dem anderen,
Kein Stern dem anderen nicht.

Wir Schwestern zwei, wir schönen,
Wir haben lichtbraune Haar,
Und flichst du sie in einen Zopf,
Man kennt sie nicht fürwahr.

Wir Schwestern zwei, wir schönen,
Wir tragen gleich Gewand,
Spazieren auf dem Wiesenplan,
Und singen Hand in Hand.

> Wir Schwestern zwei, wir schönen,
> Wir spinnen in die Wett,
> Wir sitzen an einer Kunkel
> Und schlafen in einem Bett.
>
> O Schwestern zwei, ihr schönen
> Wie hat sich das Blatt gewendt!
> Ihr liebet einerlei Liebchen –
> Und jetzt hat das Liedel ein End.

Zu Mörikes Zeiten gab es noch keine Zwillingsforschung. Allerdings passt seine Beschreibung haargenau auf ein eineiiges Zwillingspaar, das in einer symbiotischen Bindung aufwächst. Mörike vermeidet den Begriff Zwillinge, doch die Schwestern treten in den fünf Strophen des Gedichts immer nur im Plural auf, und kein einziges Mal als Individuum mit einem eigenen Namen. Das Gedicht, von Mörike ironisch Liedel genannt, bricht ab, als die symbiotische Bindung einen Knacks bekommt.

Vier Strophen lang wird eine Harmonie aufgebaut, die in der letzten fünften Strophe plötzlich auseinanderbricht, weil beide sich in „einerlei Liebchen" verliebt haben. Die Pointe des Gedichts ist tragisch. Aus der wunderbaren Harmonie kindlicher Zweisamkeit wird ein Konflikt, der nicht lösbar zu sein scheint, solange der Geliebte sich nicht für die eine oder andere entscheiden kann.

Aber wie könnte er auch, wenn die beiden namenlosen Schwestern keine individuelle, sondern nur eine Paaridentität besitzen? Ist Mörikes Gedicht eine Übertreibung? Oder charakterisiert es genau die Gefahr, die solchen Zwillingen in ihrer Entwicklung begegnet? Mörike bricht sein Gedicht lakonisch ab, als in die vollkommene Zweisamkeit die Liebe zu einer dritten Person hereinbricht. Das Problem, das Mörike hier andeutet, ist in der Zwillingsforschung leider nur zu einem Thema am Rande geworden, obwohl es aus meiner Sicht ein Hauptthema der Zwillingsforschung sein sollte. Wie können genetisch identische Zwillinge eine individuelle persönliche Identität entwickeln? Auch eineiige Zwillinge können phänotypisch verschieden sein, etwa in Bezug auf ihre Handpräferenzen oder, wie bereits Galton erkannt hat, in den Fingerbeeren mustern ihrer Hände. Warum neigen Eltern von Zwillingen, die hinsichtlich ihrer Gesichtsmerkmale (siehe Deutsch, Schäfer & Wagner, 1998) phänotypisch ähnlich sind, dazu, ihre Zwillinge noch ähnlicher zu machen, indem sie ihnen ein „Doppeltes Lottchen"-Aussehen verpassen. Selbst diese Zwillingspaare sind von einem bestimmten Zeitpunkt an in der Lage, sich selbst und ihre Zwillingsgeschwister auf Fotografien richtig zu identifizieren. Ihre Entwicklung ist allerdings gegenüber Kindern, die einzeln mit oder ohne ältere Geschwister aufwachsen, deutlich verzögert (Deutsch, Wagner, Schulz, Burchardt & Nakath, 2001). Im Prinzip können Zwillinge genauso wie einzeln aufwachsende Kinder eine persönliche Identität entwickeln. Nur brauchen sie hierfür mehr Unterstützung als Einzelkinder. Phänotypische Ähnlichkeiten sollten nicht durch gleiche Kleidung, gleiches Spielzeug, gleiche Freizeitaktivitäten zusätzlich verstärkt werden. Da Zwillinge häufig untereinander eine engere Bindung als zu ihren Eltern haben, stehen sie in der Adoleszenz vor einer doppelten Aufgabe. Es geht nicht nur um die Umgestaltung der Beziehung zu den Eltern, sondern auch zum Zwillinggeschwister. Auf diese Doppelaufgabe können Eltern ihre Zwillinge (oder Drillinge etc.) vorbereiten, indem sie diese nicht als Paar, sondern als Individuum mit dem Recht auf eine eigene Identität betrachten. Trotzdem sollte auch der Wunsch von Zwillingen, mit oder ohne Partner lebenslang verbunden zu bleiben, respektiert werden.

Zwillinge sind ein seltener Fall, der sie selbst und ihre Eltern vor besondere Probleme stellt. Auch unter diesen ungewöhnlichen Umständen ist selbst bei genetischer Identität die Entwicklung einer persönlichen Identität möglich. Allerdings sollte die Entwicklung der persönlichen Identität durch den Respekt vor selbst gewählten Übergangsobjekten und der Möglichkeit von individueller Kleidung früh genug gefördert werden, damit in der Adoleszenz die Umgestaltung der Beziehung zu den Eltern einerseits und zum Zwillingsgeschwister andererseits erfolgreich gelingen kann.

Die Identitätsentwicklung eines Helden

Die Sage von Siegfried ist in mehreren Versionen überliefert. Viele haben sie in ihrer Kindheit kennengelernt, als ihnen Gustav Schwabs „Deutsche

Volks- und Heldensagen" (o.J.) vorgelesen wurde. Manche Erwachsene können sich nicht satthören und sattsehen an der Version, die Richard Wagner als zweiten Tag seines Ring des Nibelungen auf die Bühne gestellt hat. Schließlich begegnen einige wenige der Siegfried Sage im Original – beispielsweise im Rahmen eines Germanistikstudiums, wenn aus der Nibelungensage übersetzt werden soll. Ich möchte hier keine philologischen Vergleiche zwischen Versionen anstellen, sondern herausstellen, wie Richard Wagner den Stoff psychologisch so zugespitzt hat, dass daraus ein aufschlussreiches Fallbeispiel zu Identitätsentwicklung geworden ist (Wagner, 1876/1973).

Wagner hat sich gleichermaßen als Komponist und Dichter verstanden und sich in Siegfried eine Reihe von dichterischen Freiheiten erlaubt, die den Stoff auch für die entwicklungspsychologische Betrachtung richtig spannend machen. Siegfried wächst unter extremen Bedingungen auf, die keine normale Entwicklung versprechen: als einziges Kind bei einem alleinerziehenden Adoptivvater, der dem Schmiedehandwerk nachgeht. (Bei Schwab, o.J.; S. 5 wächst Siegfried bei seinen leiblichen Eltern auf, die sich allerdings wegen seines Drangs zur Unabhängigkeit große Sorgen machten und ihn in die Fremde gehen ließen, damit er „ein Held werde"). Wagners Siegfried stammt aus einer Inzestbeziehung zwischen den Zwillingsgeschwistern Siegmund und Sieglinde ab. Der Adoptivvater gibt Informationen über Siegfrieds Herkunft erst preis, nachdem es zwischen den beiden über der Art ihrer Herkunft zum Konflikt gekommen ist.

Erster Aufzug, erste Szene

Mime:
Glauben sollst du,
was ich dir sage:
ich bin dir Vater
und Mutter zugleich.

Siegfried:
Das lügst du, garstiger Gauch!
Wie die Jungen den Alten gleichen,
das hab ich mir glücklich ersehnt.

Nun kam ich zum klaren Bach
da erspäh' ich die Bäum'
und Tier' im Spiegel;
Sonn' und Wolken,
wie sie nur sind,
im Glitzer erschienen sie gleich.
Da sah ich dann auch
mein eigen Bild;
ganz anders als du
dünkt' mich da:
so glich wohl der Kröte
ein glänzender Fisch;
doch kroch nie ein Fisch aus der Kröte!

Für die gegenwärtigen Theorien zur Identitätsentwicklung ist diese Szene aufschlussreich. Das Selbsterkennen im Spiegel ist ein Meilenstein in der Entwicklung eines jeden Menschen. Während des zweiten oder dritten Lebensjahrs gelingt es Kindern, auf Spiegelbildern sich selbst richtig zu identifizieren. Sie sind sich von diesem Zeitpunkt ihrer eigenen Existenz als Individuum bewusst, ohne dass eine Vergewisserung durch selbst initiierte Handlungen geschehen muss.

Bei Siegfried hat dieser Schritt in der Identitätsentwicklung weitreichende Konsequenzen.

Durch das (visuelle) Selbsterkennen wird ihm auch die Distanz zwischen sich und seiner einzigen „sozialen" Bezugsperson, dem Schmied Mime bewusst. Für Siegfried gibt es keine positive Außenperspektive der Identitätsentwicklung. Es ist niemand da, der Erwartungen an sein Verhalten stellt, die zu einer über positive soziale Kontakte geformten Identität führen können. Allein die Innenperspektive (Wer bin ich?) bestimmt bei Siegfried die Identitätsentwicklung.

Sein Selbstbild ist geprägt von seiner grenzenlosen Kraft und seinen Phantasien über seine Herkunft. Er wird beneidet und gefürchtet, und ist er doch ein einsamer Held, für den Freundschaft und Liebe, Reziprozität im Geben und Nehmen, Fremdwörter sind. Mit den Tieren des Waldes –

dem Waldvögelein – gelingt die Verständigung besser als mit den Mitmenschen. Wer kann Siegfried das Fürchten lehren? Niemand, außer die Begegnung mit einer Frau, die Siegfried aus ihrem Panzer und die Siegfried aus seiner narzisstischen Panzerung befreit. Die erste große und einzige Liebe stürzt Siegfried in eine Identitätskrise. Er weiß nicht mehr, wer er ist, weil er von einem Extrem, einer nur von der Innenperspektive her bestimmten Identität, in das andere Extrem, einer nur durch die Liebe zu Brünnhilde bestimmten Identität, fällt. Nach Erikson (1981) ist dieser Abschnitt von Siegfrieds Identitätsentwicklung da einzuordnen, wo die Kindheit zu Ende gegangen ist. und das Erwachsenwerden begonnen hat. Der zentrale Konflikt auf dieser Entwicklungsstufe – der Stufe V nach Erikson – ist der Konflikt zwischen Identität und Ablehnung einerseits sowie Identitätsdiffusion andererseits.

Gelingt Siegfried die Lösung dieses Konflikts? Nach der Abkapselung von anderen Personen in der Kindheit verschwimmt Siegfrieds Identität in einer symbiotischen Liebesbeziehung mit Brünnhilde. Bei Wagner geht Siegfrieds Identitätsentwicklung nicht weiter. Sie endet tragisch am 3. Tag des Bühnenfestspiels in der „Götterdämmerung", die ursprünglich den Titel „Siegfrieds Tod" tragen sollte. Durch einen Gifttrank verliert Siegfried das Gedächtnis für seine eigene Entwicklung. Was eine gelungene erwachsene Identität auszeichnet – eine biographische Kontinuität – wird ihm durch äußere Umstände verwehrt.

Der von einer retrograden Amnesie betroffene Siegfried begegnet Brünnhilde so, als sei zwischen ihnen nie etwas gewesen. Siegfried hat, ohne es zu wissen, einen wesentlichen Aspekt seiner Identität verloren, und stürzt dadurch seine Geliebte in eine schwere Identitätskrise. Siegfried wird meuchlings ermordet, Brünnhilde folgt ihm auf dem Scheiterhaufen in den Tod.

Wie anders endet in der Version von Gustav Schwab die Heldensage. Siegfrieds Gattin, bei Schwab Florigunde genannt, reist nach seinem Tod zu ihrem Schwiegervater in die Niederlande, der Siegfrieds Tod in einem blutigen Krieg rächt.

Bei Wagner erlischt am Ende der Götterdämmerung das Geschlecht der Nibelungen, bei Schwab haben Siegfried und Florigunde einen Sohn mit dem Namen Löwhard gezeugt, der sich zu einem Helden entwickelt.

Bleiben wir bei Wagner! Welche Wirkungen löst sein Siegfried aus? Der Plot der Handlung ist dramatisch geformt, doch die besonderen Qualitäten zeigen sich erst, wenn Handlung und Musik auf der Bühne verschmelzen. Die Kunstfigur Siegfried macht eine Identitätsentwicklung durch, von der manche Adoleszente vielleicht träumen – der einsame, selbstbezogene, starke Held, der seine Erfüllung in der großen Liebe zu einer Frau findet.

In der Alltagsrealität sehen die Konflikte zwischen Eltern und Jugendlichen anders aus. Nicht die großen Konflikte herrschen vor, sondern die kleinen Reibereien um einen Ring in der Nase, die aufgerissene Jeans und die Dauer eines Discobesuchs. Aber Wagners Siegfried kann Wünsche erfüllen, Wünsche nach großen Konflikten, die voll im Leben stehende Erwachsene auf gut gepolsterten Sesseln in der sicheren Umgebung eines Festspielhauses nacherleben können. Nichts für ungut! Wagners Siegfried kann das, was in der Identitätsentwicklung eines jeden Menschen an begrenzten Problemen auftritt, so gewaltig überzeichnen, dass daraus Kunst wird, die unser Mit- und Nacherleben intensiv zu steigern vermag.

Identität im Wandel

Die Rede von der Einmaligkeit und Einzigartigkeit eines jeden menschlichen Individuums halten viele für Metaphysik. Seit den bahnbrechenden Erkenntnissen der Genetik - der Entdeckung der Doppelhelix der DNA-Struktur und der Möglichkeit, individuelle genetische Strukturen durch das *fingerprinting* sichtbar zu machen – wissen wir, dass (fast) alle Menschen genetische Unikate sind. Hierdurch ist bei jedem Menschen die Voraussetzung gegeben, im Laufe seiner Entwicklung sich selbst anhand phänotypischer Merkmale als ein einzigartiges Individuum zu erkennen und damit ein Bewusstsein über die eigene Existenz zu gewinnen. Anhand phänotypischer Merkmale können wir uns auch selbst und andere in Kategorien einteilen – als männlich oder weiblich, jung oder alt, hell – oder dunkelhäutig, dick oder dünn, usw., usw., usw.

So wie wir andere als menschliche Individuen erkennen und in Kategorien einteilen können, werden wir auch von anderen als menschliche Individuen identifiziert und kategorisiert. Im Laufe der Entwicklung entsteht somit eine Innen- und Außenperspektive persönlicher (individueller) Identität. Die beiden Perspektiven können, müssen aber nicht übereinstimmen. Während die genetische Struktur eines menschlichen Individuums lebenslänglich konstant bleibt, ist seine persönliche Identität das Produkt von Entwicklungsprozessen, die wir – zumindest teilweise – selbst mitgestalten können. In der Entwicklung der persönlichen Identität wechseln Phasen von Umbrüchen mit Phasen der vielleicht (nur scheinbaren) Kontinuität ab. Viele halten die Adoleszenz für die turbulenteste Phase im Wandel der persönlichen Identität. Jugendliche entwickeln eigene Vorstellungen über ihr Leben, die sie im Rahmen der Familie, in der sie aufwachsen, nicht verwirklichen können. Das gilt vor allem für das Anknüpfen und den Aufbau intimer sexueller Beziehungen, aber auch Einstieg in das Berufsleben, um wirtschaftlich auf eigenen Füßen zu stehen. Konflikte sind an der Tagesordnung. Empirische Untersuchungen – siehe etwa die Übersichtdarstellungen von Oerter (1987) oder Masche (1998) – zeigen jedoch, dass die Adoleszenz in unserer Kultur keine Sturm- und Drangphase ist. Die Beziehungen zwischen Jugendlichen und Eltern wandeln sich, aber weniger im Sinne einer Ablösung, sondern mehr im Sinne einer Umgestaltung. An die Stelle von Abhängigkeit tritt wechselseitige Verbundenheit. Diese Veränderung hat Folgen für die persönliche Identität – nicht nur auf Seiten der Jugendlichen als Zugewinn persönlicher Autonomie, sondern auch bei ihren Eltern, die das Selbstständig-Werden ihrer Kinder als Verlust, Erfüllung oder Erleichterung erleben.

Im Mittelpunkt dieses Beitrags haben nicht die normalen, sondern einige besondere Aspekte der Identitätsentwicklung gestanden. Zwillinge sind ein seltenes Experiment der Natur. Eineiige Zwillinge sind genetisch identisch. Sie sind also der Ausnahmefall von der Regel, dass menschliche Individuen genetische Unikate sind. Noch sind sie die einzige Ausnahme, aber der geklonte Mensch ist in den Köpfen einiger Wissenschaftler und in der öffentlichen Diskussion bereits Zukunftsmusik (oder Horrorvision). Können eineiige Zwillinge eine persönliche Identität entwickeln?

Unser Braunschweiger Zwillingsprojekt zeigt, dass auch sie lernen, sich selbst auf Abbildungen richtig zu erkennen, auch wenn sie von außenstehenden Personen ständig verwechselt werden. Allerdings neigen manche Zwillingseltern dazu, ihre Zwillinge nicht wie Individuen, sondern wie ein Paar zu behandeln. Ohne die Entwicklung einer persönlichen Identität in der Kindheit wird es kaum möglich sein, in der Adoleszenz neue individuelle Bindungen aufzubauen, die an die Stelle der alten familiären Bindungen treten.

Der alleinerziehende Adoptivvater ist heute keine Fiktion mehr. Als Richard Wagner sich über Jahre hinweg abmühte, den Stoff und die Musik für die Oper „Siegfried" zu gestalten, gehörte dieser Fall in das Reich der Phantasie. „Siegfried" war also eine Art Gedankenexperiment, das zu erstaunlichen Einsichten über die Entwicklung der Identität geführt hat. Wagner hat intuitiv die Rolle des Selbsterkennens im Spiegel richtig eingeschätzt, ohne dass er sich auf wissenschaftliche Beweise stützen konnte. Er hat auch eindringlich inszeniert, welche Chancen und welche Gefahren eine allumfassende Liebesbeziehung für die Identitätsentwicklung haben kann.

Auch die Identität unterliegt Wechsel und Wandel. Wir bleiben nicht wie wir sind, wir sind nicht wie wir waren. Genau das dachte auch Herr Keuner (siehe Brecht, 1963), bis er nach Jahren seinen früheren Psychotherapeuten wiedersah:

> Ein Mann, der Herrn K. lange nicht gesehen hatte, begrüßte ihn mit den Worten: „Sie haben sich gar nicht verändert." – „Oh!" sagte Herr K. und erbleichte.

Literatur

Brecht, B. (1963). *Geschichten*. Frankfurt am Main: Suhrkamp.

Deutsch, W., Schäfer, H. & Wagner, A. (1999). Mich gibt's nur im Plural. Über die Entwicklung der phänotypischen Identität von mono- und dizygoten Zwillingen. In U. Fuhrer & I.E. Josephs (Hrsg.). *Persönliche Dinge als Bausteine der Identitätsentwicklung* (S. 209-225). Göttingen: Vandenhoeck & Rupprecht.

Deutsch, W., Wagner, A., Burchardt R., Schulz, N. & Nakath J. (2001). Person in the language of singletons, siblings and twins. In S. Levinson & M. Bowerman (Eds.), *Language acquisition and conceptual development* (pp. 284-315). Cambridge: Cambridge University Press.

Erikson. E.H. (1981). *Identität und Lebenszyklus* (7. Aufl.). Frankfurt am Main: Suhrkamp.

Kabat vel Job, O. (1986). Verfahren zur Bestimmung der Zygosität bei Zwillingen. In W. Friedrich & O. Kabat vel Job (Hrsg.), *Zwillingsforschung international* (S. 218-237). Berlin: Verlag der Wissenschaften.

Masche, J.G. (1998). *Familienbeziehungen zwischen Schule und Ausbildung*. Münster: Waxmann.

Oerter, R. (1987). Jugendalter. In R. Oerter & L. Montada (Hrsg.), *Entwicklungspsychologie. Ein Lehrbuch* (S. 265-338). München: Psychologie Verlags Union.

Schmidtke, J. & Krawczak, M. (1994). *DNA-Fingerprinting*. Heidelberg: Spektrum Akademischer Verlag.

Schwab, G. (o.J.). *Deutsche Volks- und Heldensagen*. Lengerich: Hirundo-Bücher.

Wagner, R. (1876, 1973). *Siegfried. Libretto zur Schallplatteneinspielung mit Georg Solti*. Hamburg: TELDEC.

Identitätsentwicklung als kreativer Prozess:
Wie Ich „Ich" werde und bleibe

Meike Watzlawik

> Ein Mann, der Herrn K. lange nicht gesehen hatte, begrüßte ihn mit den Worten: „Sie haben sich gar nicht verändert." – „Oh!" sagte Herr K. und erbleichte.

Herr K. erbleicht, da es anscheinend kein Kompliment ist, sich nicht verändert zu haben. Warum?

Die Psychologie betont mittlerweile die Entwicklung über die **gesamte** Lebensspanne – nicht nur Kinder haben Entwicklungsgewinne (und -verluste) zu verzeichnen, nein, auch betagte Personen können sich weiter entwickeln, dazulernen und verändern (ob zum Vor- oder Nachteil sei einmal dahingestellt). Entwicklung ist ein lebenslanger Prozess. In Herrn K.'s Beispiel könnte mangelnde Veränderung also für mangelnde Entwicklung stehen. Interessant ist, dass Entwicklung auch stattfinden kann, wenn man der- bzw. dieselbe bleibt.

Identität leitet sich von dem lateinischen Wort „idem" ab, was mit „derselbe" übersetzt werden kann. Man bleibt der-/dieselbe, was (genetische) Fingerabdrücke, Geburtsdaten oder Geburtsorte belegen. Diese „harten Daten" sind Teil der numerischen Identität einer Person (vgl. Nunner-Winkler, 1985), anhand derer man sie – zur Erleichterung vieler Kriminaltechniker – in der Regel eindeutig identifizieren kann.

Aus psychologischer Sicht viel wichtiger sind allerdings die qualitativen Aspekte der Identität, also die Innenperspektive des Menschen, der sich durch die Zeit und unterschiedlichste Szenarien bewegt. Allein durch den zeitlichen Verlauf sind Veränderungen zu verzeichnen, da der Mensch einen immer größeren Erfahrungsschatz und Erinnerungen „ansammelt", die entsprechend Spuren hinterlassen. Wie (und ob) er es dennoch schafft, ein Gefühl der Stimmigkeit (Kohärenz) herzustellen und Veränderungen in ein mehr oder weniger stimmiges Gesamtbild zu integrieren, wird in der Psychologie sehr kontrovers diskutiert. Ein inneres Gefühl der Einheitlichkeit ist jedoch sowohl für das psychische Wohlbefinden als auch für die Aufrechterhaltung der Gesundheit unerlässlich (vgl. Straub, 2000a).

ICH, MICH und die anderen

Identität entwickelt sich nicht im luftleeren Raum, wie schon Erikson (1966/1995) feststellte:

> „Das bewusste Gefühl, eine *persönliche Identität* zu besitzen, beruht auf zwei gleichzeitigen Beobachtungen: der unmittelbaren Wahrnehmung der eigenen Gleichheit und Kontinuität in der Zeit, und der damit verbundenen Wahrnehmung, dass auch andere diese Gleichheit und Kontinuität erkennen."
>
> (Erikson, 1995, S. 18)

Erikson geht also erst einmal davon aus, dass Menschen ihre Identität bewahren und dies auch von außen wahrgenommen wird. Man bleibt das Kind seiner Eltern, wird von ihnen als solches erkannt und muss ggf. um die Anerkennung neu erworbener Fähigkeiten und Eigenschaften kämpfen. Dennoch bleibt man auch als Erwachsener „der Sohn" oder „die Tochter". Tatsächlich geht das obige Zitat aber über diese sozialen Zuschreibungen hinaus. Der Mensch definiert sich nicht nur über Rollen bzw. Gruppenzugehörigkeiten (soziale Identitäten), sondern auch über andere Eigenschaften. Man könnte die zentrale Identitäts-Frage „Wer bin ich?" für diesen Zweck in „Was zeichnet mich aus?" umformulieren, wobei der Mensch (mit)entscheidet, welche Aspekte er „als konstitutiv für das eigene Selbstverständnis begreift und welche er als eher irrelevant, bedeutungslos, beliebig erachtet" (Nunner-Winkler, 2007, S. 12).

An dieser Stelle verschwimmt in Publikationen oft der Unterschied zwischen Selbstkonzept, Selbst und Identität – Begriffe, die häufig auch synonym verwandt werden. Eine mögliche Definition des Selbstkonzepts liefert Greve (2000), der von einem dynamischen System, das die mit der Person verknüpften Überzeugung- und Erinnerungsinhalte in strukturierter Form erfasst und darüber hinaus die mit diesen Inhalten operierende Prozesse und Mechanismen erkennt, spricht. Gerade das Dynamische stellte William James bereits 1890 anhand seiner Unterteilung des Selbst in zwei Teile deutlich heraus. Den einen Teil bezeichnet James als das MICH, das alles umfasst, was ein Mensch sein Eigen nennt – Eigenschaften, Besitz, Rollen etc. eingeschlossen. Das MICH ist beobachtbar oder zumindest beschreibbar (= Objekt), wohingegen der andere Teil eher ein Gefühl darstellt und somit den inneren, subjektiven Teil des Selbst beschreibt: das ICH (= Subjekt). Das ICH sorgt für die Kontinuität in der eigenen Biographie und **konstruiert** das MICH. Es entscheidet über Sinnhaftigkeit, Gewichtung von Eigenschaften, sortiert ein und aus – situativ und über die Lebensspanne hinweg.

„Ich will so bleiben, wie ich bin…!?"

Was passiert, wenn das Individuum mit Informationen konfrontiert wird, die nicht im Einklang mit dem bisherigen MICH stehen? Angenommen, eine Person ist von sich überzeugt, sehr beliebt zu sein, was sich ihrer Meinung nach darin widerspiegelt, dass sie sehr häufig zu sozialen Anlässen eingeladen wird. In letzter Zeit wird die Person aber nur noch selten eingeladen. Sie hat nun verschiedene Möglichkeiten, mit dieser Beobachtung umzugehen, die potentiell selbstkonzeptbedrohend sein könnte. Ein erster Schritt wäre, diese Information zu ignorieren: Man **wollte** gar nicht eingeladen werden. Die Wahrnehmung „abzuwehren", wie Greve (2000) dieses Vorgehen nennt, wird immer schwieriger, je häufiger die gleiche Beobachtung gemacht wird. Irgendwann muss sich die Person eingestehen, dass sie tatsächlich nicht mehr eingeladen wird. Um dies nicht zu bedrohlich für das eigene Selbstkonzept werden zu lassen, hat sie nun die Möglichkeit, selbstwertdienliche Begründungen zu finden: „Ich wurde nicht eingeladen, weil XY nur Arbeitskollegen angesprochen hat. Da hätte ich mich eh nicht besonders wohl gefühlt." Diese Strategie bezeichnet man als Akzeptanzvermeidung.

Greift selbst dieser Ansatz nicht mehr, muss man die Bedrohung nicht nur wahrnehmen, sondern auch akzeptieren. Um die „Ich bin beliebt"-Facette des Selbstkonzepts dennoch nicht aufgeben zu müssen, kann nun eine weitere Strategie hilfreich sein, die Greve (2000) Selbstimmunisierung nennt. Hierbei wird das für das Selbstkonzept wichtige Konzept „beliebt sein" nicht aufgegeben, sondern verändert. Hieß „beliebt sein" früher, zu vielen sozialen Anlässen eingeladen zu werden, ist heute eher entscheidend, dass die wichtigsten Freunde zur eigenen Geburtstagfeier kommen und ab und zu anrufen. Mit der Umdeutung der Facette ist man gegen die Beobachtung, nicht mehr zu sozialen Anlässen eingeladen zu werden, „immun" geworden. Sie stellt die eigene Überzeugung, beliebt zu sein, nicht mehr in Frage.

Bleiben jetzt allerdings auch noch die Freunde der eigenen Geburtstagsfeier fern, scheint grundsätzlich etwas im Argen zu liegen – der Selbstimmunisierung sind Grenzen gesetzt. Hier muss die Person nun doch die Facette „ich bin beliebt" als bedroht ansehen. Sie hat die Option, auf Ursachenforschung zu gehen und aktiv etwas dafür zu tun, wieder beliebt zu werden (Assimilation), oder sie verändert ihr Selbstkonzept insofern, dass „beliebt sein" kein wichtiger Teil des MICH mehr darstellt (Akkommodation). In letzterem Falle könnte sie zum Beispiel akzeptieren, unbeliebt zu sein und diese Facette in die Peripherie des Selbstkonzepts verschieben. An die ehemals zentrale Stelle des „Beliebt-Seins" würde eine andere Facette treten. Möglich wäre hier, als Beispiel, Folgendes anzunehmen: „Ich bin zwar nicht beliebt, dafür aber eine Koryphäe auf meinem fachlichen Gebiet – und andere in wichtigen Positionen wurden auch oft missverstanden".

Dieser exemplarische Verlauf, der auch auf andere Facetten des Selbstkonzepts leicht übertragbar ist (z.B. „Gesund zu leben schließt nicht aus, abends Süßigkeiten vor dem Fernseher zu essen!"), verdeutlicht, welche „kreativen" Wege der Mensch findet, um sein Selbstkonzept zu verteidigen. Ein positives und stabiles Selbstkonzept ist dabei, wie eingangs bereits erwähnt, ein Schutzfaktor und sichert psychisches Wohlbefinden. Den gegenteiligen Effekt können die hier beschriebenen Mechanismen aber haben, wenn das Individuum fälschlicherweise an Facetten wie „Ich bin gesund!" festhält und wichtige Informationen, die dem widersprechen, ignoriert. Hier kann die Stabilisierung des ursprünglichen Selbstkonzepts dazu beitragen, dass nicht schnell genug Hilfe angenommen wird (Greve, 2000). Von außen auf Diskrepanzen hinzuweisen, kann also lebenswichtig sein, auch wenn der einzelne sich erst einmal gegen das unangenehme Gefühl, wichtige Facetten aufgeben zu müssen, wehrt.

Der Mensch als Geschichtenerzähler –
Sich selbst tagtäglich neu erfinden

Eine stimmige Antwort auf die Frage: „Wer bin ich?" zu haben, ist für das Individuum also von großer Bedeutung. Wie im letzten Abschnitt beschrieben, ist der Mensch dabei in der Lage, einzelne Selbstkonzept-Komponenten gegen Bedrohliches zu verteidigen. Diese Fähigkeit löst aber noch nicht das Problem, wie unterschiedliche Facetten einer Person, die zum Teil widersprüchlich sein können, zu einem stimmigen Gesamtbild vereint werden können. Wie funktioniert das?

Straub (2000b) und auch andere Wissenschaftler weisen vor allem dem **Erzählen** eine wichtige Rolle bei der Identitätskonstruktion zu. Der Mensch „erfindet" sich in Erzählungen immer wieder neu: Er tauscht im Gespräch Erfahrungen aus, vergleicht sich und seine Sichtweisen mit denen der anderen, findet Kompromisse, verteidigt seine Position. Er findet Begründungen für Handlungen und Widersprüche: „Ich bin so, weil...!" oder „In dieser Situation ist das so gelaufen, weil...!" Dabei muss sich der Erzählende beim Erzählen von Selbsterlebtem immer als „Handlungsträger der Geschichte, als geschichtlich und gegenwärtig Erlebender und als durch Erfahrungen geprägter Akteur kenntlich machen" (Lucius-Hoene & Deppermann, 2004, S. 167). Auf welche Art und Weise er dies tut, ist u.a. abhängig von der Zuhörerschaft bzw. der Situation, in der die Geschichte erzählt wird. Für wen erzähle ich meine Geschichte? Bei einem Verhör bei der Polizei wird meine Geschichte sicherlich anders ausfallen als im anschließenden Gespräch mit Freunden. Wie vertraut bin ich mit meinem Gegenüber? Welche Inhalte werden in der jeweiligen Situation von dem Erzählenden und Zuhörer als relevant betrachtet? Bei all diesen Überlegungen ist die zentrale Frage: Wer bin ich und wie möchte ich von meinen Interaktionspartnern gesehen und behandelt werden?

Lucius-Hoene und Deppermann (2004) weisen darauf hin, dass es sich bei den Erzählungen nicht nur um Identitäts**darstellungen** handelt, sondern Identität immer wieder neu konstruiert bzw. **hergestellt** wird. Sie sprechen von „Identitätsarbeit in Aktion". Der Erzählende macht im Gespräch deutlich, wer er ist und wie er gesehen werden möchte: Er positioniert sich in der Interaktion mit anderen. Gleichzeitig werden auch dem

Gegenüber Positionen zugewiesen. Hierzu bedarf es keiner Erzählung im Sinne von: „Hallo, ich heiße Ernst, bin 50 Jahre alt und komme aus …". Identitätsdarstellungen und Positionierungen können durchaus subtiler erfolgen. Nehmen wir Loriots Sketch „Das Frühstücksei" als Beispiel (vgl. Loriot, 2011). Hier sitzt ein Ehepaar zusammen am Frühstückstisch. Das Gespräch beginnt wie folgt:

Er: „Berta, das Ei ist hart!"
Sie: (schweigt)
Er: „Das Ei ist hart!!!"
Sie: „Ich habe es gehört."
Er: „Wie lange hat das Ei denn gekocht?"
Sie: „Zu viele Eier sind gar nicht gesund!"

In diesem Abschnitt gibt der Mann uns bereits den Hinweis, dass er hartgekochte Eier wahrscheinlich nicht mag. Er beschwert sich implizit und weist seiner Frau damit die Verantwortung zu, nicht angemessen für das Kulinarische gesorgt zu haben. Sie nimmt diese Fremdpositionierung nicht direkt an, sondern weicht zunächst aus… Der Dialog endet mit den sarkastischen Worten: „Gott, was sind Männer primitiv!" (Ehefrau) bzw. „Ich bringe sie um … morgen bringe ich sie um!" (Ehemann). Allein dieses Beispiel verdeutlicht, dass wir uns selbst in alltäglichen Dialogen immer wieder darstellen, Identitäten herstellen und Positionen zuweisen: Identität wird letztendlich fortlaufend konstruiert.

Neben diesen alltäglichen Dialogen und Erzählungen ist eine besondere Form des Erzählens das biographische. Menschen können ihre Lebensgeschichte erzählen. In Gesprächen oder gezielten biographischen Interviews berichten sie davon, was im Laufe ihres Lebens passiert ist und wie diese Ereignisse ihr heutiges Verständnis von der Vergangenheit sowie ihre gegenwärtige Position, aber auch ihre Erwartungen für die Zukunft beeinflusst haben. In der Rückschau verändert sich dabei die Wahrnehmung vergangener Ereignisse. Dies liegt zum einen an Vergessensprozessen: Esser et al. (2002) konnten anhand von Untersuchungen zeigen, dass lediglich Kernfakten, wie z.B. der Wohnort oder Daten korrekt erinnert werden. Andere Sachverhalte, wie Auffälligkeiten im eigenen Verhalten (z.B. Schlaf- oder Konzentrationsstörungen), werden im Gegensatz dazu oft nicht oder zumindest nicht korrekt erinnert. Zum anderen werden Ereignisse retrospektiv umgedeutet. Ein Ereignis oder Verhalten, das zu einem früheren Zeitpunkt sinnvoll oder gerechtfertigt erschien, mag zu einem späteren als sinnlos und fehlgeleitet eingeschätzt werden. Auch ist es möglich, erst im Verlauf Sinnhaftigkeit zu erkennen, wie es zum Beispiel in eigenen Studien bei der Entdeckung der sexuellen Orientierung der Fall ist (Watzlawik, Schachter & Cunha, in press). Jugendliche, die gleichgeschlechtlich orientiert sind, haben zunächst oft Schwierigkeiten, ihre eigenen Empfindungen einzuordnen: Bin ich wirklich verliebt? Ist dies nur eine Phase? Bedeutet mein Gefühl, dass ich nicht normal bin? Erst im Verlauf und durch die aktive Auseinandersetzung mit sich, der Thematik und anderen beginnen die Jugendlichen zu verstehen, wer sie sind und sein möchten. Im positiven Falle bedeutet dies, sich selbst zu akzeptieren und anzunehmen. Ist dies der Fall, machen viele Situationen, die anfänglich verwirrend waren, rückblickend Sinn und können in einen stimmigen Werdegang integriert werden. Teilweise werden dann sogar vergangene Ereignisse als „Indizien" herangezogen, die wissenschaftlich gesehen keinen Erklärungswert haben: „Wenn ich genau überlege, habe ich schon als Kind lieber mit Puppen gespielt!" (vgl. Watzlawik, 2004).

Wie wichtig die Einbettung einzelner Lebensereignisse in eine stimmige biographische Gesamterzählung ist, zeigen Untersuchungen an Patienten mit posttraumatischer Belastungsstörung (PTBS). Zum Störungsbild gehört, dass die Patienten das traumatische Ereignis szenenhaft immer wieder erleben, was als stark belastend erlebt wird. Teilaspekte bzw. Details des traumatischen Ereignisses können jedoch oft nicht erinnert werden. Knaevelsrud, Kuwert und Böttche (2013) gehen davon aus, dass gerade diese gestörte Verankerung im Gedächtnis eine stimmige Erzählung des traumatischen Ereignisses verhindert, was wiederum eine Einbettung in die eigene Biographie unmöglich macht und dadurch zu einer Aufrechterhaltung der PTBS beiträgt. Diese Fragmentierung aufzulösen und ein Erzählen zu ermöglichen, ist deshalb ein möglicher und erfolgversprechender Therapieansatz.

Die Fähigkeit, den eigenen Lebenslauf zu strukturieren, Biographien zu konstruieren bzw. Vergangenes zu rekonstruieren sowie Ereignissen Bedeutung zuzuweisen, um die gegenwärtige Positionierung zu erklären, herzuleiten oder Veränderungen deutlich zu machen, sorgt für Stabilität,

Stimmigkeit und – letztendlich – für das psychische Wohlergehen des Menschen. Biographische Erzählungen verändern sich dabei über die Zeit, auch wenn zentrale Ereignisse (Trennung der Eltern, Heirat, Geburt von Kindern etc.) immer Teil der Geschichte bleiben und biographische Eckpfeiler darstellen (vgl. Goblisch, 2005). Der Mensch ist also kreativer Geschichtenerzähler – eine Eigenschaft, die über die Zeit immer wichtiger geworden ist.

Nunner-Winkler (2007) macht dies anhand von gesellschaftlichen Veränderungen deutlich. Wurde Identität früher über sozialstrukturelle Arrangements gestiftet und stabilisiert (z.B. konnte der Beruf durch Erbschaft des elterlichen Hofes vorgegeben sein, Ehen wurden arrangiert), kann das Individuum heute freier wählen, welche Identitäten es annehmen möchte. Zu Zeiten Eriksons (1966/1995) war dies bereits gegeben. Allerdings waren die Kontextstrukturen noch weniger flexibel: So war das Berufsleben z.B. durch stabile Arbeitsverhältnisse und Langfristigkeit geprägt, gleichzeitig waren Ehescheidungen verpönt. Erst in der sogenannten Post- oder Spätmoderne steht das Individuum vor der Aufgabe, sowohl zwischen Möglichkeiten zu wählen als auch selbst für die Stabilität der eigenen Identität zu sorgen, da der Kontext keine Strukturen bietet, die dies übernehmen könnten. Die heutige Zeit ist gekennzeichnet durch stetigen Wandel, durch die Revidierbarkeit von Entscheidungen, durch Optionenvielfalt und durch das Ziel, sich selbst zu verwirklichen. Einerseits bieten sich dem Menschen so viele Möglichkeiten: Er darf sich entfalten. Andererseits beinhaltet die Vielfalt der Möglichkeiten auch die Gefahr der Überforderung: Man **darf** nicht nur flexibel sein, man **muss** es. Unter diesen Voraussetzungen wird die Fähigkeit, sein Selbstkonzept zu verteidigen, wenn sich stabilisierende Kontexte auflösen (Arbeitsverhältnisse, Ehen etc.), immer wichtiger. Der Mensch darf sich trotz ständiger Veränderungen nicht verlieren und muss, zum Beispiel durch das Erzählen der eigenen individuellen Geschichte, Kohärenz herstellen.

In Anbetracht dieser Herausforderungen erscheint die Rückmeldung an Herrn K. „Sie haben sich ja gar nicht verändert!" in einem ganz anderen Licht: Wenn man sich überlegt, wie schwer es ist, man selbst zu bleiben und sich dennoch ständig wieder neu zu erfinden, ist dies doch tatsächlich ein großes Kompliment.

Literatur

Erikson, E.H. (1966/1995). *Identität und Lebenszyklus*. Frankfurt am Main: Suhrkamp.

Esser, G., Steigleider, P., Lange, S., Ihle, W., Blanz, B. & Schmidt, M.H. (2002). Die Validität des autobiographischen Gedächtnisses. Ergebnisse einer prospektiven Längsschnittstudie von der Kindheit bis zum Erwachsenenalter. *Kindheit & Entwicklung*, 11, 228-237.

Greve, W. (2000). *Psychologie des Selbst*. Göttingen: Hogrefe.

Goblisch, M. (2005). Herstellung narrativer Identitäten durch biographische Strukturierung und Positionierung. *Gesprächsforschung – Online-Zeitschrift zur verbalen Interaktion*, 6, 196-221.

James, W. (1890). *The Principles of Psychology* [www document]. Abrufbar über: http://psychclassics.yorku.ca/James/Principles/prin10.htm [Zugriffsdatum: Oktober 2012].

Knaevelsrud, C., Kuwert, P. & Böttche, M. (2013). Lebensrückblickstherapie bei Traumafolgestörungen. In A. Maercker & S. Forstmeier (Hrsg.), *Der Lebensrückblick in Therapie und Beratung* (S. 121-137). Berlin: Springer.

Loriot (2011). *Das Frühstücksei* (5. Auflage). Zürich: Diogenes.

Lucius-Hoene, G. & Deppermann, A. (2004). Narrative Identität und Positionierung. *Gesprächsforschung – Online-Zeitschrift zur verbalen Interaktion*, 5, 166-183.

Nunner-Winkler, G. (1985). Identität und Individualität. Kriterien aus der Innen- und der Außenperspektive. *Soziale Welt, 36* (4), 466-482.

Nunner-Winkler, G. (2007). Identität in Zeiten normativer Vielfalt. In E. Bohlken & S. Peetz (Hrsg.), *Bildung - Subjekt - Ethik. Bildung und Verantwortung im Zeitalter der Biotechnologie* (S. 77-95). Darmstadt: Wissenschaftliche Buchgesellschaft.

Straub, J. (2000a). Identität als psychologisches Deutungskonzept. In W. Greve (Hrsg.), *Psychologie des Selbst* (S. 279-301). Weinheim: Psychologie Verlags Union.

Straub, J. (2000b). Biographische Sozialisation und narrative Kompetenz. Implikationen und Voraussetzungen lebensgeschichtlichen Denkens in der Sicht einer narrativen Psychologie. In E. Hoernig (Hrsg.), *Biographische Sozialisation* (S. 137-163). Stuttgart: Lucius & Lucius.

Watzlawik, M. (2004). *Uferlos? Jugendliche erleben sexuelle Orientierungen*. Aachen: Jugendnetzwerk Lambda NRW.

Watzlawik, M., Schachter, E. & Cunha, C. (in press). Exploring exploration as a recursive process. In Z. Beckstead & J. Valsiner (Hrsg.), *Recursivity*. Charlotte, NC: Information Age Publishing.

TEIL II: Kreativer Ausdruck in der Entwicklung – Singen, Zeichnen und (neue) Medien

„Kreativität lässt sich nicht zuverlässig messen und ist kaum trainierbar. Ob ein Mensch kreativ ist oder nicht, hängt stark von Situationen und Zufällen ab. Kreative Menschen sind ziemlich normal – sie gelten als fleißig, verträglich, gesellig. Die typische Kreativitätspersönlichkeit ist […] ein Mythos. […] Ob ein Kunstwerk als kreativ gilt, entscheidet das Publikum."

(Westerhoff, 2009)

Das obige Fazit zieht ein Reporter der Süddeutschen Zeitung nach seiner Recherche zum Themenbereich Kreativität. Folgt man seinem Gedankengang, so ist Kreativität nicht genetisch determiniert, sondern „passiert" als Zusammenspiel vieler Faktoren. Wann ist man kreativ? Wie das Wort selbst schon nahe legt, geht es darum, etwas zu erschaffen (kreieren, Kreation) – und zwar etwas, das es vorher so noch nicht gegeben hat. Man findet z.B. eine *neue* Lösung für ein bekanntes Problem. Manche Psychologen sind allerdings schon zufrieden, wenn man nicht komplett neue, sondern einfach nur originelle (= seltene) Lösungen findet. Hinzu kommt, laut Csikszentmihalyi (2010), dass das Ergebnis des kreativen Prozesses von Experten – im obigen Zitat wird hier auf das Publikum verwiesen – als solches anerkannt werden muss. Wenn niemand das Kunstwerk für kreativ hält, ist es das auch nicht. Es wird einfach nicht gekauft.

Werner Deutschs Werke wurden von Experten durchaus als kreativ bewertet. Dies konnten Schriften, aber auch seine gesanglichen Interpretationen bekannter Stücke sein. Wenn er selbst der Experte war, hatte er ebenfalls immer ein offenes Ohr für seine Schüler und war ihnen so ein inspirierender Mentor. Einige dieser Schüler kommen im Folgenden zu Wort, wenn es darum geht, verschiedene Bereiche kreativer Entwicklung vorzustellen. Die einzelnen Kapitel informieren Sie als Lesenden zum einen über den aktuellen Stand der (eigenen) Forschung, zum anderen begegnen Sie den einzelnen Autoren und Autorinnen durch das Lesen ihrer Texte.

Begegnungen dieser Art, in Textform oder in Person, waren für Werner Deutsch sehr entscheidend. Er ist nie mit Tunnelblick durch die Welt gegangen, sondern war immer offen für neue Ideen und Gedanken. Dass er sich diese nicht immer nur aus der Psychologie selbst, sondern aus allen möglichen Lebensbereichen und Fachrichtungen geholt hat, war für manche irritierend, für andere machte genau das seine Stärke aus. Um zu verdeutlichen, wie solche wegweisenden Begegnungen ausgesehen haben, lassen wir zunächst Werner Deutsch selbst zu Wort kommen. Er beschreibt, was „ein Lehrer von seinem Schüler lernen kann". Im Grunde fordert dies dazu auf, Bestehendes nicht einfach hinzunehmen, sondern zu hinterfragen: Der Lehrer muss über mehr Wissen als der Schüler verfügen – allein um Lehrer sein zu können. Klar! Aber heißt dies, dass der erstere nichts vom anderen lernen kann? Eltern erziehen ihre Kinder. Klar! Aber können Kinder nicht vielleicht etwas, was die Eltern längst verlernt haben?

Entwicklung ist letztendlich ein lebenslanger Prozess. Man lernt miteinander und voneinander – egal wie alt man ist. Selbstverständlich kann man auch aktiv einiges dafür tun, das eigene Lernen und das derer, die *von* einem lernen, zu unterstützen. Allerdings muss dies nicht heißen, alle denkbaren Frühförderprogramme für das eigene Kind in Anspruch zu nehmen oder sich selbst für jede Fortbildung anzumelden. Wie gesagt: Manchmal entsteht Kreativität aus Langeweile!

Meike Watzlawik

Literatur

Csikszentmihalyi, M. (2010). *Kreativität: Wie Sie das Unmögliche schaffen und Ihre Grenzen überwinden* (8. Auflage). Stuttgart: Klett-Cotta.

Westerhoff, N. (2009). *Kreativität ist harte Arbeit* [www document]. Abrufbar über: http:// www.sueddeutsche.de/wissen/psychologie-kreativitaet-ist-harte-arbeit-1.492003-5 [Zugriffsdatum: 17.03.2012].

Entwicklungsstörungen – ein Glücksfall?
Was ein Lehrer von seinen Schülern lernen kann

Werner Deutsch

Vor fast genau einem Monat fragte mich ein Kollege, ob mein Beitrag […] schon fertig ist. Als ich ihm den Titel nannte, verzog er auf unnachahmliche Weise die Mundwinkel, als wollte er mir sagen: „Das kann doch wohl nicht dein Ernst sein. Entwicklungsstörungen, ein Glücksfall?" Es kann sein, dass er das Fragezeichen hinter Glücksfall überhört und in seinem Innern durch ein Ausrufezeichen ersetzt hatte. Entwicklungsstörungen sind, wer will das bezweifeln, eine ernste Angelegenheit. Der Titel meines Beitrags lädt in der Tat zu Missverständnissen ein. Sie können schnell ausgeräumt werden, wenn ich Ihnen auch den Untertitel meines Vortrags nenne. Er lautet: Was ein Lehrer von seinem Schüler lernen kann. Jetzt erscheint der Obertitel in einem anderen Licht. Der Lehrer hat etwas von seinem Schüler gelernt. Dieses Etwas bezieht sich auf Entwicklungsstörungen. Der Lehrer überlegt, was ihm die Bekanntschaft mit Entwicklungsstörungen bedeutet und ob er diesen Kontakt vielleicht als Glücksfall verstehen sollte.

Im akademischen Bereich sind Lehrer-Schüler-Beziehungen vom Aussterben bedroht. Die Bezeichnungen sind gleich geblieben, aber die Beziehungen, die mit den Begriffen Lehrer – Schüler verbunden waren, haben sich grundlegend gewandelt. Die Wissensvermittlung geschieht in modularisierten Portionen, wobei Lehrer und Schüler sich gleichermaßen am Tisch des alles anbietenden Internet bedienen. Es ist nur noch eine Frage der Zeit, bis die letzten mündlichen Prüfungen abgeschafft sind und Leistungen automatisch korrigiert und bewertet werden. Dann können Lehrer sich an die Herkunft ihrer Vorfahren erinnern, die ausrangierte Militärs gewesen sind und wussten, wie Untergebene zu kujonieren waren.

Welcher Student identifiziert sich noch mit seinem Professor? Professoren sind Dienstleister geworden. Ihre Kunden sind Studierende, die Leistungspunkte sammeln und möglichst schnell einer neuen Generation von Kunden Platz machen sollten. Sie werden denken, der übertreibt. Ja, ich übertreibe. Noch gibt es im verschulten Universitätsbetrieb nämlich Oasen. Vielleicht gar nicht mal in einem luxuriös ausgestatteten Exzellenzcluster oder der Idylle einer kleinen, aber feinen Privatuniversität, sondern irgendwo in der Provinz, wo in einem Studiengang noch jeder jeden kennt und Beziehungen nicht als Störfall für den Studienerfolg betrachtet werden.

Als ich 1987 aus einem Forschungsparadies, dem Max-Planck Institut für Psycholinguistik in Nijmegen (Niederlande), ausgestiegen bin, um in der „small world" der Abteilung für Entwicklungspsychologie im Institut für Psychologie der TU Braunschweig neu anzufangen, habe ich den Übergang nicht als Krise, schon gar nicht als Katastrophe erlebt. Allerdings ist mir im Laufe der Jahre immer deutlicher geworden, dass das, was ich als Grundlagenforscher im Bereich von Sprache und ihrer Entwicklung zu bieten hatte, nicht unbedingt das ist, was angehende Psychologinnen und Psychologen brauchen, wenn sie in der Praxis, an welchem Platz auch immer, bestehen wollen. Akademische Lehrer haben nur selten den Praxistest selbst bestanden. Ihre Karriere läuft in der Psychologie, und nicht nur hier, dann glatt, wenn sie nach dem Studium über eine Mitarbeiterstelle die akademische Karriereleiter emporsteigen, bis sie, ohne nach Praxisluft geschnuppert zu haben, oben angekommen sind. So entsteht eine Kluft zwischen dem Bild, das die Ausbildungsstätte von der richtigen Psychologie bietet, und dem Bild, das den meisten Absolventen in der Praxis begegnet. Ich habe das Glück gehabt, dass von Anfang an Studierende mich in Lehre und Forschung auf meine blinden, akademisch verursachten, Flecke aufmerksam gemacht haben.

Noch immer sind die Mechanismen, die die normale Sprachentwicklung in Gang setzen und vorantreiben, ein Rätsel, das die Forschung intensiv beschäftigt. In der Praxis richtet sich das Interesse nicht auf den glatten Verlauf, sondern auf Abweichungen davon. Sind die Abweichungen Varianten der Normalität oder Anzeichen von Störungen, die behandlungsbedürftig sind? Forschung und Praxis müssen nicht zwei Paar Schuhe bleiben. Wer für Auffälligkeiten im Alltag sensibilisiert wird, fängt – vielleicht – auch an, anders zu forschen. In dieser Hinsicht habe ich als Hochschullehrer viel von meinen Studierenden gelernt.

Eine dieser vielen richtungsgebenden Begegnung spielte sich in einem Seminarraum mit der Bezeichnung P 9 ab, dessen Charme kaum zu unterbieten ist. In diesem Raum hielt ein Student ein Referat über ein Thema, das in der Forschung des Professors, übrigens bis heute [2010], einen zentralen Platz einnimmt. Die Entstehung einer empirisch vorgehenden Entwicklungspsychologie beginnt mit Tagebuchstudien, in denen Angehörige im häuslichen Umfeld die Entwicklung ihrer Kinder von der Geburt an, längstens bis zum Schuleintritt dokumentiert haben. Nach dem Referat offenbarte sich der Referent selbst als Tagebuchforscher, der während seines Zivildienstes ein schwer, genauer gesagt schwerst gestörtes Mädchen mit Namen Samantha kennen gelernt hatte. Er besuchte auch nach Ende seines Zivildienstes dieses Mädchen regelmäßig, um Video- und Audioaufnahmen von ihrer Entwicklung in natürlichen Situationen zu machen und seine Beobachtungen in Tagebüchern niederzuschreiben. Der Student war ein Amateurforscher, der, ohne es zu wissen, an eine große Tradition in der Entwicklungspsychologie anknüpfte. Er ging auch über die Tradition, die die normale Entwicklung in den Mittelpunkt stellt, hinaus, indem er die Entwicklung eines Mädchens mit einer tiefgreifenden Entwicklungsstörung im Sinne des frühkindlichen Autismus von Kanner dokumentiert hat. Der Fall Samantha hat in der Abteilung für Entwicklungspsychologie das Tor zu Entwicklungsstörungen geöffnet.

Dieses Tor hat uns auch in die Öffentlichkeit geführt. Der Fall Samantha war sogar dem Spiegel eine ausführliche Story wert. Aus dem umfangreichen Videomaterial ist in ungezählten Stunden ein Film zusammengestellt worden, der ohne das Mitgefühl steigernde Hintergrundmusik auskommt und dem Betrachter Zeit zum Sehen lässt. In einem Projekt, in dem ein der besagte Student als nun fertiger Psychologe, eine Phonetikerin, ein Komponist, eine Musikpädagogin mit mir zusammengearbeitet haben, ist eine Dissertation mit dem Titel „Kreative Pathologie" entstanden. Sie kann das Rätsel Samantha nicht vollständig lüften, aber erklären, warum es Menschen geben kann, die singen können, ohne jemals sprechen zu lernen. Das klingt wie ein Fall aus dem neuesten Buch von Oliver Sacks, ist aber ein Fall aus Niedersachsens Nordosten, der, ohne Selbstüberschätzung, mit den Fällen von Oliver Sacks mithalten kann.

Im Mittelpunkt unserer jahrelangen Arbeit stand ein einziger Fall (vgl. Wenglorz, 2003).

Wir haben uns, entsprechend dem Stereotyp, das man sich andernorts von Niedersachsen macht, nicht durch Kritikaster beirren lassen, die statt des einen Falles Stichprobenuntersuchungen unter standardisierten Bedingungen sehen wollten. Wissenschaft lebt nicht immer nur von Generalisierungen, sondern entdeckt manchmal auch – scheinbar – Einzigartiges, das, bei näherer Betrachtung, wieder ein Tor zum Allgemeinen bzw. Verallgemeinerbaren öffnet. Hoffentlich hilft die Popularität der Bücher von Oliver Sacks auch der Psychologie, Kasuistiken nicht länger als Anekdoten abzuwerten, sondern sie als Brennpunkte wissenschaftlicher Erkenntnis zu sehen, die weiterführen.

[…]

Der Fall Samantha hat mich persönlich dazu gebracht, über mein altes Forschungsthema, die Sprachpsychologie, neu nachzudenken und die Beziehung von Sprache und Musik in einem neuen Licht zu sehen. Mit Hilfe von Samantha und ihrer Fähigkeit, zu singen, ohne sprechen zu können, ist bei mir Neues angestoßen worden. Singen und Sprechen haben gemeinsame – expressive – Wurzeln, die sich dann zu trennen beginnen, wenn zu Beginn des 2. Lebensjahres Sprechen eine Gegenstände und Sachverhalte darstellende Funktion übernimmt und Singen zum Vehikel für den Ausdruck von Emotionen wird, der durch reproduzierbare Formen immer stärker in die Bahnen von Konventionen gelenkt wird. Bei Samantha ist eine normale Sprachentwicklung nicht möglich, weil ihre Fähigkeit zur Symbolisierung extrem eingeschränkt und die soziale Koordination mit Aktivitäten anderer Personen sehr begrenzt ist. Samantha hat aus der Not eine Tugend gemacht. Sie entwickelt über das Singen enorme Fähigkeiten des emotionalen Ausdrucks, die ohne Rücksicht auf soziale Grenzen nach Lust und Laune zum Zuge kommen. Genau das verstehen wir als einen Fall von kreativer Pathologie.

Noch in einer zweiten Hinsicht hat der Extremfall Samantha mein Denken in neue Bahnen gelenkt. Samantha war nicht nur Anlass über das Verhältnis Sprache und Musik, Sprechen und Singen, nachzudenken, sondern auch die Sprachentwicklung in einem neuen Licht zu sehen. Die Überlegungen zur Sprachentwicklung folgen nicht dem Mainstream, der

Sprache als etwas ganz Besonderes, nur dem Menschen Mitgegebenes betrachtet, dessen Kern die Grammatik ist. Die von mir vorgeschlagene Mosaiktheorie betrachtet Sprachentwicklung nicht von ihrem Ergebnis, sondern von ihren Wurzeln her. Nach Auffassung der Mosaiktheorie entsteht Sprache aus Sprechen, wobei Sprechen eine doppelte Wurzel hat, eine rezeptive, die bereits ab der 20. Schwangerschaftswoche zu funktionieren beginnt und sich in einer Präferenz für bestimmte (Sprech-)Melodiekonturen ausdrückt, und eine produktive, die mit der Geburt sich zunächst in Form von Schreien und später in Form von Lautspielen äußert. Beide Wurzeln entwickeln sich zunächst unabhängig voneinander. Die rezeptive Wurzel erlaubt nicht nur das Erkennen von Melodiekonturen, sondern vom Zeitpunkt der Geburt an auch die analytische Wahrnehmung von Lauten. Allerdings geschieht erst im Laufe des zweiten Lebensjahres eine Umstellung auf die Gegebenheiten der Zielsprache, indem Babys die Sensibilität für phonetische Kontraste, die in der Zielsprache nicht vorkommen, verlieren. Auch die produktive Wurzel zeigt in der Entwicklung des Babblings, das Phonation und Artikulation in den ersten Monaten unabhängig von den Besonderheiten der Umgebungssprache spielerisch trainiert werden. Erst die Koordination von stimmlichem Ausdruck führt zu Lauten, die für Wörter der natürlichen Umgebungssprache(n) genutzt werden. Rezeption und Produktion werden dann zu Partnern, wenn noch vor der Entdeckung der symbolischen Funktion von Sprache und ihrer grammatischen Struktur kultivierte Lautkombinationen – spielerisch – gelernt werden. Ich will Sie nicht weiter mit den Grundzügen und Details einer Mosaiktheorie der Sprachentwicklung traktieren, aber darauf hinweisen, dass Sie einen Rahmen für normale und gestörte Entwicklungsverläufe auf dem Weg zur Sprache bietet. Auch Samantha kann in diesem Rahmen für normale du gestörte Entwicklungsprozesse mit einer kreativen Pathologie eingeordnet werden. Meine Neuorientierung in Sachen Sprachentwicklung belegt, dass Entwicklungsstörungen ein Glücksfall sind, wenn ein Lehrer die Gelegenheit, von einem Schüler zu lernen, tatsächlich auskostet.

Literatur

Wenglorz, M. (2003). *Kreative Pathologie: Längsschnittliche Analyse der Lautproduktion eines autistisch gestörten Mädchens, das nicht spricht aber singt.* Frankfurt am Main: Peter Lang.

Die Bedeutung von Musik für die ganzheitliche Entwicklung von Kindern

Werner Deutsch

Die musikalische Entwicklung ist kein Selbstläufer. Noch stärker als die sprachliche Entwicklung ist sie auf Anregungen angewiesen, da in unserer Gesellschaft Musik im Vergleich zur Sprache als eine Art Luxus betrachtet wird, der das Leben bereichert, aber nicht lebensnotwendig ist.

In diesem Kapitel geht es um die Möglichkeiten und Grenzen musikalischer Förderung. Ich lade dazu ein, die eigene musikalische Biografie Revue passieren zu lassen, um die Personen und Ereignisse festzumachen, durch die Musik ein Teil unserer Persönlichkeit geworden ist. Hierbei wird deutlich, dass es kein generationsübergreifendes Rezept musikalischer Förderung geben kann, sondern für jede Generation die angemessene Förderung neu bestimmt werden muss. Heute ist der Kindergarten der wichtigste Ort musikalischer (Früh-)Förderung.

Ich werde über zwei Projekte berichten, um im Kindergarten über das gewöhnliche Maß hinaus musikalische Anregungen zu geben. Bei dem ersten Projekt „Kita macht Musik", das von der Bertelsmann-Stiftung als ein Kooperationsprojekt zwischen Musikschulen und Volkshochschulen ins Leben gerufen wurde, sind Erzieherinnen auf freiwilliger Basis musikalisch fortgebildet worden. Die Abteilung für Entwicklungspsychologie hat dieses Projekt wissenschaftlich begleitet und die Frage untersucht, ob die Weiterbildung der Erzieherinnen auch unten bei den Kindern in den Kindergärten, wo die Erzieherinnen tätig sind, ankommt. In einem Längsschnittdesign haben wir zu zwei Messzeitpunkten in 10 Experimentalkindergärten mit Erzieherinnen in der Fortbildung und 10 Kontrollkindergärten ohne Erzieherinnen in der Fortbildung beobachtet, wie viel Zeit im Kindergarten mit musikalischen Aktivitäten gefüllt wird. Die Aktivitäten wurden nach den Kriterien „Vokal vs. Instrumental", „Solo vs. Gruppe" und „Spontan vs. Angeleitet" klassifiziert. Die Ergebnisse zeigen einen statistisch nachweisbaren Effekt zugunsten der Experimentalgruppe. Auch wenn die durchschnittlich – mit Musik gefüllte –

Zeit sich nicht zwischen Experimental- und Kontrollgruppen unterschieden, unterscheiden sich die Gruppen dahingehend, dass in den Experimentalgruppen vergleichsweise mehr Zeit für spontan initiiertes Instrumentalspiel in der Gruppe aufgewandt wird als in den Kontrollgruppen. Die musikalische Förderung der Erzieherinnen hat also eine statistisch nachweisbare positive Wirkung auf die Art der musikalischen Betätigung bei Kindern gehabt. „Kita macht Musik" ist sicher ein geeigneter Weg der Förderung, der auf die Generation der jetzt aufwachsenden Kinder zugeschnitten ist, insbesondere über die Fortbildung von Erzieherinnen.

Ausgehend von unseren Erfahrungen in diesem Projekt sind wir noch einen Schritt weitergegangen und begleiten ein „Mini-Projekt", in dem Dozenten der Braunschweiger Musikschule über den Zeitraum eines Jahres für 1 ½ Stunden pro Woche einen Kindergarten besuchen und in Anwesenheit der Erzieherinnen mit zwei, maximal 25 Kinder umfassenden, Gruppen musikalisch aktiv sind. Bei ihrer musikalischen Förderung verfolgen der Dozent und die Dozentin einen unterschiedlichen Ansatz. Die Dozentin geht von Singen aus, das mit tänzerischen Bewegungen koordiniert wird, um das Rhythmusgefühl zu stärken, der Dozent geht von der Instrumentalmusik aus und regt Kinder an, mit Instrumenten Töne auszuprobieren und daraus freie Kompositionen entstehen zu lassen. Auch wenn das Projekt noch läuft, zeichnet sich schon jetzt ab, in welcher Richtung die beiden Fördermethoden wirken.

In vorgegangenen Untersuchungen, die wir mit Unterstützung der DFG ebenfalls in Braunschweiger Kindergärten durchgeführt haben, sind wir auf ein Phänomen gestoßen, das in Fußballkreisen für viel Aufregung gesorgt hat. Bei Schlachtrufen in Fußballstadien machen fast alle begeistert mit. Aus voller Brust stimmt auch der Fan mit ein, dem sonst kein Lied über die Lippen geht. Nun versetzen Sie sich in die Situation von Michael Ballack, der als Neuzugang bei FC Chelsea alleine vor versammelter Mannschaft ein Lied singen sollte. Singen als Mutprobe! Die Scham, sich vor anderen zu blamieren, entwickelt sich nicht erst, wenn die Kindheit zu Ende geht. Sie ist schon in der frühen Kindheit feststellbar. Nur wenige Kinder lassen sich dazu bewegen, vor anderen ein Lied zu singen, auch wenn es ihr Lieblingslied sein darf. Wir haben einen Trick anwenden müssen, um das Solosingen zu provozieren. Der Trick bestand darin, dass Singen eine von mehreren Aufgaben bei einem Gesellschaftsspiel war, an dem immer zwei Kinder gleichzeitig teilnahmen. Trotzdem kommt es selten vor, dass ein Kind ohne einen ersichtlichen Anstoß von außen alleine vor anderen singt. Ist die Singhemmung beim Solosingen eine Hürde, die nur wenige Kinder (und Erwachsene) ohne Schamgefühl überspringen können? Nach den ersten Auswertungen des Projekts, bei dem die Förderung im Kindergarten selbst stattfand und Kinder wie Erzieherinnen einbezog, sind wir sehr zuversichtlich, dass musikalische Förderung durch Experten Singhemmungen in einem bisher nicht vermuteten Maße abbauen kann bzw. solche Hemmungen erst gar nicht aufkommen lässt. Frau Scholz, die die Untersuchung als Diplomarbeit durchführt und mit einer ähnlichen Methode wie in unserer Vorgängeruntersuchung das Solo-Singen provoziert hat, kann zeigen, wie mit einer musikalischen Förderung aus einer Ausnahme die Regel wird. Die meisten der untersuchten Kinder im Alter von 3-6 Jahren können es kaum abwarten, ein Lied zu singen, das dem Hinweis-Wort wie z.B. Kuckuck entspricht. Kaum ist das Wort Kuckuck verklungen, tönt es schon „Kuckuck, Kuckuck" aus der Kehle der Kinder. Ist das spontane Singen nur oder hauptsächlich dann festzustellen, wenn das Singen in den Mittelpunkt der Fördermethode steht? Wer hätte erwartet, dass beide Methoden zu ähnlichen Ergebnissen führen? Auch die Förderung über ein Instrument fördert den spontanen Einsatz der Singstimme, weil die Stimme ja wie ein Instrument funktioniert. Unterschiede in der Wirkung der beiden Fördermethoden deuten sich beim ersten von zwei Messzeitpunkten bei der Entwicklung des Noten Verständnisses an. Es ist noch zu früh, über weitere Details zu berichten, aber es deutet sich an, dass die Beziehung zwischen der Tonhöhe und der Position einer Note im Liniensystem von Kindern eher erkannt wird, die mit Hilfe von Instrumenten musikalisch gefördert werden.

Musikalische Förderung ist notwendig, weil unter den gegenwärtigen Verhältnissen, bei denen der Ursprung von gehörter Musik eher in Apparaten als im Menschen liegt, das aktive Musizieren keine Selbstverständlichkeit mehr ist. Im Gegensatz zu den Erfahrungen meiner Generation ist der aktiv Musizierende an den Rand gedrängt worden. Der passive Musikkonsument dominiert. Freude an der Musik ist auch durch passiven Musikkonsum möglich, aber der besondere Kick stellt sich erst ein, wenn aktiv Musik ausgeübt wird. Wer singt, spürt, wie der ganze Körper mitschwingt, um die Stimme auf dem Atembogen in Fülle erklingen zu lassen. Wer ein Instrument spielt, spürt, wie das Instrument zu einem neuen Organ seines Körpers werden kann. Musikalische Praxis ergreift den ganzen Menschen. Die musikalische Förderung von Kindern lässt damit nicht nur spezielle Fähigkeiten wachsen, sondern entwickelt den Menschen in seiner Ganzheit.

Musikalische Entwicklung – ein Selbstläufer?
Überlegungen zur musikalischen Förderung von Kindern

Maike Hauschildt und Susanne Wiedau

Für die meisten Menschen ist Musik ein alltäglicher Begleiter. Wir hören Radio beim Frühstück, beim Autofahren wird zuerst die richtige Musik gesucht, erst dann der Motor gestartet. Wir lassen uns beim Einkaufen von Musik begleiten und manchmal auch verleiten, bestimmte Dinge zu kaufen. Beim Joggen, beim Zugfahren oder allgemein auf der Straße trifft man kaum noch Menschen ohne Stöpsel im Ohr. Auch die Menge der verkauften Tonträger und Musikdownloads ist ein deutliches Zeichen, dass das Hören von Musik einen großen Stellenwert in unserem Leben hat.

Neben dem Musikhören erfreut sich auch das aktive Musizieren großer Beliebtheit. Viele Menschen singen im Chor oder spielen in einer Band und empfinden dies als große Bereicherung oder als Ausgleich zu ihrem ansonsten stressreichen Leben. Aktuell singen in Deutschland schätzungsweise etwa 3,4 Millionen Menschen aktiv in Chören. Dabei beschreibt der Geschäftsführer des Deutschen Chorverbandes in einem Interview mit dem Magazin der Deutschen Bahn eine Entwicklung zunehmend vielfältigerer Formen von unterschiedlichen Angeboten für Sangeswillige. Ebenso glauben viele Eltern, dass das Erlernen eines Musikinstruments zur Ausbildung ihrer Kinder dazugehört. Der Verband deutscher Musikschulen (VdM; 2011) berichtet über steigende Schülerzahlen insbesondere bei jüngeren Kindern, aber auch im Erwachsenenalter.

Förderung von Kindern durch Musik

Die Wahrnehmung von Musik ist meist positiv: Musik tut gut. Musik beeinflusst den Herzschlag, den Blutdruck und die Atemfrequenz sowie die Muskelspannung. Die Ausschüttung von Stresshormonen kann verringert werden und die Konzentration von schmerzkontrollierenden Betaendorphinen im Körper erhöhen (Karow & Rötter, 2002; Biegl, 2004).

Aus diesem Grund wird Musik auch häufig in der Behandlung von Schlaganfallpatienten, in der Schmerztherapie und in der Psychiatrie eingesetzt. In aktuellen gesellschaftlichen und politischen Überlegungen zur Entwicklung von Kindern und wie sich diese unterstützen lässt, spielt Musik ebenfalls eine bemerkenswert große Rolle. Sei es in der Diskussion über das vorschulische Bildungsangebot in Kindertagesstätten oder als positives Beispiel für die Verwendung von Bildungsgutscheinen für Familien, die sich sonst keinen Instrumentalunterricht für ihr Kind leisten könnten. Kontakt mit Musik scheint geradezu ein Garant dafür zu sein, dass Kinder sich positiv entwickeln. Diese Auffassung spiegelt sich beispielsweise auch wider, wenn der amerikanische Bundesstaat Georgia jedem Kind zur Geburt eine CD mit klassischer Musik schenkt. In einer Gesellschaft, die Musik und musikalische Aktivität überwiegend als eine das Leben des Einzelnen bereichernde, aber nicht lebensnotwendige Zugabe schätzt, lassen derartige politische Diskussionen und Aktionen aufhorchen. Welche Hoffnungen für die günstige Entwicklung von Kindern verbinden sich mit Musik? Musikalische Aktivitäten können unzweifelhaft die musikalische Entwicklung eines Kindes anregen und positiv beeinflussen (z.B. Oerter & Lehmann, 2008; Badur, 2007). Darüber hinaus werden zahlreiche weitere Erwartungen über ihre förderliche Wirkung auf die Entwicklung von Kindern an Musik herangetragen. Im Sinne positiver Transfereffekte wird in musikalische Förderung die Hoffnung gesetzt, günstige Auswirkungen auch auf andere Entwicklungsbereiche zu haben. Die Steigerung der Intelligenz und Konzentrationsfähigkeit, höhere Leistungen im sprachlichen Bereich sowie im räumlich-visuellen Denken, bessere motorische Fähigkeiten oder höhere soziale Kompetenzen sind nur ein kleiner Ausschnitt der Entwicklungsbereiche in denen Musik eine positive Wirkung zugetraut wird (vgl. BMBF, 2008).

Tatsächlich befasst sich musikpsychologische Forschung seit langem mit der Wirkung von Musik und musikalischen Aktivitäten. Einen regelrechten Boom der Forschungsarbeiten zu diesem Thema haben die Untersuchungen von Rauscher, Shaw und Ky ausgelöst. Die Forscher veröffentlichten 1993 in der Zeitschrift *Nature* Ergebnisse eines Experiments, in dem Personen, die zuvor Musik von Mozart gehört hatten, bessere Leistungen in IQ-Testaufgaben zeigten als Personen, die keine Musik gehört hatten. Später wurden diese Ergebnisse unter dem Stichwort Mozart-

Effekt diskutiert. Unzweifelhaft gibt es Forschungsergebnisse, welche auf eine positive Wirkung von Musik auf die Entwicklung von Kindern auch in anderen Entwicklungsbereichen hinweisen. Einen Überblick gibt beispielsweise ein 2006 vom Bundesministerium für Bildung und Forschung zu dieser Thematik herausgegebenes Sammelwerk. In der öffentlichen (und teilweise auch in der wissenschaftlichen) Diskussion werden die Ergebnisse zur Wirkung von Musik auf die Entwicklung und Leistungsfähigkeit von Menschen allerdings häufig überzogen und stark verallgemeinert dargestellt (vgl. dazu etwa Jäncke, 2008).

Im Rahmen institutionalisierter Bildungsangebote für Kinder gibt es nicht selbstverständlich einen festen Platz für musikalische Aktivitäten. In vielen Schulen gilt Musik als ein Fach, auf das bei Lehrer- oder Zeitmangel leicht verzichtet werden kann. Musikalische Entwicklung selbst bleibt Luxus und hat an sich keinen ausreichend hohen Wert. Ihren Platz im Bildungsangebot kann sich die Beschäftigung mit Musik scheinbar nur dadurch verdienen, dass Forschung eine günstige Wirkung auf andere (wichtigere?) Entwicklungsbereiche nachweisen kann. Diese Sichtweise auf musikalische Aktivitäten als „Wunderwaffe" einer wirkungsvollen und dabei noch Spaß machenden Förderung nahezu aller kindlichen Entwicklungsbereiche spiegelt sich in politischen und gesellschaftlichen Bestrebungen wider, einen intensiven Kontakt mit Musik und musikalische Aktivitäten in das frühkindliche Bildungsangebot zu integrieren. Gerne nehmen Musikpädagogen diesen Auftrag an und entwerfen unterschiedlichste Konzepte für zeitgemäße Formen der musikalischen Früherziehung, Musikkindertagesstätten oder Bläser- und Streicherklassen in Schulen.

Das Förderprojekt Braunschweiger Musikkindertagesstätte

Bereits im vorherigen Kapitel stellt Werner Deutsch erste Ergebnisse der wissenschaftlichen Begleitung eines von der Städtischen Musikschule Braunschweig initiierten musikalischen Förderprogramms vor (siehe Box 1 für Überblick), welches 2007 in einer Braunschweiger Kindertagesstätte begann. In der Zwischenzeit hat sich dieses Programm so weit bewährt, dass auch andere Kindertagesstätten und Grundschulen ihre Kinder gern an diesem Angebot teilhaben lassen. Welche Wirkung hat eine solche musikalische Förderung?

> **Die Braunschweiger Musikkindertagesstätte**   **Box 1**
>
> | | |
> |---|---|
> | Wer? | 2 Musikpädagogen der Städtischen Musikschule Braunschweig und die Erzieherinnen der Kindertagesstätte |
> | Wie? | 45 Minuten wöchentlich über ein Kindergartenjahr Kleingruppen von 10-12 Kindern |
> | Wo? | „Musikraum" in der Kindertagesstätte |
> | Was? | Die Förderung durch die Musikpädagogen zielt darauf ab, den Kindern Anregungen und Gelegenheiten zum aktiven Musizieren alleine oder in Gruppen anzubieten. Dies geschieht über unterschiedliche Formen musikalischer Aktivitäten, wie Singen und Tanzen oder Instrumentalspiel. Zudem wollen sie bei den Kindern spielerisch ein erstes Verständnis für das musikalische Notationssystem entwickeln. |
>
> Erzieherinnen der Kindertagesstätte sind während der Förderung anwesend und greifen die Inhalte im Kindergartenalltag auf, indem sie mit den Kindern beispielsweise die gelernten Lieder singen. Daneben organisiert die Kindertagesstätte weitere Aktivitäten zum Thema Musik, z.B. Besuch eines Instrumentenbauers und Teilnahme an einem Chorfest.

Kann sie diesen Kindern bedeutsame Anstöße für ihre musikalische Entwicklung geben? Die begleitenden wissenschaftlichen Untersuchungen während der Förderung betrachteten insbesondere die Auswirkungen der Förderung auf die Bereiche Singen, Instrumentalspiel und Notenverständnis. Darüber hinaus stellt sich die Frage, was auf längere Sicht von einer derartigen musikalischen Förderung im Kindergarten bleibt. Kann eine solche Förderung bei den teilnehmenden Kindern Freude an Musik und aktivem Musizieren wecken, die auch nach der Förderung weiter anhält?

Verständnis der musikalischen Notenschrift

Neben den bereits von Werner Deutsch beschriebenen Ergebnissen zum Singen, wurde am Ende der Förderung im Kindergarten auch die musikalische Entwicklung der Kinder im Bereich Notenverständnis betrachtet. Stellt man das Notenverständnis musikalisch geförderter Kinder mit Kindern einer ansonsten vergleichbaren Kindertagesstätte ohne besondere musikalische Förderung gegenüber, so wird deutlich, dass ohne die gezielte Förderung keine Entwicklung eines Verständnisses für das musikalische Notationssystem stattfindet. Die nicht gezielt geförderten Kinder (Standardgruppe) verfügen über so gut wie kein Symbolverständnis für das musikalische Notationssystem. Ein sehr großer Teil der musikalisch geförderten Kinder hingegen hatte zum Abschluss der Förderung zumindest ein grundlegendes Verständnis wichtiger musikalischer Notationssymbole und ihrer Verwendung entwickelt. Hier treten deutliche Unterschiede der Entwicklungsverläufe verschiedener Symbolsysteme in unserer Kultur zu Tage. Während fast alle Kindergartenkinder bereits (quasi nebenbei) erste Entwicklungsschritte im Verständnis der beiden anderen großen Notationssysteme unserer Kultur machen, der Schriftsprache und des Ziffernsystems, stellt der Lebensraum der meisten Kinder keine ausreichend anregende Umwelt für Entwicklungsfortschritte in der musikalischen Notenschrift bereit.

Der Vergleich der musikalisch geförderten Kinder liefert zudem Hinweise darauf, dass verschiedene Arten der musikalischen Förderung unterschiedliche Entwicklungsverläufe beim Erwerb des Notenverständnisses begünstigen. Wir konnten Unterschiede im Notenverständnis zwischen Kindern beobachten, die an einer durch Singen und Bewegung geprägten Förderung teilnahmen (Vokalgruppe) und Kindern, bei denen in der Förderung großer Wert auf das Musizieren mit Instrumenten gelegt wurde (Instrumentalgruppe). Beispielsweise zeigten die verstärkt instrumental geförderten Kinder beim Aufschreiben von Notensymbolen im Liniensystem ein weit entwickeltes Verständnis für die Bedeutung der Positionierung von Noten auf Linien und in Zwischenräume zur Kennzeichnung der Tonhöhe (vgl. Abbildung 2).

Dieses Verständnis war bei vielen Kindern der anderen Fördergruppe noch nicht vorhanden.

Abbildung 2: Beispiel für die Platzierung von Noten in der Instrumentalgruppe

Die allermeisten dieser Kinder „schrieben" die Notensymbole wie Buchstaben auf einzelne Notenlinien (vgl. Abbildung 3).

Abbildung 3: Beispiel für die Platzierung von Noten in der Vokalgruppe

Die Ergebnisse in Abbildung 4 zeigen, ob und in welcher Form es Kindern der drei Gruppen gelang, Noten im Liniensystem zu platzieren.

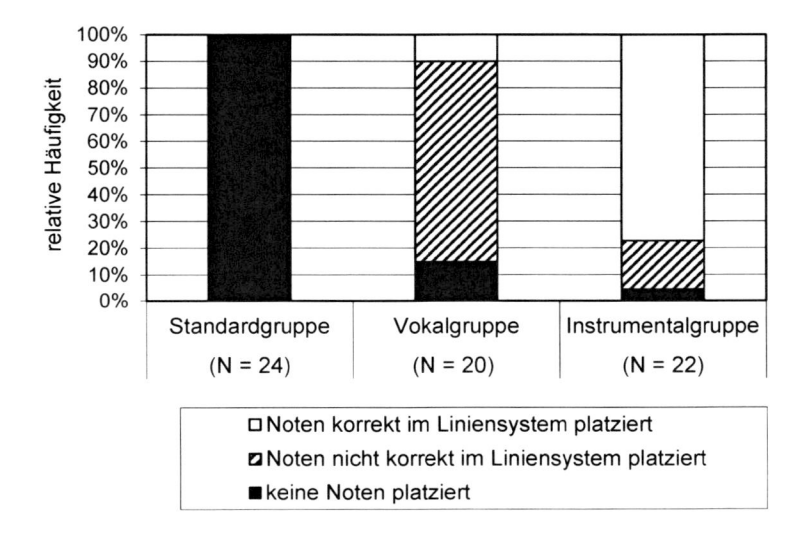

Abbildung 4: Verwendung eines leeren Notenblattes durch die Kinder der Standard-, Vokal- und Instrumentalgruppe (N = 66)

Weiterentwicklung nach der Förderung

Nach dem Ende des ersten Förderjahres in der Kindertagesstätte und den parallelen wissenschaftlichen Untersuchungen, wurde die Begleitung der geförderten Kinder und ihrer Familien im Rahmen eines anschließenden Forschungsprojektes weiter geführt. Drei Fragen standen dabei im Mittelpunkt:

a) Zusammenhänge der Entwicklung des Verständnisses für verschiedene Symbolsysteme,
b) die musikalischen Aktivitäten der teilnehmenden Familien
c) die Nutzung von Musik als Mittel der Emotionsregulation.

In diesem Kapitel werden die ersten Ergebnisse zu den Punkten a) und b) vorgestellt.

Über einen Zeitraum von zwei Jahren wurden die Familien halbjährlich zu Hause besucht und von den Kindern und Eltern verschiedene Daten erhoben. Dazu zählten Interviews, Fragebögen, Symbolaufgaben, Tagebücher, Leistungstests und Schulzeugnisse. Für eine abschließende Darstellung der Ergebnisse aller Untersuchungen ist es gegenwärtig noch zu früh, es liegen aber bereits erste Ergebnisse der Elterninterviews und der von den Kindern über eine Woche geführten Tagebüchern zu musikalischen Aktivitäten vor. Insgesamt nahmen 40 Familien an den weiteren Untersuchungen teil. Die Kinder waren zu Beginn der Untersuchungen im Schnitt 6 Jahre und 10 Monate alt, das Durchschnittsalter der Eltern betrug 40 Jahre und 4 Monate. Von den teilnehmenden Kindern waren 25 Mädchen und 15 Jungen.

Interview zur musikalischen Entwicklung

Alle Interviews wurden beim ersten Datenerhebungstermin mit den Eltern, meistens den Müttern, durchgeführt. Mit Hilfe eines halbstandardisierten Interviewleitfadens wurden die Eltern nach ihren eigenen musikalischen Aktivitäten befragt und nach denen ihrer Kinder. Die Eltern konnten bestimmte Vorlieben für eine Musikrichtung nennen, sie wurden unter anderem gefragt, ob sie den Kindern abends vorgesungen haben oder ob es besondere musikalische Rituale in der Familie gibt. Außerdem wurde nach bestimmten Fernseh- oder Musiksendungen und Instrumenten gefragt. Uns interessierte dabei, ob die Einstellung der Eltern einen Einfluss auf die Förderung der Kinder hat. Möglicherweise hat das Vorbild der Eltern einen größeren Einfluss auf die musikalische Entwicklung ihrer Kinder als eine externe Förderung. Ebenso könnte eine positive Bewertung der Förderung durch die Eltern, die Motivation der Kinder, selber Musik zu machen, erhöhen.

Stellenwert von Musik

Um besser differenzieren zu können, welche Rolle Musik in den einzelnen Familien spielt bzw. in welchem Umfang Musik gemacht wird, wurden Indexwerte für die einzelnen Familien ermittelt. Für jede positive Beantwortung einer Frage nach Musik wurde im Interview ein Punkt vergeben. Es wurden nur Fragen nach aktiven musikalischen Betätigungen herangezogen. Insgesamt wurden neun Fragen für die Bildung eines Indexwertes ausgewertet:

Teil II: Kreativer Ausdruck in der Entwicklung

1) Spielen Sie ein Instrument?
2) Singen Sie in einem Chor?
3) Spielt Ihr Kind ein Instrument?
4) Singt Ihr Kind in einem Chor?
5) Hat Ihr Kind an musikalischer Früherziehung teilgenommen?
6) Machen Sie gemeinsam mit Ihren Kindern Musik?
7) Gab oder gibt es Musikunterricht im Kindergarten?
8) Gibt es Musikunterricht in der Schule?
9) Nimmt Ihr Kind an einer Musik-AG teil?

Abbildung 5: Interviewfragen zur aktiven musikalischen Betätigung (N=32)

Der höchste Wert, den eine Familie erzielen konnte, ist somit 9 und der niedrigste Wert 0. Abbildung 6 zeigt, dass es keine Familie gab, in der Musik nicht aktiv praktiziert wird und drei Familien, in denen sieben Fragen nach aktiver musikalischer Betätigung bejaht wurden.

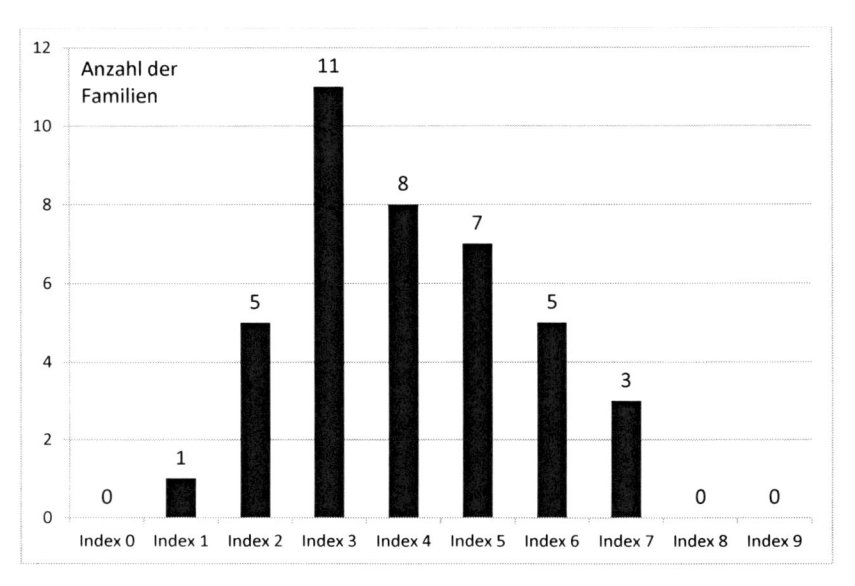

Abbildung 6: Verteilung der Indexwerte zur musikalischen Betätigung (N=32)

Ein großer Teil der Familien (27,5%) hat insgesamt drei Fragen nach eigener musikalischer Betätigung mit Ja beantwortet. Acht Familien (20%) beantworteten insgesamt vier Fragen positiv und sieben Familien (17,5%) beantworteten fünf Fragen positiv. Bei fünf Familien wurden sechs Fragen mit Ja beantwortet und immerhin noch fünf Familien haben zwei Fragen bejaht.

Einfluss auf die musikalische Entwicklung

Am Ende des Interviews wurden die Eltern danach gefragt, wie die musikalische Entwicklung ihres Kindes verlaufen ist und was ihrer Meinung nach den größten Einfluss darauf gehabt hat. Diese Fragen wurden bisher von 32 Eltern beantwortet, Mehrfachnennungen waren möglich. Insgesamt 15 Eltern (46,9%) gaben an, dass ihrer Meinung nach der Kindergarten den größten Einfluss auf die musikalische Entwicklung ihrer Kinder hatte. Sieben Familien (21,9%) glauben, dass sie als Eltern den größten Einfluss auf ihre Kinder haben, und in vier Familien (12,5%) könnten auch die Geschwister einen großen Einfluss gehabt haben. Jeweils eine Familie (3,1%) gab an, dass die Ausbildung an einem Instrument, die Beziehung zur Musik, das Fernsehen, die musikalische Früherziehung oder die Kirche den größten Einfluss auf die musikalische Entwicklung des Kindes hatten.

Musikalische Aktivitäten der Kinder

Die Kinder führten eine Woche lang ein Tagebuch, in dem sie unter anderem ihre musikalischen Aktivitäten und die Dauer dieser Beschäftigungen eintrugen. Sechs Kinder in unserer Untersuchung erlernten ein Instrument, das sie regelmäßig spielen. Drei Kinder spielen Flöte, die anderen Kinder Querflöte, Geige oder Keyboard.

Die Mehrzahl der Kinder hat in der Schule Musikunterricht mit einer Dauer von weniger als einer Stunde pro Woche. Etwa ein Drittel aller Kinder verbringen in ihrer Freizeit mehr als zwei Stunden Zeit pro Woche mit musikalischen Aktivitäten. Entweder haben sie Musikunterricht in dem Instrument, das sie lernen oder sie spielen Nintendo und hören Radio. Ein Kind tanzt regelmäßig und ein Kind gab an, mit anderen Kindern Musik zu machen. Sieht man sich die musikalischen Aktivitäten im Einzelnen an, zeigt sich, dass im Durchschnitt 38% der Kinder in der Schule Musik hören, 9% ein Instrument spielen, tanzen oder singen. In ihrer Freizeit hören im Durchschnitt 70% der Kinder regelmäßig Musik und 13,3% der Kinder spielen ein Instrument, 16,4% der Kinder tanzen und 43,6% der Kinder singen. Die Zahlen beziehen sich jeweils auf eine Woche.

Tabelle 1: Musikalische Aktivitäten der Kinder (N=11) in einer Woche

	Schule	Freizeit
Musik hören	38 %	70 %
Instrument spielen	9 %	13,3 %
Tanzen	9 %	16,4 %
Singen	9 %	43,6 %

Es zeigt sich, dass das passive Hören von Musik einen deutlich höheren Anteil in der Schule als auch in der Freizeit hat. In ihrer Freizeit machen aber mehr Kinder aktiv Musik.

Als musikalische Vorlieben wurden meistens populäre Musiker angegeben wie Hannah Montana, Lady Gaga und La Fee. Eher wenig bis gar nicht gehört wurden speziell für Kinder produzierte Musik wie Kinderlieder.

Wirkung von Musik auf die Kinder

Auf die Frage nach der Wirkung von Musik auf die Kinder wurden durchweg positive Antworten genannt. Die Eltern glauben, dass Musik die Konzentration und die Lernfähigkeit verbessert. Das Lernen von Liedtexten fördere die Merkfähigkeit, außerdem müssen Kinder, die ein Instrument lernen und sich in eine Gruppe einfügen, mehr Selbstdisziplin aufbringen. Ein Vorteil des gemeinsamen Musizierens sei auch der Spaß an der Sache und die Verbesserung der Stimmung oder der Laune. Viele Kinder können mit Musik besser einschlafen oder sich beruhigen. In Abbildung 7 sind die jeweils von mehreren Eltern genannten Antworten dargestellt.

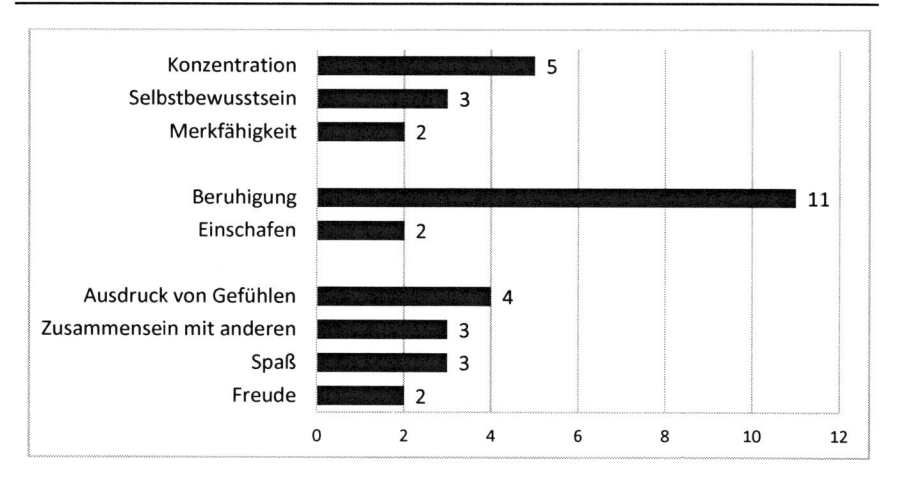

Abbildung 7: Von Eltern (N=32) benannte Wirkungen von Musik auf ihre Kinder

Insgesamt lassen sich drei große Gruppen von Antworten finden. Auch hier waren Mehrfachnennungen möglich. Zum einen sind Eltern der Meinung, durch Musik verbessern sich verschiedene Fähigkeiten. Hier liegen Konzentration (5), Merkfähigkeit (2) und Selbstbewusstsein (3) an erster Stelle, es folgen mit je einer Nennung Verbesserung der Stimmung, Ausdauer und Durchhaltevermögen, Geduld und Selbstdisziplin sowie Persönlichkeitsentwicklung. Eine zweite große Gruppe ist die funktionale Wirkung von Musik. Eltern und Kinder nutzen Musik zur Beruhigung (11) und als Hilfe zum Einschlafen (2) und gelegentlich auch bei den Hausaufgaben (1). Eine dritte Gruppe sieht Musik als Förderung z.B. beim Ausdruck von Gefühlen (4). Hier wurde auch Spaß (3) genannt, Zusammensein mit anderen (3) und Freude (2). Außerdem wurde mit je einer Nennung Erholung und Fröhlichkeit sowie Ehrgeiz angegeben. In einer eher übergeordneten Gruppe lassen sich unterschiedliche allgemeine Aspekte zusammenfassen. Hier antworteten die Eltern, dass Musik wichtig und positiv sei, dass Musik als Ausgleich zu anderen anstrengenden Tätigkeiten diene und dass es „Balsam für die Seele" sein könne.

Fazit

Wodurch werden musikalische Betätigung und Entwicklung von Kindern angeregt und beeinflusst? Fast die Hälfte der Eltern war der Meinung, dass die musikalische Förderung im Kindergarten großen Einfluss auf die musikalische Entwicklung ihrer Kinder gehabt hat oder noch immer hat. Daneben zeigte sich aber auch, dass die eigenen Erfahrungen der Eltern mit Musik eine bedeutsame Rolle spielen. Für Kinder scheint es wichtig zu sein, Eltern als Vorbild zu erleben, die Spaß und Freude an Musik haben und entsprechend die Beschäftigung mit musikalischen Aktivitäten als positiv bewerten. Das Gleiche gilt auch für die professionellen Anleiter, die Musikpädagogen, die eine große Begeisterung für ihre Tätigkeit aufbringen und Kindern vor allem auch diese Leidenschaft und den Spaß an der Sache vermitteln, erreichen eine längerfristige und möglicherweise auch intensivere Beschäftigung mit Musik. In unserer Untersuchung waren diese insbesondere die Dozenten der Musikschule, die einmal wöchentlich in den Kindergarten kamen. Eine Lehrerin hat beispielsweise ihre Grundschulklasse an dem niedersachsenweiten Schulprojekt „Klasse wir singen!" teilnehmen lassen, was sowohl bei den Eltern als auch bei den Kindern einen so nachhaltigen positiven Eindruck hinterlassen hat, dass aus dieser Klasse spontan mehr Familien an unserer Studie teilnahmen. Auch berichteten in den Interviews viele Eltern von den positiven Effekten auf Konzentration und Merkfähigkeit.

Eine wesentliche Unterscheidung musikalischer Betätigung scheint die zwischen aktivem Musizieren und eher passivem Kontakt mit Musik zu sein. Bei den von uns untersuchten Familien hören die Kinder viel mehr Musik als dass sie aktiv Musik machen. Auch alle Eltern berichteten, dass sie Radio hören. Einige Eltern bedauerten es sehr, dass sie durch Arbeitsbelastung und Erziehung der Kinder sehr viel weniger Zeit mit aktiver musikalischer Betätigung und auch Besuchen von Konzerten verbringen, als sie das früher getan haben. Herrmann Rauhe und Reinhard Flender differenzieren in ihrem Buch Schlüssel zur Musik (1993) das Hören von Musik und aktives Machen von Musik in ihrer Wirkung deutlich voneinander. Sie legen dar, dass bewusstes Hören eine Entfaltung der Wahrnehmungs- und Erlebnisfähigkeit bewirkt, und dadurch den Abbau von Spannungen und Angst. Außerdem wird ein Gefühl von Geborgenheit vermittelt. Aktives Musizieren, Singen und Improvisieren unterstützen die Entfaltung der Persönlichkeit, die Entwicklung von Kreativität und Phantasie. So tragen Hören und Musizieren bei zur Beseitigung von Konzentrationsschwächen und Lernhemmungen und zum Abbau von Unsicherheit, Nervosität, Niedergeschlagenheit, Frustration und Aggression, beides kann vegetative Körperfunktionen positiv beeinflussen.

In unserer Studie zeigt sich, dass Musik insgesamt sehr positiv bewertet wird und auch in allen teilnehmenden Familien ein ständiger Begleiter ist. In Familien, die sehr aktiv Musik machen, wird auch der musikalischen Förderung eine große Bedeutung eingeräumt. Die Eltern, die zusammen mit ihren Kindern musizieren, beschrieben, dass für sie vor allem der Spaß und die Gemeinschaft dabei im Vordergrund stehen. Positive Effekte auf andere Entwicklungsbereiche, wie die Verbesserung der Konzentration und Merkfähigkeit, wurden eher als zusätzliche Gewinne des Musikmachens beschrieben, aber nicht als zentrale Wirkung oder gar Ziel des Musikmachens betont. Die Aussagen der Eltern im Interview zur Frage nach Transfereffekten von Musik in andere Entwicklungsbereiche erzeugten insgesamt den Eindruck, dass diese Erwartung an die außermusikalische Wirkung von Musik auf Kinder für die Eltern von lediglich untergeordneter Bedeutung ist. Anders als aktuell öffentliche und wissenschaftliche Diskussionen zu diesem Thema vermuten lassen, wollen die Eltern ihre Kinder mit Musik nicht in erster Linie schlau machen. Diese Überlegungen scheinen aber häufig zum Beispiel in Medienberichten von außen an Eltern herangetragen zu werden. Die Eltern hingegen sehen den Zweck musikalischer Betätigung eher darin, dass es sich um eine in sich selbst schöne Aktivität handelt, bei der sie selbst und ihre Kinder sich wohlfühlen, die ihnen guttut und ihr Leben bereichert. Für den Philosophen Friedrich Nitzsche ging die Bereicherung des Lebens durch Musik soweit, dass er die Ansicht vertrat: „Ohne Musik wäre das Leben ein Irrtum."

Literatur

Badur, I.-M. (2007). Selbstinitiierte musikbezogene Aktivitäten von Kindern im Grundschulalter. Teilergebnisse des Forschungsprojekts „Kind & Musik". In W. Auhagen (Hrsg.), *Musikpsychologie - Musikalische Sozialisation im Kindes- und Jugendalter* (Jahrbuch der Deutschen Gesellschaft für Musikpsychologie, Bd. 19, S. 54-70). Göttingen: Hogrefe.

Biegl, T. (2004). *Glücklich singend – singend glücklich? Gesang als Beitrag zum Wohlbefinden.* Universität Wien, Diplomarbeit.

Bundesministerium für Bildung und Forschung (Hrsg.) (2006). *Macht Mozart schlau? Die Förderung kognitiver Kompetenzen durch Musik* (Bildungsforschung, Bd. 18). Berlin: Herausgeber.

Jäncke, L. (2008). *Macht Musik schlau? Neue Erkenntnisse aus den Neurowissenschaften und der kognitiven Psychologie.* Bern: Huber.

Karow, D. & Rötter, G. (2002). Eine Studie zur analgetischen Wirkung von Musik. In K.-E. Behne, G. Kleinen & H. de la Motte-Haber (Hrsg.), *Musikpsychologie – Wirkung und kognitive Verarbeitung in der Musik* (Jahrbuch der Deutschen Gesellschaft für Musikpsychologie, Bd. 16, S. 84-101). Göttingen: Hogrefe.

Oerter, R. & Lehmann, A. C. (2008). Musikalische Begabung. In H. Bruhn, R. Kopiez & A.C. Lehmann (Hrsg.), *Musikpsychologie. Das neue Handbuch* (S. 88-104). Reinbek: Rowohlt.

Rauhe, H. & Flender, R. (1993). *Schlüssel zur Musik.* München: Econ.

Rauscher, F.H., Shaw, G.L. & Ky, K.N. (1993). Music and spatial task performance. *Nature, 365* (6447), 611.

Verband deutscher Musikschulen (VdM) (2011). *Schülerzahl und Altersverteilung* {www document]. Abrufbar unter: http://www.musikschulen.de/musikschulen/fakten/schuelerzahl-altersverteilung/index.html [Zugriffsdatum: 31.12.2011].

Bild von Jakob (6)

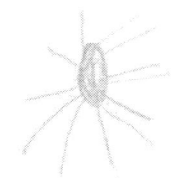

Wie Kreativität in der Entwicklung des Zeichnens wächst, vergeht und – manchmal – wieder neu entsteht

Werner Deutsch

Dieser Beitrag geht auf einem Vortrag auf dem 53. Psychotherapie-Seminar vom 22. bis 27. September 1996 in Freudenstadt zurück. Ich danke den Studierenden der Übung "Psychologie der Kinderzeichnung" im WS 1996/97 an der Technischen Universität Braunschweig für ihre engagierte Unterstützung, die Thesen aus dem Vortrag mit Empirie zu füllen.

Kinderzeichnungen und die Kunst des 20. Jahrhunderts

„Die Herren Kritiker sagen es oft, dass meine Bilder Kritzeleien oder Schmierereien von Kindern gleichen. Mögen sie ihnen gleich sein. Die Bilder, die mein kleiner Felix gemalt hat, sind bessere Bilder als die meinen." So äußert sich Paul Klee über seine Kunst und die seines Sohnes Felix zitiert nach Fineberg (1995, S.110).

Ein Einzelfall? Mitnichten!

Pablo Picasso, Jean Dubuffet, Wassily Kandinsky, Gabriele Münter, Jackson Pollock und Jasper Johns haben Kinderzeichnungen wie Schätze gehütet und sich von ihnen inspirieren lassen. Die Liste der von und durch Kinderzeichnungen Inspirierten ist – in diesem Jahrhundert – lang, sehr lang. Vielleicht sollten Kunsthistoriker, die der Beziehung zwischen Kinderzeichnung und moderner Kunst nachgehen, sich besser die Frage vornehmen, welche Künstler in unserem Jahrhundert sich dem Einfluss von Kinderzeichnungen auf ihr zeichnerisches Werk entzogen haben.

Was macht die Faszination von Kinderzeichnungen aus? Kinder sehen die Welt mit anderen Augen als Erwachsene – frischer, farbiger und, um ein Modewort zu gebrauchen, authentischer. Wenn Kinder zeichnen und malen, sind sie ganz bei sich – ihren Gedanken, Gefühlen, Erlebnissen und Phantasien. Das kann Neid wecken, vor allem bei Künstlern, die die

Scheuklappen akademischer Konventionen fallen lassen und zu den Anfängen zurückkehren möchten. „O wüßt' ich doch den Weg zurück, den Weg ins liebe Kinderland!" Der Beginn dieses von Johannes Brahms (op. 63 № 8) vertonten Gedichts von Klaus Groth wäre ein passendes Motto für die Geschichte der Zeichnung in unserem Jahrhundert. In der Geschichte der Kunst ist das Interesse an Kinderzeichnungen nicht neu. Es gibt einzelne Beispiele aus vergangenen Jahrhunderten, auf denen zeichnende Kinder oder Zeichnungen von Kindern dargestellt sind. In unserem Jahrhundert hat das Interesse jedoch eine neue Qualität gewonnen. Wir werden von einer Bilderflut überschwemmt. Tagaus, tagein verbreiten die Medien in beliebiger Stückzahl Reproduktionen der wirklichen und virtuellen Realität. Kein Wunder, dass unter diesen Umständen der Wunsch immer stärker wird, zu den "Uranfängen" zurückzukehren. Die Uranfänge wiederholen sich solange Kinder geboren werden, die sich ohne den Ballast von Kunstgeschichte und Kunsttraditionen ausdrücken, was sie denken und fühlen.

Fast alle Kinder beginnen im Verlauf des zweiten Lebensjahres mit Tätigkeiten, die unter dem Begriff Zeichnen zusammengefasst werden. Es gibt Kulturen, in denen Kinder ohne Papier und Bleistift aufwachsen. Auch dort beginnen Kinder zu zeichnen – beispielsweise mit Fingern in den Sand, oder sie ordnen auf dem Boden liegende Steine zu einem Muster. Aber selbst dann, wenn schönes, weißes DIN-A4-Papier im Überfluss vorhanden ist, entdecken Kinder neue Malgründe. Beispielsweise beschmieren sie die Innenseiten von Schranktüren mit dicken roten Farbklecksen oder „stempeln" beschlagene Glasscheiben mit ihren Handinnenflächen. Für Kinder sind auch Bücher veränderbar. Sie fügen eigene Illustrationen ein, ändern die Farbe von Spielzeuggegenständen und durchkreuzen mit markanten grünen Strichen eine reine Textseite.

Wer als Künstler auf Kinderzeichnungen „abfährt", kann und darf wählerisch sein. Ihm geht es nicht darum, Kinderzeichnungen möglichst vollständig und systematisch zu erfassen. Er orientiert sich an Kinderzeichnungen, die wie Musen sein Schaffen beflügeln können. Das Interesse des Künstlers richtet sich dabei gleichermaßen auf die Motive – die Ikonographie – von Kinderzeichnungen wie auch auf den Prozess ihrer Entstehung.

Hierfür ist Paul Klee wiederum ein gutes Beispiel, (vgl. Franciscono, 1995). Er hat nicht nur Kinderzeichnungen seines Sohnes und die anderer Kinder gesammelt. Gerade in seinem Spätwerk hat er auch eigene Kinderzeichnungen „verwertet", die sogar in seinem Werkverzeichnis einen Platz bekommen haben, während Werke aus Klees Studienjahren nicht ins Werkverzeichnis aufgenommen worden sind. Klees späte Zeichnungen wirken wie besonders gut gelungene Kinderzeichnungen. Im Gegensatz zu seinen tatsächlichen Kinderzeichnungen sind sie sofort als Klees erkennbar. Klee hat seine Individualität und Originalität als Zeichner und Maler gefunden, indem er zu den Anfängen seiner kindlichen Produktivität zurückgekehrt ist. Auch Klees Kinderzeichnungen hätten bestimmt eine Chance, auf Kunstauktionen eine Käuferin oder einen Käufer zu finden, aber nur deshalb, weil bekannt ist, dass sie Kinderzeichnungen von Klee sind. Preise für späte Klees würden die Preise für seine Kinderzeichnungen um ein Vielfaches übersteigen. Der Kunstmarkt wertet eben anders als der Künstler.

Für Klee waren die eigenen Kinderzeichnungen unersetzbar und deshalb wertvoller als die von Sammlern und Museen so heiß begehrten Zeichnungen des erwachsenen Klee.

Von der Kinderzeichnung zu Erwachsenenkritzeleien

Ungefähr gleichzeitig mit der Entdeckung der Kinderzeichnung als Kunst und als Inspirationsquelle für die Kunst geht ihre Entdeckung als ein ergiebiges Objekt für wissenschaftliche Analysen und pädagogische Konzepte einher. In Deutschland sind die ersten Impulse von Georg Kerschensteiner (1854-1932) ausgegangen, der seit 1898/99 als Schulrat und bedeutsamer Reformpädagoge auf dem Gebiet der Schulorganisation nach einer grundlegenden Erneuerung des Zeichenunterrichts suchte. Er ging, wie das nachfolgende Zitat vor Augen führt, nicht von Fertigkeiten aus, die durch das penible und akkurate Abzeichnen von Ranken und Blüten aus der Renaissance geschult werden sollten. Im Mittelpunkt seines Konzepts stand die subjektive Darstellung von selbst Beobachtetem und selbst Erlebtem.

> "Es war mir, als reiste ich in ein unbekanntes Land voll tausend Schönheiten, in das Land der glückseligen Kinder, die mit dem ganzen Reiz ihrer unverfälschten Natur geben, was sie haben. Die Zeichnungsmethoden aber spazieren in diesem Lande herum wie alte Ritter in steifen Rüstungen, die nicht laufen und sich nicht biegen konnten, die Kinder zu haschen, welche um sie herum sprangen. Und wie ich sie so vergeblich sich abmühen und in ihren Rüstungen schwitzen sah, da dauerten mich die guten Methoden. Ich versprach ihnen, die steifen Beinschienen abzunehmen den Brustharnisch aufzuschnallen, das Visier mit größeren Löchern zu versehen, damit sie nicht immer nach einer Richtung, sondern nach allen Seiten sehen können, und die Rüstung leichter zu machen, damit sie für den Kinderfang beweglicher würden" (Kerschensteiner, 1905, S.13).

Was nützen großartige Reformvorschläge, wenn nicht bekannt ist, wie die normale oder übernormale Entwicklung des Zeichnens bei Kindern abläuft? Weil die Empirie bis dahin weitgehend ein unbekanntes Land war, startete Kerschensteiner ein Projekt, in dessen Verlauf etwa eine halbe Million Kinderzeichnungen gesammelt wurden. Überraschenderweise kam dabei heraus, dass Kinder aus einfachen bzw. ärmlichen Verhältnissen gelungenere Darstellungen von Menschen, Pferden oder Trambahnwagen hervorbrachten als Kinder aus gehobenen Schichten. Kerschensteiner blieb kein Rufer in der Wüste – weder als Forscher noch als Pädagoge. Auf seinen Spuren sind bis heute viele gegangen, u.a. auch William Stern, der zusammen mit dem Mittelschuldirektor Hermann Grosser 1905 in Breslau die weithin betrachtete Ausstellung "Kind und Kunst" organisierte (vgl. Grosser & Stern, 1909).

Wer sich Kinderzeichnungen von der wissenschaftlichen Seite aus nähert, darf nicht mit den Augen eines Künstlers auf sie blicken. Der Künstler will sich verführen lassen, während der Wissenschaftler zum Objekt seiner Analyse Distanz braucht. Als Ergebnis wissenschaftlicher Tätigkeit werden keine Kunstwerke erwartet, sondern Fakten und Theorien über die Entwicklung von Kinderzeichnungen im Allgemeinen. Dabei werden Kinderzeichnungen nicht ausschließlich als Kunst betrachtet, sondern auch als Fingerzeige auf andere Aspekte der ontogenetischen

Entwicklung, etwa die Repräsentation von räumlichem Wissen wie dem Weg zwischen Wohnort und Schulhaus. Das Anfertigen von Kinderzeichnungen kann auch ein wichtiger Bestandteil von Kindertherapie sein. Gefühle und Phantasien lassen sich oft besser durch Zeichnen und Malen als durch Sprache ausdrücken.

Im Leben der meisten Menschen sind die frühe und mittlere Kindheit Höhepunkte zeichnerischer Produktivität. Danach folgt – wiederum bei den meisten Menschen – früher oder später das Ende der Karriere.

Es gibt unzählige Untersuchungen darüber, wie Kinder zeichnen, aber nur wenige sind bis jetzt der Frage nachgegangen, was und wie Erwachsene – also Personen, die in der Regel ihre Entwicklung des Zeichnens hinter sich gebracht haben – mit Papier und Bleistift außer schreiben sonst noch anstellen. Eine Ausnahme ist die Untersuchung des Australiers van Sommers (1984).

Er befragt 50 Personen – Studierende und Erwachsene im Alter von 30 bis 50 Jahren – nach ihren Zeichengewohnheiten, als sie anlässlich eines Tages der offenen Tür die Universität von Sydney besuchten. Van Sommers bat seine Probanden, aus dem Kopf eine eigene Zeichnung zu reproduzieren, an die sie sich spontan erinnern konnten. Anschließend fand noch ein ausführliches Interview mit jedem Probanden statt, indem es um die Materialien für die reproduzierte Zeichnung, die eigene Bewertung und das weitere "Schicksal" dieser Zeichnung ging. Was Studierende und Erwachsene zeichnen, ist kein unendlicher reicher Kosmos von Bilderfindungen. Nach van Sommers reichen 25 Kategorien aus, um Erwachsenenzeichnungen zu klassifizieren. Tabelle 2 gibt Auskunft, was in die 25 Kategorien fällt.

In einer anschließenden Befragung mit 86 Personen ließ van Sommers die Kategorien ankreuzen, die eigenen Zeichnungen entsprachen, welche vor sieben Tagen, drei Wochen und elf Monaten entstanden waren. Außerdem unterschied van Sommers zwischen Zeichnungen, die in einem sozialen Kontext standen, und solchen, die reine Privatangelegenheit waren. Der Löwenanteil der privaten Zeichnungen fällt in die Kategorie Kritzeleien (engl. *doodle*). Bei Frauen sind es 32% und bei Männern 22,5% aller privaten Zeichnungen. Im sozialen Kontext geht dieser Anteil bei Männern auf 10% und bei Frauen auf 5% zurück zugunsten von graphischen Wegbeschreibungen. Kritzeleien können nach van Sommers unterteilt werden in solche, bei denen ein Motiv – zum Beispiel das Motiv "Smiley" – stereotyp wiederholt wird und solchen, bei denen ein komplexer graphischer Produktionsprozess zugrunde liegt. Stereotype Kritzeleien sind vermutlich als fertige Gebilde gespeichert und werden wohl auch so aus dem Langzeitgedächtnis abgerufen. Wenn dagegen geometrische Figuren zwei- oder dreidimensional dargestellt werden, laufen wie beim spontanen Sprechen Prozesse ab, die nach Planungs- und Ausführungsphasen gegliedert sind.

Tabelle 2: Klassifikation von alltäglichen Erwachsenenzeichnungen nach van Sommers (1984)

1.	Kritzeleien
2.	Bilder verändern
3.	erfundene Personen malen
4.	eigene Gefühle ausdrücken
5.	Kleidung skizzieren
6.	Puzzle oder Spiel
7.	Zeit darstellen
8.	Tier malen
9.	Auto, Fahrrad skizzieren
10.	Illustration abmalen
11.	Friseur, Make-up malen
12.	reale Personen malen
13.	Flussdiagramm
14.	Schmuck
15.	Plan eines halben Hauses
16.	Plan eines Hauses
17.	Mobiliar, Einrichtung
18.	kleiner Teil eines Hauses
19.	Karte der größeren Umgebung
20.	Karte eines lokalen Bezirkes
21.	mechanische Vorrichtungen
22.	Sportplatz
23.	Kind belustigen
24.	Kind lehren
25.	Kind beim Zeichnen helfen

Im Rahmen meiner Lehrveranstaltung "Psychologie der Kinderzeichnung" im WS 1996/97 an der Technischen Universität Braunschweig haben zwei Studentinnen – Konstanze Fendrich und Mechthild Klinke (1996/97) – die Untersuchung, die van Sommers in Sydney durchgeführt hatte, in Braunschweig mit 14 Personen im Alter von 19 und 67 Jahren repliziert. Auffällig war im Vergleich zu van Sommers, dass 20 weitere Personen, die um ihre Teilnahme gebeten wurden, den Untersucherinnen einen Korb gaben mit Begründungen wie "Ich zeichne nichts" oder "Ich habe keine Zeit". Ansonsten gibt es zwischen Erwachsenenzeichnungen in Braunschweig und Sydney keine wesentlichen Unterschiede. Auch in Braunschweig stehen Kritzeleien im Vordergrund, deren Palette von ganz einfachen Strichen über Muster bis hin zu komplexen, kreativen Figuren reicht. Die Personen zeichnen, wenn sie sich langweilen, aber auch dann, wenn sie abgespannt sind. Sie kritzeln mit dem Stift, den sie gerade in der Hand haben und werfen die so entstandenen Bilder oft weg, obwohl die meisten mit dem Ergebnis zufrieden sind. Über ihre Motive, die zum Zeichnen, speziell Kritzeleien führen, hatten viele überhaupt noch nicht nachgedacht.

Die Ergebnisse der Braunschweiger Replikationsstudie sollen nicht nur summarisch zusammengefasst, sondern auch an einen typischen Einzelfall veranschaulicht werden. Das Interview, das einer der beiden Untersucherinnen (I) mit einem 34 jährigen Bankangestellten (A) geführt hat, spricht sicher für sich.

Hier der Interviewausschnitt:

> I: In dieser Untersuchung soll es um das alltägliche Zeichnen gehen. Ich würde jetzt gerne mal von Dir wissen wollen, ob Du im Alltag zeichnest und was Du zeichnest. Es geht jetzt nicht um irgendwelche Zeichnungen, die Du im geschäftlichen (Bereich) machst, sondern im alltäglichen Leben, Zeichnungen, Kritzeleien.
>
> A: Kritzeleien mach ich, ja – zwar im Geschäftlichen auch, wenn ich 'ne langweilige Sitzung habe, kritzele ich auf meinem Papier rum.

I: Ja, und kannst du mal beschreiben, wie das ungefähr aussieht?

A: Also das ist eher abstrakt, würde ich behaupten, kaum – keine Menschen, sondern einfach Rumgeschmiere, Muster und solche Sachen.

I: Und wie sehen diese Muster aus?

A: (Pause) Ganz unterschiedlich.

I: Du hast gerade gesagt, Du zeichnest, wenn Du langweilige Sitzungen hast. Gibt es noch andere Situationen, wo Du so was auch machst oder ähnliche Dinge?

A: Manchmal mach ich's auch, wenn ich telefoniere und ich mir was Längeres anhören muss, dann schmiere ich auch auf meinem Telefonblock rum.

I: Ja, kannst Du einen Zusammenhang feststellen zwischen den Gesprächen, die geführt werden, und den Zeichnungen, oder ist das unabhängig davon, was rundherum passiert?

A: Na, (Pause) ein Unterschied ist in dem Sinne festzustellen, wenn es länger dauert und so Gedankengänge anders sind, dass ich dann auch immer anders, neu anfange. Manchmal mach ich so Striche in eine andere Richtung runter und wenn dann ein neuer Gedankengang ist, werden die Striche z.B. in eine andere Richtung. Und dann mal ich die ganze Zeit, bis das fertig ist, die Striche in diese Richtung. Und wenn ich da halt ein längeres Gespräch habe, kommen da halt die unterschiedlichsten Sachen bei raus.

I: Gut, und wenn Du jetzt diese Zeichnungen beurteilen solltest, erfüllen sie ihren Zweck oder haben die überhaupt irgendeinen Zweck?

A: Also, (Pause) sie erfüllen in dem Sinne ihren Zweck, weil ich mich anscheinend langweile oder was weiß ich.

Oder irgendwas durch den Kopf geht und ich mich irgendwie in der Form abreagieren muss, und die kommen da raus, und den Zweck erfüllen sie mit Sicherheit.

I: Jetzt möchte ich gerne noch, dass Du mir irgend so was Typisches aufmalst.

A: Augenblick. Was könnte das sein? Zum Beispiel Striche, fange ich immer oftmals so an und wie gesagt, dann mach ich so eine Richtung, und dann irgendwann fang ich vielleicht mal an – so zu malen – und dann mal ich was dran.

Und ab und zu hab ich auch noch, das kenne ich aus meiner Kindheit, ich hab auch einen Bruder, der heißt so: „Das ist das Haus vom Nikolaus".

I: Und malst Du es heute auch noch?

A: Ab und zu mal ich das auch noch, ja. Dann, manchmal krieg ich es nicht hin, dann probier' ich das solange, bis es wieder funktioniert.

I: O.k., schönen Dank.

Halten wir fest: Beim privaten Zeichnen der Erwachsenen stehen Kritzeleien im Vordergrund, so als seien die Erwachsenen wieder da angekommen, wo das Zeichnen in ihrer Entwicklung begonnen hat. Erfüllt Zeichnen einen Zweck für andere, dann dominiert das Skizzieren von Lageplänen.

Wo ist die zeichnerische Kreativität aus der mittleren Kindheit geblieben? Warum hat die einmal erreichte Produktivität und Spontaneität sich nicht halten können? Leider gibt es keine systematischen Untersuchungen zu diesen Fragen. Wir müssen uns hier mit einem Einzelfallbeispiel begnügen. Die Abbildung 8 zeigt in Schwarz-Weiß Reproduktion ein Aquarell in den Farben Blau-Grau-Grün.

Ist das Aquarell von einem Kind gemalt worden? Oder ist es vielleicht sogar das Frühwerk eines Künstlers, der damit nichts mehr zu tun haben möchte?

Abbildung 8: Aquarell in den Farben Blau-Grau-Grün (ca. 1960, Schüler, 13 Jahre)

Der Schöpfer dieses Werkes hat dieselbe Schule besucht, wie Joseph Beuys und sogar bei demselben Zeichenlehrer wie dieser "gelernt". Doch Abbildung 8 zeigt keinen Beuys von Beuys. Ich gestehe, dass ich es im Alter von etwa 13 Jahren gemalt habe.

Von Ferne erinnert es an Werke großer Künstler wie Macke und Campendonck, doch gerade darin liegt seine Schwäche. Im Gegensatz zu Kinderzeichnungen, auch meinen eigenen, steht es nicht mehr auf eigenen Füßen. Es lehnt sich an Vorbilder an, die nicht persönlich, sondern nur über – mehr oder minder schlechte – Reproduktionen ihrer Werke bekannt sind. Durch die Orientierung an großen Idealen geht verloren, was Erwachsenen-Künstler wie Nicht-Künstler an Kinderzeichnungen so schätzen, nämlich Naivität und Spontaneität. Das zeichnende und malende Kind macht sich zum Mittelpunkt seiner inneren und äußeren Welt, die nach Ausdruck verlangt.

Kinder haben keine Vorlieben für bestimmte Ausdrucksmittel, doch die Kultur, in der sie aufwachsen, macht bestimmte Vorgaben. Bei uns sind es seit einigen Generationen nicht ohne Grund Papier und Stift. Frühkindliche Performances lassen sich nicht sammeln, Kinderzeichnungen sehr wohl. Die Initiative für das Sammeln geht nicht vom Kind, sondern in der Regel von den Eltern aus. Sie sind stolz auf das, was ihr Kind auf dem Papier hervorbringt, und fangen an, es wie die Werke eines Genies zu bewundern. Die Beschäftigung mit Papier und Bleistift hat nicht nur den Vorteil, dass sie zu konservierbaren Produkten führt. Sie ist auch eine gute Vorübung für den Erwerb von Schriftsprache, die weitaus stärker als gesprochene Sprache konventionalisiert und standardisiert ist. Die mittlere Kindheit ist der Zeitpunkt, wo der Erwerb der Schriftsprache geschieht und gleichzeitig der Höhepunkt der Kinderzeichnungen erreicht wird. Für die Kinderzeichnung ist dieser Kontakt möglicherweise schon der Anfang vom Ende.

Durch Schriftsprache lässt sich vieles ökonomischer und effizienter ausdrücken als durch Zeichnungen. Der Preis für diesen Zugewinn liegt in einer Entindividualisierung des Ausdrucks. Was im ersten Moment nach einem gewaltigen Fortschritt aussieht – die Aneignung von Schreiben und Lesen –, kann auch Verluste nach sich ziehen. Die Kinderzeichnung verliert ihren individuellen Charme und subjektiven Biss, sobald die für Schriftsprache notwendigen Konventionen auch auf die zeichnerische Produktion übertragen werden. Zeichnen und Malen büßen ihre am Anfang so zentrale Stellung als Ausdrucks- und Darstellungsmittel ein. Und das, was als Rest übrig bleibt, erinnert nur noch vage an frühere Zeiten.

Zwischen Provokation und Innovation: Graffiti

Zeichnen und Malen können – glücklicherweise – auch überdauern und sogar ganz neue Formen annehmen. In den vergangenen Jahren haben Jugendliche neue Malgründe und graphische Formen des Ausdrucks entdeckt. Während ihre Groß- und Urgroßeltern ein vom Pfeil getroffenes Herz mit den Initialen der Verliebten in Bäume geritzt haben, besprühen und beschriften die Enkel und Urenkel gut sichtbare, große Betonflächen mit Piktogrammen und Buchstabenverbindungen. Diese neue Ausdrucksform erregt Aufmerksamkeit und Ärger.

Die einen betrachten Graffiti als Schmierereien und Sachbeschädigungen, die anderen begeistern sich für innovative, provozierende Formen des graphischen Ausdrucks, die manchmal sogar Vergleiche mit Kinderzeichnungen heraufbeschwören.

Das Wort "Graffiti" (die Pluralform von Graffito) kommt aus dem Italienischen und bedeutet Geschriebenes. Graffito (auch Sgraffito) bezieht sich auf Fassadengestaltungen, die durch Kratzputztechniken entstehen. Auf einem Rauhputz wird ein Kratzputz aufgetragen, zunächst als farbiger Kratzgrund, dann als dünne Kratzschicht. Bevor die Kratzschicht hart wird, werden Muster so herausgekratzt, dass der farbige Kratzgrund durchscheint.

Graffiti bezieht sich auf Texte oder Zeichnungen, die auf Hauswänden, Mauern, Felsen, Toilettentüren gezeichnet, aufgekritzelt oder eingeritzt werden. Beispiele für Graffiti lassen sich bis in die Antike zurückverfolgen. Eine neue "Qualität" wird jedoch erreicht, als in den 1970er-Jahren unseres Jahrhunderts in den U.S.A. Graffiti unter Verwendung von Sprühfarbe für politische Proteste eingesetzt werden. Auf diesem Wege avancierte Graffiti zu einer neuen Kunst-Richtung, die insbesondere mit dem New Yorker Künstler Keith Haring verbunden ist.

Inzwischen sind Graffiti zu einem weltweit verbreitetem Phänomen geworden. Es dürfte in den U.S.A. und Europa wohl kaum eine Stadt geben, in der nicht Züge, Straßenbahnen, Häuserwände, Autobahnüberführungen, Baustellenzäune mit Graffiti besprüht sind. Für die einen sind Graffiti eine Plage, deren Beseitigung Unsummen an Geld verschlingt, für die anderen ist Graffiti ein Zeugnis dafür, dass die Kreativität des Zeichnens nicht stehen bleibt oder gar versiegt.

Lassen wir zunächst einen "Graffiti-Altmeister", der die Anfänge der Graffiti-Bewegung mitgemacht hat, zu Wort kommen und mit einem winzigen Ausschnitt aus seinem Oeuvre auch ein Bild hervortreten. Das Interview ist allerdings nur verständlich, wenn wir uns auf die Fachsprache der Graffit-Produzenten einlassen. Hierbei hilft das in der Tabelle 3 von Nicole Scornavacche und Safet Seferonic (1996) in meiner schon erwähnten Lehrveranstaltung zur Psychologie der Kinderzeichnung zusammengestellte kleine Sprüher-Lexikon.

Tabelle 3: Kleines Sprüherlexikon

Begriff	Erläuterung
Writer	Vorgänger der heutigen Graffitisprüher; nur Schrift bzw. Parolen
Tag	Kürzel/Pseudonym des jeweiligen Sprühers
Piece	Werk/Bild
Masterpiece	"Meisterwerk"; Bezeichnung für ein sehr gutes Bild (meist im New Yorker Graffiti-Stil)
Bomben	eine Wand mit Tags vollsprühen
Crossen	das Bild eines anderen übersprühen
Character	comicähnliche Figuren aller Art
Style	bestimmter Stil; Nach dem man seine Werke entwirft (bezieht sich meist auf die Buchstabenform und die Integration von Charactern)
Jam	offizielles Treffen mit dementsprechendem Programm

Das Interview mit Dondi, das hier nur in Auszügen wiedergegeben wird, ist in einem Berliner Graffiti-Underground-Blatt mit dem Titel Overkill im August 1993 erschienen.

> I: Was war damals Deine Motivation zu malen und was ist sie heute?
>
> D: Kommunikation, den Leuten zu zeigen, dass wir etwas zu bieten haben.
>
> I: Wann hast Du angefangen zu bomben?
>
> D: Ich habe 1973 angefangen zu Taggen. 1974-75 die ersten Pieces Outside gemacht und 1976-77 habe ich dann richtig Outside gebombt.
>
> I: Wie viele Trains?
>
> D: Mehr als 300, davon ca. 125 Whole Cars.
>
> I: Wie war früher für Dich Writing und wie ist das Malen für Dich heute auf Leinwand und wie glaubst Du, wird die Zukunft aussehen?

D: Wenn ich von damals spreche, meine ich die 70 er. Das ist für mich damals und da ging es um die Entwicklung von Buchstaben. Es war eine Kreativität, die Du nicht in der Schule gelernt hast oder lernen konntest. Es war etwas, womit die Leute von außerhalb unseres Kreises nicht vertraut waren. Wie ich es jetzt sehe, ist es ein Sprungbrett. Ich war schon immer eine kreative Person. Es ist, wie ich mit den Leuten kommuniziere und wie ich Message erzähle. Damals war es für mich eine Übung darin. Selbst wenn es den Leuten nicht gefallen hat, ich habe eine Form von Kommunikation entwickelt, wie ich Sachen sehe und wie ich darüber denke. Damals habe ich es unbewusst gemacht, heute tue ich es bewusst., weil ich weiß, dass ich Leute mit meiner Arbeit beeinflussen kann, weil ich fühle, dass ich gut genug bin, und ich denke, ich habe etwas zu sagen.

Für die Zukunft: Ich werde weiter malen. Natürlich werde ich verschiedene Ideen haben, aber ich weiß nicht, was die Zukunft bringen wird.

Abbildung 9: Graffiti von Dondi White (1961-1998)

Die Abbildung 9 zeigt ein Graffiti, das von Dondi White gesprüht worden ist. Was lässt sich, nachdem ein Graffiti-Altmeister in Wort und (Bild-)Tat vorgestellt worden ist, über die aktuelle Graffiti-Szene sagen? Wer produziert Graffiti? Geht es den Sprühern nur um Graffiti oder steht dahinter ein ganzer Kult?

Wenn das Sprühen von Graffiti nicht durch vorab bereits gestellte Flächen legalisiert ist, führt diese Tätigkeit zu Sachbeschädigungen. Deshalb ist es schwierig, Kontakt zu – illegalen – Graffiti-Sprühern zu bekommen, die offen über ihre Aktionen und das damit verbundene Leben Auskunft zu geben. Im Rahmen unserer Übung zur Psychologie der Kinderzeichnung ist es den beiden Studierenden Nicole Scornavacche und Safet Severovic gelungen, aktive Sprüher ausführlich zu befragen. Hierbei wurde deutlich, dass Graffiti-Sprüher Teil eines Jugendkults sind, der sich auf männliche Jugendliche zwischen etwa 14 und 21 Jahren konzentriert. Lassen wir zwei Sprüher mit Ausschnitten aus jeweils einstündigen Interviews zu Wort kommen, ohne dass sie von Außenstehenden individuell identifiziert werden können.

Der 19 jährige Schüler Wilhelm (W.) ist seit fünf Jahren als Graffiti-Sprüher aktiv. Er kam über Schulfreunde zu Graffiti. Befragt nach dem Unterschied zwischen dem Sprühen auf Gebäudefassaden und öffentlich aufgestellten Flächen antwortet Wilhelm (W:) den Interviewern:

> I: Wo ist jetzt der Unterschied zwischen Leinwand und Gebäude?
>
> W: Ja, das weicht eigentlich vom Sinn des eigentlichen Graffiti ab. Graffiti ist ja illegal entstanden, auf Zug, dann auf Wand und auf Stellwänden und Leinwänden ist halt das reine legale Graffiti und mehr halt die Kunst.
>
> I: Das ist also der Hauptunterschied. Und gibt es einen Reiz des Verbotenen, wenn man illegal sprüht? Ist der Reiz größer auf irgendein Gebäude nachts zu sprühen und am nächsten Tag sehen's alle plötzlich?
>
> W: Ja, also das auf jeden Fall. Beim Legalen – man malt halt an legalen Stellen, die auch wieder übermalt werden. Beim Illegalen sind's halt die Orte, also man fährt halt mit der

Bahn, guckt aus dem Fenster und sieht halt das, was man gemacht hat, also sein Werk. Es ist halt jedes Mal, wenn man ein Bild nachts malt, wiederum 'ne neue Geschichte. Und es ist genauso wie bei einem Designer, der Plakate entwirft, der freut sich wahrscheinlich auch immer, wenn er an einem Werk von ihm vorbeifährt. Oder halt die Züge, die in andere Städte fahren und auf die man dann auch angesprochen wird, weil die Leute, die nur in den Städten bleiben, natürlich nicht nach B. kommen und sie sehen dann auch die Züge, die in andere Städte fahren.

Im weiteren Interviewverlauf teilt Wilhelm mit, dass er nie allein sprühe, sondern einer Gruppe – in der Graffiti-Szene Crew genannt – angehöre, die für ihn so etwas wie eine "zweite Familie" sei. Graffiti ist für ihn Teil des Hip-Hop-Kultes, zu dem neben dem Sprühen von Graffiti Rap Musik und Breakdance gehören. Neben der Weiterführung des Kultes nennt Wilhelm als wichtigstes Ziel durch Verbreitung seines Namens im Graffiti Ruhm ("Fame") zu erlangen und über Grenzen hinaus in der Szene bekannt zu werden.

Der zweite Graffiti-Sprüher, der hier unter dem Namen Helmut zu Wort kommen soll, ist nicht gerade ein typischer Vertreter dieser Szene. Als 26-Jähriger fällt er aus dem "normalen" Altersrahmen. Außerdem studiert er erfolgreich ein eher konservatives Studienfach. Bei ihm steht der Kick im Vordergrund, den Graffiti-Sprühen erzeugt.

I: Warum ist es gerade Graffiti?

H: Ich habe irgendwann mal ein paar Bilder gesehen, fand die sehr geil und habe mir gedacht, das könnte ich auch mal betreiben.

I: Bist Du auch über Freunde dazu gekommen?

H: Gar nicht mal. Ich habe halt nur die Bilder gesehen. Es boomt halt – gerade in H./B.; das gab es vorher nicht so. Es ist Mode geworden, aber das ist o.k.. Auch mit der Hip-Hop-Bewegung und so.

I: Warum sind es nicht nur legale Flächen?

H: Der Unterschied liegt im bestimmten Kick. Der Adrenalin, den Du kriegst, ist halt was anderes und eigentlich auch das richtige Graffiti. Weil es mal eine Ausdrucksform sein sollte, die so'n bisschen – Rebellion will ich es eigentlich nicht nennen – Protest zur Gesellschaft darstellt. Das ist eigentlich dann das einzig Wahre, wenn Du's illegal machst, auf Zügen oder so ... Auch ich denke, dass legales Graffiti oder Auftragsgraffiti – wo ja auch noch Unterschiede sind – eigentlich nur schön anzuschauen ist, damit man auch üben kann und sich die Gesamtmeinung mal ein bisschen ändert.

I: Was sind die Emotionen von Graffiti?

H: Ja, also ich bau' damit 'ne Menge Stress ab, sag ich mal – wenn ich malen gehe, dann werde ich den ganzen Frust echt los ... Das ist meine Art, mich abzureagieren, und dann geht's mir auch 'ne ganze Ecke besser!

Zur Frage von Gewaltbereitschaft von Graffiti-Gruppen äußert sich Helmut so:

I: Kann man sagen, dass Gewalt doch irgendwie dazugehört?

H: Nee, das gar nicht mal! Ich denke, die meisten sind da auch nicht gewalttätig, aber wenn Du fünf Bilder in kurzer Zeit gemalt hast, und in vier davon schmieren immer wieder dieselben Idioten ihre Initialen rein oder so, und Du triffst auch Leute und sagst denen, die sollen denen das ausrichten, dass das nicht sein muss und so – na ja, irgendwann mal kriegt man halt schlechte Laune. Aber eigentlich ist Gewalt keine Sache, die dazugehört – nicht untereinander.

I: Man hört oft, dass Gruppen doch von vornherein gewaltbereit an die Sachen rangehen.

H: Das gibt's wohl überall. [...] Da gibt's auch Spinner, wie überall anders auch. Die sind der Meinung, die müssten den Coolen raushängen lassen oder sonst was. Das ist halt so das amerikanische Vorbild, wozu wir eigentlich eine Art Gegenbewegung bilden. Dieses "ich muss ein harter Gangster sein" ist noch viel zu weit verbreitet. Das muss mal ein bisschen weniger werden. [...]

Mit diesen Interviewausschnitten haben wir die Vielseitigkeit des Themas Graffiti nur anreißen können. In einem Entwicklungsabschnitt, in dem das gewöhnliche Zeichnen seine Bedeutung als persönliches Ausdrucks- und kommunikatives Darstellungsmittel einbüßt, ist seit etwa 25 Jahren – zwischen Provokation und Innovation eine neue Form entstanden. Was die Zahl der Produzenten anbelangt, ist Graffiti auf eine "kleine Minderheit" beschränkt, doch die Wirkung ist so groß, dass niemand daran unberührt – in welchem Sinne auch immer – bleibt. Nur die entwicklungspsychologische Aufarbeitung dieses Phänomens fristet noch ein kläglich Schattendasein.

Bilanz

Während der Kindheit nehmen Zeichnen und Malen einen wichtigen Platz im Leben von nahezu jedem Menschen ein. In diesem Beitrag bin ich der Frage nachgegangen, welche Bedeutung die Kinderzeichnung nicht nur für die Kinder selbst, sondern andere Personenkreise wie ihre Eltern, Künstler oder Wissenschaftler hat. Darüber hinaus habe ich die – bisher selten behandelte – Frage aufgeworfen, warum der Stellenwert von Zeichnen und Malen mit dem Erwachsenwerden so abnimmt. Der Anfang vom Ende beginnt – so meine These – in der mittleren Kindheit, wenn der Erwerb der Schriftsprache das Zeichnen von Kindern nicht nur verdrängt, sondern den Kinderzeichnungen auch ihre besonderen Qualitäten der Spontaneität und Naivität nimmt. Wie kann beim Zeichnen und Malen Kreativität wieder erhalten bleiben und unter Umständen wieder neu entstehen?

Sicher gibt es Personen, die bereits in ihren Kinderzeichnungen einen Stil ausbilden, den sie zeitlebens wie einen Besitz hegen und pflegen. Bei ihnen ist die Verbindung zum spontanen Ausdruck mit Papier und Bleistift nicht abgebrochen. Vom Anspruch her sind diese Zeichnungen keine Kunst. Der Produzent versteht sich nicht als Künstler, der ausgestellt werden will und den Kunstmarkt erobern möchte. Trotzdem sind solche Zeichnungen wertvoll, zunächst für ihren Produzenten, der Erlebtes und Erdachtes auf seine Art ausdrücken kann, dann auch für Nutznießer, die beispielsweise eine individuell gestaltete Glückwunschkarte jeder reproduzierten Bildkarte eines noch so berühmten Künstlers vorziehen.

Was ich eben geschildert habe, ist die Ausnahme. In der Regel geht der wichtige Platz, den Zeichnen und Malen während der Kindheit einnehmen, später verloren. Jedes Jahr kommen neue Bildbände mit immer neuen Kinderzeichnungen auf den Markt, um die Produktivität und Kreativität, die in Kinderzeichnungen steckt, vorzuführen.

Was wird aus den "Kinderkünstlern" wenn sie erwachsen werden oder geworden sind? Neben den Glücklichen, die beim Zeichnen ihre Kindlichkeit bewahren und neben manchen Unglücklichen, die als Künstlerin oder Künstler so authentisch sein möchten, wie sie es in ihrer Kindheit (vielleicht) gewesen sind, gibt es die vielen, bei denen Zeichnen und Malen zu Kritzeleien verkümmert sind, und die wenigen, die mit ihrer Kunst einen substantiellen Beitrag zur Kunst leisten.

Warum nimmt der Stellenwert von Zeichnen und Malen mit dem Erwachsenwerden im Allgemeinen stark ab? Der Anfang vom Ende beginnt – so meine These – in der mittleren Kindheit, wenn der Erwerb der Schriftsprache nicht nur das Zeichnen entthront, sondern ihnen auch ihre besonderen Qualitäten – Spontaneität und Naivität, ohne die Kreativität nicht wachsen kann – nimmt. Graffiti ist möglicherweise ein Beispiel dafür, wie durch eine spezifische Art von riskanter Jugendkultur Kreativität noch eine Zeit lang lebendig bleibt. Doch was wird aus den Graffiti-Sprühern werden, wenn sie nicht mehr jung und jugendlich sind? Und wie kann Kreativität beim Zeichnen und Malen wieder neu entstehen? Sind wir als Erwachsene in der Lage, wie ein Phönix aus der Asche der eigenen Vergangenheit neu emporzusteigen? Ich bin skeptisch. Wenn die Verbindung zur eigenen (kreativen) Vergangenheit gekappt ist, werden Zeichnen und Malen zu technischen Fähigkeiten, die geübt werden können und geübt werden müssen. Aber verdient das, was vor den Staffeleien der Sommerakademien und auf den Zeichenblöcken der Volkshochschulkurse entsteht, das Prädikat Kreativität? Zum Erwachsenwerden und Erwachsensein gehört die Einsicht in die Grenzen der eigenen Kreativität und die Fähigkeit, sich an der Kreativität anderer, seien es Kinder oder seien es Künstler, zu erfreuen.

Wer hat diesen – auch schmerzlichen – Prozess treffender in Worte gefasst als Heinrich von Kleist (1810/1954) in seinem Aufsatz "Über das Marionettentheater". Hieraus zu guter Letzt den etwas gekürzten Schluss:

Wir sehen, dass in dem Maße, als in der organischen Welt die Reflexion dunkler und schwächer wird, die Grazie darin immer strahlender und herrschender hervortritt. Doch so, wie sich der Durchschnitt zweier Linien, auf der einen Seite eines Punkts, nach dem Durchgang durch das Unendliche, plötzlich wieder auf der anderen Seite einfindet, oder das Bild des Hohlspiegels, nachdem es sich in das Unendliche entfernt hat, plötzlich wieder dicht vor uns tritt: So findet sich auch, wenn die Erkenntnis gleichsam durch ein Unendliches gegangen ist, die Grazie wieder ein. „Mithin", sagte ich ein wenig zerstreut, „müssten wir wieder von dem Baum der Erkenntnis essen, um in den Stand der Unschuld zurückzufallen?" „Allerdings", antwortete er; „das ist das letzte Kapitel von der Geschichte der Welt."

Literatur

Fendrich, K. & Klinke, M. (1997). *Was zeichnen Erwachsene in Braunschweig?* Unveröffentlichtes Referat aus der Übung "Psychologie der Kinderzeichnung" vom WS 1996/97 im Institut für Psychologie an der Technischen Universität Braunschweig.

Fineberg, J. (1995). *mit dem auge des kindes. Kinderzeichnung und moderne Kunst.* Stuttgart: Gert Hatje.

Franciscono, M. (1995). Paul Klee und die Kinderzeichnung. In J. Fineberg (Hrsg.), *Kinderzeichnung und die Kunst des 20. Jahrhunderts.* Stuttgart: Gert Hatje.

Grosser, H. & Stern, W. (Hrsg.) (1909). *Das freie Zeichnen und die Formen des Kindes.* Leipzig: Barth.

Kerschensteiner, G. (1905). *Die Entwicklung der zeichnerischen Begabung.* München: Gerber.

Kleist, H. v. (1810/1954). *Über das Marionettentheater.* Wiesbaden: Insel Verlag.

Scornavache, N. & Seferovic, S. (1997). *Wer produziert Graffiti?* Unveröffentlichtes Referat aus der Übung "Psychologie der Kinderzeichnung" vom WS 1996/97 im Institut für Psychologie an der Technischen Universität Braunschweig.

Sommers, P. van (1984). *Drawing and Cognition.* Cambridge: Cambridge University Press.

Bild von Annika (3)

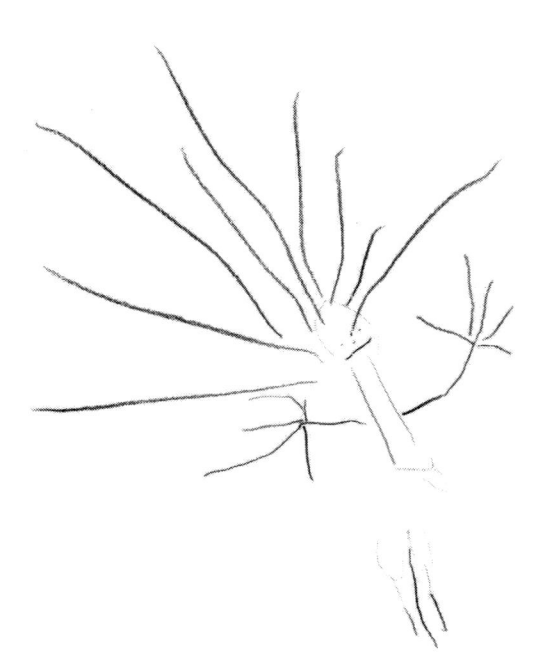

„Ich sehe was, was du nicht siehst"
Zur Interpretation von Kinderzeichnungen aus kulturvergleichender Perspektive

Ariane Gernhardt

Der vierjährige Max sitzt an einem Tisch im Büro der Kindergartenleiterin und zeichnet seine Familie. Ich sitze neben ihm und frage ihn, wen er gerade malt. „Das wird mein Papa" sagt er und zeichnet eifrig weiter. Bald schweift mein Blick aus dem Fenster und bleibt an den dunklen Regenwolken hängen. Max bemerkt das und fragt: „Warum schaust du nach draußen?" Ich antworte ihm: „Weißt du, ich habe einen Sohn, der ist genauso alt wie du und der macht heute mit seinem Kindergarten einen Ausflug in den Wald. Als ich jetzt die Regenwolken gesehen habe, ist mir eingefallen, dass ich ihm gar keine Regensachen mitgegeben habe". Max widmet sich wieder seinem Zeichenblatt: „So, mein Papa ist jetzt fertig". Er hält kurz inne, dann malt er kleine Streifen über den Kopf seines Vaters und erklärt: „Es fängt gerade an zu regnen." Erneut macht Max eine kurze Pause, dann schüttelt er den Kopf: „Ach nein, der duscht gerade", und er fügt noch die Dusche hinzu, bevor er ohne weitere Unterbrechungen die anderen Familienmitglieder hinzu zeichnet (siehe Abbildung 10).

Die beschriebene Situation ist ein Beispiel aus unseren Datenerhebungen in deutschen Kindertageseinrichtungen. In den letzten Jahren haben wir – eine Forschergruppe um Frau Prof. Heidi Keller – auf diese Weise viele Selbst- und Familienzeichnungen von Kindern zwischen drei und sieben Jahren gesammelt. Die beschriebene Situation verdeutlicht, wie sensibel Kinder auf den Kontext, die soziale Situation, in der eine Zeichnung entsteht, reagieren und diese mitunter in ihren Zeichnungen integrieren: So greift Max meine Besorgnis über das Regenwetter auf und überträgt das Gesagte auf sein Familienbild. Diese spontane Bezugnahme und Übertragung kontextueller Merkmale ist ein Beispiel für das, was Werner Deutsch im vorangegangen Kapitel als das Besondere von kindlichen Zeichnungen herausgestellt hat und was häufig im Erwachsenenalter verloren geht: Spontaneität und Kreativität. Jedoch sind es gerade diese Aspekte, die in der Vergangenheit und zum Teil auch noch heute scheinbar häufig vergessen wurden/werden, wenn aus einzelnen kindlichen Menschdarstellungen stabile Persönlichkeitsmerkmale erfasst werden, der Entwicklungsstand oder gar der Intelligenzquotient „gemessen" wird.

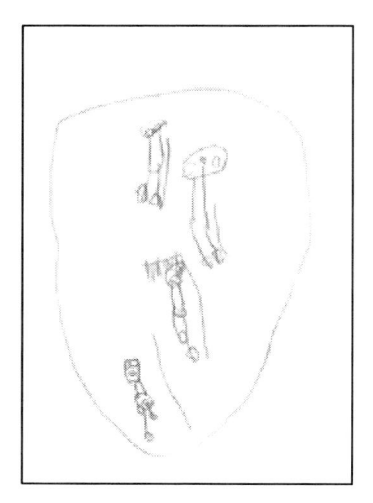

Abbildung 10: Max, 5,1 Jahre: meine Familie

Insbesondere in der ersten Hälfte des 20. Jahrhunderts wurden mehrere standardisierte Auswertungsverfahren entwickelt, die der Erfassung kognitiver Aspekte der Entwicklung im Kindesalter dienen sollen. Im deutschsprachigen Raum stellt der „Mann-Zeichen-Test" (MZT) nach Hermann Ziler (1958) ein bekanntes Intelligenzdiagnostikum dar, welches mittlerweile in der 11. neubearbeiteten Auflage vorliegt (Brosat & Tötenmeyer, 2007) und bis heute u.a. als Bewertungskriterium für die Schulreife eingesetzt wird. Das Kind wird aufgefordert, einen Mann[2] so

---

[2] Im ursprünglichen Verfahren wird das Kind aufgefordert, einen Mann zu zeichnen. Abwandlungen und Testdurchläufe mit „Mensch" und „Frau" sind ebenfalls in der Literatur zu finden. Die häufige Bevorzugung der männlichen Figur wird z.T. damit begründet, dass sie sich im Laufe der Jahre weniger stark gewandelt hat als das weibliche Erscheinungsbild und somit besser auszuwerten ist. [S. 107 zeigt, eingefügt durch Herausgeberin, ein historisches Beispiel für die Anwendung derartiger Tests.]

> **Auszug aus**: Klapper, Z. S. & Werner, H. (1950). Developmental deviations in brain-injured (cerebral palsied) members of pairs of identical twins. *Quarterly Journal of Child Behavior*, 2, 288-313.
>
> **Twin Pair B:**
> Two boys, age nine years, one month old at the time of the first test.
>
> **Human Figure Drawing Test**
>
> Normal Twin   C.P. Twin
>
> There is a marked difference between the two boys in their representations of the human figure. The normal twin's drawing of a man merits a mental age of 9-6; the C.P. twin's rates a mental age of 4-9, according to Goodenough. The drawings of the normal twin are superior. The figures are in profile position with aggressive features openly presented. The C.P. child's drawings are lifeless doll-like representations; arms, nose, hair are absent. Except for the legs – with stress on the static function of body support – means for contact with the world are not indicated; even the mouth which is in a fixed grinning position seems of questionable usefulness as an organ of manipulation.

gut zu malen, wie es kann. Die Auswertung richtet sich nach der Detailgenauigkeit und der wirklichkeitsgetreuen Darstellung der Menschzeichnung, indem die Anzahl von Kopf- und Körperdetails ausgezählt werden. Das Auswertungsverfahren soll am Beispiel der Handdarstellung verdeutlicht werden: hier wird jeweils ein Punkt vergeben, wenn (1) Hände angedeutet wurden, wenn sie (2) deutlich ausgezeichnet wurden, wenn (3) die Finger angedeutet wurden, wenn (4) die Finger plastisch dargestellt wurden und wenn (5) die Anzahl der Finger korrekt ist. Allerdings warnen selbst die Autoren vor einer isolierten Betrachtung und Beurteilung von Kindern nach dem Mann-Zeichen-Test und weisen u.a. auf eventuelle subjektive Verzerrungen bei der Auswertung hin (Problem der Genauigkeit / Reliabilität: kommen verschiedene Auswerter zum gleichen Ergebnis?). Ferner resümieren Brosat und Tötenmeyer (2007), der Mann-Zeichen-Test sei weniger für eine Intelligenzmessung geeignet, sondern liefere erste Anhaltspunkte für die visuellen Wahrnehmungsfähigkeiten von Kindern (Problem der Gültigkeit / Validität: Was misst der Test eigentlich?). Die solchen diagnostischen Testverfahren zugrundeliegende Bewertung einzelner Kinder anhand von Kinderzeichnungen hinsichtlich ihrer „Normalität" ist auch aus unserer Sicht aus mehreren Gründen problematisch, von denen ich zwei im Folgenden näher ausführen möchte.

Tatsächlich sind kindliche Zeichnungen stark kontextabhängig, wie das obige Beispiel gezeigt hat. Schuster (2001) schlägt daher den Lesern seines Buches über die Entstehung und Bedeutung von Kinderzeichnungen vor, die (eigenen) Kinder zu verschiedenen Tageszeiten und in verschiedenen Stimmungen Mensch-Zeichnungen anfertigen zu lassen, um sich selbst von den Schwankungen in der wirklichkeitsgetreuen Menschdarstellung ein- und desselben Kindes zu überzeugen. Wie variabel die Zeichnungen derselben Kinder unter Umständen sein können, zeigen auch die kindlichen Selbstzeichnungen, die im Rahmen einer Diplomarbeit in unserer Forschungsgruppe erhoben wurden (Lenk, 2010): Insgesamt wurden 74 deutsche Kinder gebeten, 10 Minuten nachdem sie sich selbst mit Bleistift gezeichnet hatten, erneut eine Selbstzeichnung anzufertigen. Der einzige Unterschied bestand darin, dass ihnen bei der zweiten Zeichnung sechs verschiedene Buntstifte zur Verfügung standen (rot, blau, gelb, grün, braun und schwarz). Die Auswertung der Zeichnungen ergab einen interessanten Geschlechtereffekt: Während sich Mädchen im Durchschnitt dann detailreicher malten, wenn ihnen mehrere Buntstifte zur Verfügung standen, stellte sich die Mehrzahl der Jungen mit Bleistift detailreicher dar. In Abbildung 11 sind die Zeichnungen eines der Mädchen zu sehen. Es wird erkennbar, dass die Buntstiftzeichnung wesentlich mehr Kopfdetails aufweist (Augen, Nase und Mund), sowie Haare, Füße und Bekleidung zusätzlich dargestellt wurden.

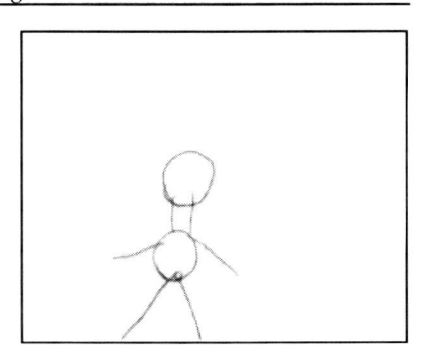

Teil II: Kreativer Ausdruck in der Entwicklung 109

Abbildung 11: Vergleich: Bunt- vs. Bleistiftzeichnung: 67 Monate (5,7 Jahre)

Interessanterweise kommt dagegen Jörg Fliegner (2007) in seiner Dissertation zur Auswertungsaktualisierung des Mann-Zeichen-Tests auf der Grundlage 28 farbiger Menschdarstellungen zu dem Ergebnis, dass „die Intelligenzdiagnostik weder durch den Gebrauch der Farben noch durch einen Verzicht der Farben beeinflusst wird. Es wird nichts farbig gemalt, was nicht auch unbunt gemalt werden würde" (S. 151). Da Fiedler allerdings lediglich polychrome, also farbige Zeichnungen der Kinder vorliegen hatte, konnte er diese zwar mit der Gesamtstichprobe vergleichen, nicht aber mit monochromen Zeichnungen derselben Kinder. Die Ergebnisse unserer – wie auch vieler weiterer – Untersuchungen weisen vielmehr eindrücklich darauf hin, dass es schwierig ist, eine bewertende oder diagnostische Aussage über ein Kind anhand von einer oder auch mehreren Zeichnungen zu treffen. Es scheint vielfältige und komplexe Aus- und Wechselwirkungen auf den kindlichen Zeichenprozess zu geben, die in der Bewertung nur schwer zu berücksichtigen sind. Schuster (2001) drückt es folgendermaßen aus: „Letztlich haben die Tests […] den [eigenen] ‚Test' auf Brauchbarkeit noch nicht bestanden. Bestenfalls gestehen wir den Zeichentests zu, Hinweise aufzuspüren" (S. 150).

Ein zweiter kritischer Aspekt hinsichtlich der diagnostischen Bewertung von Kinderzeichnungen stellen unserer Ansicht nach die zugrunde liegenden Bewertungsmaßstäbe dar, sprich, auf welcher Grundlage entschieden wird, was „normal", „gut" oder „bedenklich" ist. Ursprünglich wurden auf Zeichnungen basierende Entwicklungs- und Persönlichkeitstests als sprachfreie, unaufwendige und **kulturunabhängige** Verfahren herausgestellt, die auch die Testung von sehr jungen Kindern ermöglichte. Diese Qualifikationen sind größtenteils darauf zurückzuführen, dass sich die Wissenschaft fast ausschließlich mit Kindern aus westlichen Kulturkreisen beschäftigte und daraus vermeintlich universale, d.h. für alle Menschen gültige, Regeln ableitete (z.B. Piaget, 1970). In anderen Worten, es wird die Annahme zugrunde gelegt, beim Zeichnen handele es sich um einen Prozess, der allein aus der Entwicklung verschiedener universeller Teilbereiche, insbesondere des Denkens, der Wahrnehmung und der Feinmotorik, entstehe und nicht durch äußere Bedingungen, wie z.B. Anreize aus der Umgebung, Vorbilder, Sozialisation etc. beeinflusst sei. Dementsprechend dienen in solchen diagnostischen Testverfahren auch ausschließlich westliche (Mittelschichts-)Kinder als sogenannte Normierungsstichproben, auf dessen Grundlage die Bewertungen über Intelligenz, Entwicklungsstand oder Persönlichkeitsmerkmale getroffen werden.

Wie passt dieses Vorgehen nun zu der weit verbreiteten Ansicht, Zeichnen stelle eine **kulturelle** Aktivität dar (z.B. Cox, 2005; Vygotsky & Cole, 1978)? An dieser Stelle ist es wichtig, zunächst näher darauf einzugehen, was genau Kultur bedeutet und wer Kultur teilt. Im Alltagsverständnis werden unter dem Begriff Kultur vornehmlich die materiellen, also sichtbaren, expliziten Aspekte von Kultur subsummiert, wie z.B. Gedichte, Gemälde, Bücher, sowie weitere kulturelle „Produkte". Unberücksichtigt bleiben dagegen häufig die symbolischen, also unsichtbaren Aspekte von Kultur, die im Alltag Ausdruck finden. Hierzu gehören zum einen geteilte Handlungssysteme, also kulturelle Praktiken wie Rituale, Erziehungspraktiken oder Kommunikationsmuster und zum anderen geteilte Bedeutungssysteme, z.B. Wertvorstellungen oder gemeinsame Überzeugungen (Borke, Döge & Kärtner, 2011; Keller, 2007; 2011). Diese täglich gelebte **Alltagskultur** ist es, die wesentlich dazu beiträgt, wie Menschen sich selbst und ihre Beziehung zu anderen Menschen gestalten und wahrnehmen, welche Sozialisationserfahrungen sie machen und wie sie ihre Kinder erziehen. Wer aber gehört nun zur selben kulturellen Gruppe? Vereinfacht kann man sagen, dass Menschen, die sich in ähnlichen Lebensumständen (v.a. in Bezug auf formale Bildung, ökonomische Situation und Wohnumgebung [Stadt oder Land] befinden, auch ähnliche Vorstellungen vom Leben haben und dieselben Werte und Normen teilen. Anders ausgedrückt heißt das, nicht die Nationalstaatsgrenzen sind bestimmend für die Zugehörigkeit zu einer kulturellen Gruppe, sondern ausschlaggebend sind vielmehr die soziodemographischen und -ökonomischen Merkmale einer Personengruppe. Im Folgenden möchte ich zwei kulturelle Gruppen beschreiben, die insofern als prototypisch betrachtet werden können, als dass sie zwei Extreme darstellen und somit die kulturellen Unterschiede besonders deutlich werden. Bei einer Gruppe handelt es sich um westliche Mittelschichtsfamilien, die in städtischen Kontexten leben. Diese Familien leben typischerweise als Kernfamilie zusammen und bekommen im Durchschnitt recht spät ein oder zwei Kinder. Sie sind formal hoch gebildet und sind finanziell gut abgesichert. Bei der zweiten prototypischen Gruppe handelt es sich um ländliche Bauernfamilien in nichtwestlichen Kontexten. Sie sind subsistenzwirtschaftlich organisiert und leben in großen und generationenübergreifenden Familienverbünden zusammen. Frauen bekommen schon sehr früh und häufig sehr viele Kinder, die schon früh in hauswirtschaftliche Tätigkeiten oder in die Betreuung jüngerer Kinder eingebunden werden.

Es wird deutlich, dass die Lebensgrundlagen dieser beiden Gruppen sehr unterschiedlich sind. Dies wirkt sich u.a. auf das Verständnis (Konzept) der Personen aus, dass sie von sich selbst und ihrem sozialen Umfeld entwickeln und welche Kompetenzen erworben werden müssen, um ein erfolgreiches Mitglied der jeweiligen Kontexte zu werden: Familienmitglieder westlicher Mittelschichtfamilien nehmen sich als voneinander getrennte, unabhängige Personen wahr. Ihr Handeln richtet sich nach eigenen Bedürfnissen, Meinungen und Zielen aus und weniger an den Belangen der sozialen Umwelt. Kinder werden schon früh in ihrer Individualität und psychologischen Unabhängigkeit gestärkt, indem Eltern die Einzigartigkeit ihrer Kinder betonen und ihre Talente und Interessen fördern. Sie gehen kindzentriert auf ihre Wünsche und Vorlieben ein und überlassen ihren Kindern von klein auf Wahlmöglichkeiten und Entscheidungen. Dagegen betrachten sich Mitglieder traditioneller Bauernfamilien vor allem als Teil der Familie oder der sozialen Gemeinschaft. Es ist wichtig, in Harmonie mit den anderen zu leben, Hierarchien zu respektieren und sich an die sozialen Regeln anzupassen. Kinder werden zu Gehorsam und Respekt erzogen; sie lernen, sich in die

Gemeinschaft einzugliedern und selbstständig zum Funktionieren des Lebensalltags beizutragen (mehr dazu in Keller, 2011).

Nun aber zurück zum Zeichnen: Würde es sich beim Zeichnen also ausschließlich um einen inneren Reifungsprozess handeln, so sollten sich die Zeichnungen von Kindern, die in unterschiedlichen kulturellen Kontexten aufwachsen, nicht unterscheiden. Um dies herauszufinden, haben wir mit vielen Kindern aus verschiedenen Kulturen gezeichnet. Bevor ich nun zur näheren Beschreibung einiger unserer Untersuchungsergebnisse komme, möchte ich an dieser Stelle zunächst betonen, dass wir die Ergebnisse nicht **bewertend** interpretieren: Kultur stellt unserer Ansicht nach einen **Anpassungsprozess** an die gegebenen Umwelt- und sozialen Bedingungen dar und kann insofern nicht „besser" oder „schlechter" sein. Es stellt sich uns nicht die Frage nach der Bewertung einzelner Kinder oder einer Gruppe von Kindern im diagnostischen Sinne, sondern nach der **Deutung,** – der Entschlüsselung – von Kinderzeichnungen als Ausdruck kultureller Praktiken und Normen. Entsprechend unserer alltagsbasierten Definition von Kultur gehen wir davon aus, dass sich die kulturelle Herkunft, die Sozialisationserfahrungen und das zugrunde liegende Selbst- und Familienkonzept von Kindern insbesondere in der Darstellung der eigenen Person und der Familie widerspiegelt: Wie viel Raum nehmen die Kinder in der Zeichnung für sich ein? Wie detailliert werden Kopf und Körper dargestellt? Wen zeichnet das Kind neben sich? Bei der Untersuchung dieser und weiterer Fragestellungen, lassen wir uns nicht von unseren subjektiven Eindrücken leiten – wie es in der Literatur zur Deutung von Kinderzeichnungen häufig geschieht (z.B. Crotti & Magni, 1999, DiLeo, 1992; Gier, 2004) – sondern gehen theoriegeleitet vor und ziehen möglichst objektive Kriterien zur Auswertung heran (z.B. Messen der Figurgröße, Auszählen von Details, Kategorisierungen einzelner Merkmale). Diese unterschiedliche Vorgehensweise möchte ich in den folgenden Beschreibungen einiger unserer Ergebnisse kontrastiert darstellen.

Zunächst stellt die Figurgröße ein auffälliges Merkmal kindlicher Menschzeichnungen dar und wird häufig mit der kindlichen Selbsteinschätzung in Verbindung gebracht. Evi Crotti und Alberto Magni (1999) schreiben beispielsweise:

„Kleine Figur. Sie bedeutet einen niedrigen Grad kindlicher Selbstwahrnehmung. Das Kind fühlt sich „klein", neigt dazu, sich selbst zu unterschätzen und nicht an seine eigenen Kräfte zu glauben. Es fürchtet sich davor, mit anderen Kindern und überhaupt mit seiner gesamten Umgebung konfrontiert zu werden. Eine kleine Figur ist ein Zeichen von Schüchternheit.

Große Figur. Darunter ist eine menschliche Gestalt zu verstehen, die die Bildmitte horizontal überragt. Sie drückt Selbstsicherheit und -vertrauen aus, Extrovertiertheit und Überschwänglichkeit, die im Extremfall in Zudringlichkeit umschlägt." (S. 80-81).

Demgegenüber zeigen kulturvergleichende Untersuchungen, dass sich die Größe von Menschdarstellungen nicht nur von Kind zu Kind, sondern auch zwischen verschiedenen Kulturen zum Teil erheblich voneinander unterscheiden (z.B. Meili-Dworetzki, 1981; 1982; Richter, 2001; Rübeling et al., 2010) und in Zusammenhang mit den unterschiedlichen Vorstellungen über die Stellung einzelner Individuen in den verschiedenen kulturellen Kontexten gebracht werden kann: Vergleichsweise große Selbstdarstellungen sind in Kulturen zu finden, in denen das Individuum besonders wertgeschätzt und gefördert wird, während kleinere Selbstdarstellungen dort zu finden sind, wo die Gemeinschaft und dessen Wohl im Vordergrund steht. Dementsprechend zeigte sich in unseren Studien, dass sich Kinder aus kamerunischen Bauernfamilien und auch ländlich lebende türkische Kinder im Durchschnitt wesentlich kleiner zeichneten als Kinder aus deutschen städtischen Mittelschichtfamilien. In Abbildung 12 wird dies deutlich: Obwohl sich die Selbstdarstellungen konzeptionell sehr ähnlich sind, sich also bezüglich der Struktur der menschlichen Gestalt (Kopf, Rumpf, Arme, Beine etc.) kaum unterscheiden, sind die Zeichnungen des türkischen und des kamerunischen Mädchens erheblich kleiner als die des deutschen Mädchens.

Zwei weitere, häufig beschriebene und als bedeutsam erachtete Elemente der kindlichen Menschzeichnung stellen die gezeichneten Gesichtsdetails und der Gesichtsausdruck dar.

Abbildung 12: Mädchen, 6 Jahre: (1) ländliche Türkei, (2) städtisches Deutschland, (3) ländliches Kamerun

So wird die realistische und detailgetreue Darstellung des Gesichts – wie bereits beschrieben – als Ausdruck von Intelligenz bewertet. Der Gesichtsausdruck wird dagegen häufig als Hinweis des emotionalen Zustandes des zeichnenden Kindes interpretiert: So werden Zähne, offene Münder und fehlende Gesichtsdetails, die an vertrauten Personen gezeichnet werden, als „Hilferufe" des Kindes gedeutet (z.B. Crotti & Magni, 1999). Auch hier möchten wir vor einer Verallgemeinerung warnen: In westlichen städtischen Mittelschichtfamilien wird dem Gesicht und dessen Ausdruck eine besondere Bedeutung in der Kommunikation und im sozialen Austausch beigemessen. Dabei nimmt insbesondere das Zeigen positiver Emotionen einen besonderen Stellenwert ein, da es als Ausdruck von Zufriedenheit und Glücklichsein interpretiert wird, die wiederum zentrale Sozialisationsziele in diesem kulturellen Kontext darstellen. Dementsprechend werden Kinder schon früh angehalten, in ihren Zeichnungen Gesichtsdetails und einen lächelnden Mund darzustellen oder aber zu Lächeln, wenn ein Foto gemacht wird. Dagegen wird in vielen nichtwestlichen ländlichen Kontexten Kommunikation verstärkt über Körpersignale und Körperkontakt vermittelt; der direkte Gesichtskontakt wird als respektlos und als Nichtbeachtung der bestehenden Hierarchien betrachtet und eher vermieden. In diesen Kontexten steht nicht das individuelle Glück und Zufriedenheit von Kindern im Mittelpunkt, vielmehr werden emotionale Neutralität und die Kontrolle von Emotionen als wichtige kindliche Kompetenzen angestrebt. Dies drückt sich auch in Kinderzeichnungen aus: Während die Mehrzahl der teilnehmenden Kinder aus deutschen städtischen Mittelschichtfamilien sich selbst und ihre Familienmitglieder mit vergleichsweise vielen Gesichtsdetails und mit lächelndem Mund darstellte, zeichneten die kamerunischen Bauernkinder häufig gar keine Gesichtsmerkmale und stellten entweder gar keinen Mund (ca. 50%) oder kein Lächeln dar (ca. 50%). Anstelle dessen wurde häufig ein offener Mund gezeichnet, entweder als Kreis oder auch mit Zähnen versehen. In unserem Kulturkreis kann diese Darstellungsform leicht als Traurigkeit oder Wut missdeutet werden.

Abschließend möchte ich noch kurz auf die Anordnung von Personen in Familiendarstellungen eingehen. In der Literatur wird eine lineare Anordnung der Familienmitglieder, also das Zeichnen der Personen auf derselben sichtbaren oder fiktiven Grundlinie, als sichere Bindung des Kindes an seine Bezugspersonen interpretiert (z.B. Pianata, Longmaid & Ferguson, 1999). Dies entspricht der häufigsten Familiendarstellungsform von Kindern deutscher Mittelschichtfamilien. Dagegen lassen sich in anderen kulturellen Kontexten vermehrt alternative Darstellungsformen beobachten, die nur von wenigen Kindern westlicher Mittelschichtfamilien gewählt werden. In Abbildung 13 ist, neben der uns vertrauten Anordnung auf der Blattkante, die Aufreihung der Familie wie an einer Perlenschnur dargestellt, sowie eine verstreute Anordnung der Familienmitglieder ohne gemeinsame Ausrichtung der Personen.

Abbildung 13: Verschiedene Formen der Familienanordnung (v.l.n.r.): (1) deutsche Mittelschicht (2) ländliche Türkei & (3) kamerunische Bauernkinder

Diese Unterschiede in der Anordnung von Familienmitgliedern zwischen Kindern aus unterschiedlichen kulturellen Kontexten sind unter anderem auf Unterschiede in der Vertrautheit mit rechteckigem Zeichenpapier und weiterem Bildmaterial, z.B. in Büchern oder im Fernsehen, zurückzuführen: Sie fördern die Interpretation des auf dem Tisch liegenden Zeichenblattes als Abbild des Raumes auf einen zweidimensionalen Bezugsrahmen, der vorgibt, wo „oben" und „unten", bzw. „rechts" und „links" ist. Auch hier wird also deutlich, dass das kulturelle Umfeld, insbesondere durch Unterschiede in den Lernerfahrungen, zu Unterschieden im kindlichen Zeichnen führen.

Die beschriebenen Unterschiede kindlicher Selbst- und Familiendarstellungen verdeutlichen, dass Zeichnen eine kulturelle Aktivität darstellt, die nicht losgelöst vom kulturellen Hintergrund und den damit zusammenhängenden Lernerfahrungen des Zeichnenden betrachtet werden sollte. Eine Deutung oder Bewertung kindlicher Zeichnungen, wie sie in den beschriebenen Verfahren und Interpretationshilfen vorgenommen wird, macht unseres Erachtens nur dann Sinn, wenn der kulturelle Bezugsrahmen berücksichtigt wird. Doch auch dann bleiben die angedeuteten situativen und motivationalen Einflüsse bestehen, die bei der Interpretation einzelner Zeichnungen eines Kindes Beachtung finden sollten – zumal nicht jeder kreative Ausdruck zielgerichtet sein oder gedeutet werden muss!

Literatur

Borke, J., Döge, P. & Kärtner, J. (2011). *Kulturelle Vielfalt bei Kindern in den ersten drei Lebensjahren. Anforderungen an frühpädagogische Fachkräfte. Eine Expertise der Weiterbildungsinitiative Frühpädagogische Fachkräfte (WiFF)* [www document]. Abrufbar über: http://www.weiterbildungsinitiative.de/uploads/media/WiFF_Expertise_Nr_16_Borke_Doege_Kaertner_Internet_PDF.pdf [Zugriffsdatum: November 2012].

Brosat, H. & Tötemeyer, N. (2007). *Der Mann-Zeichen-Test nach Hermann Ziler*. Münster: Aschendorff.

Crotti, E. & Magni, A. (1999). *Die geheime Sprache der Kinder. Kinderzeichnungen richtig deuten.* München: Beust.

DiLeo, J. (1989). *Die Deutung von Kinderzeichnungen.* Karlsruhe: Gerardi.

Fliegner, J. (2007). *Auswertungsaktualisierung des Mann-Zeichen-Tests (MZT/det)* [www document]. Abrufbar über: http://www.pub.uni-bielefeld.de. [Zugriffsdatum: Juli 2012].

Gier, R. (2004). *Die Bildsprache der ersten Jahre verstehen.* München: Kösel.

Keller, H. (2007). *Cultures of infancy.* Malwah, NJ: Lawrence Erlbaum.

Keller, H. (2011). *Kinderalltag. Kulturen der Kindheit und ihre Bedeutung für Bindung, Bildung und Erziehung.* Berlin: Springer.

Lenk, M. (2010). *Monochrome und polychrome Selbstdarstellungen 3-6-Jähriger. Eine kulturvergleichende Analyse von Kinderzeichnungen.* Unveröffentlichte Diplomarbeit: Universität Osnabrück

Meili-Dworetzki, G. (1981). Kulturelle Bedingungen des Zeichenstils und seines Wandels. In K. Foppa, & R. Groner (Hrsg.), *Kognitive Strukturen und ihre Entwicklung* (S. 80-118). Bern: Huber.

Meili-Dworetzki, G. (1982). *Spielarten des Menschenbildes: Ein Vergleich der Menschzeichnungen Japanischer und Schweizerischer Kinder.* Bern: Huber.

Piaget, J. & Inhelder, B. (1956). *The child's conception of space.* London: Routledge.

Pianata, R.C., Longmaid, K. & Ferguson, J.E. (1999). Attachment-based classifications of children's family drawings: psychometric properties and relations with children's adjustment in kindergarten. *Journal of Clinical Child Psychology, 28* (2), 244-255.

Rübeling, H., Keller, H., Yovsi, R., Lenk, M., Schwarzer, S. & Kühne, N. (2010). Children's drawings of the self as an expression of cultural conceptions of the self. *Journal of Cross-Cultural Psychology, 42* (3), 406-424.

Richter, H.-G. (2001). *Kinderzeichnungen interkulturell.* Münster: Lit. Verlag.

Schuster, M. (2001). *Kinderzeichnungen. Wie sie entstehen, was sie bedeuten.* Basel: E. Reinhardt.

Vygotsky, L.S. & Cole, M. (1978). *Mind in society. The development of higher psychological processes.* Cambridge: Harvard University Press.

Ziler, H. (1958). *Der Mann-Zeichen-Test in detailstatistischer Auswertung.* Münster: Aschendorf.

Wie viel Medien braucht der Mensch?

Petra Sandhagen

> „Am siebten Tag war Gott fertig mit seinem Kreativ-Projekt,
> fand das Ergebnis genial und beschloss, ab jetzt zu chillen!"
>
> (1. Mose 2, 1-3, Und Gott chillte, 2009, S. 12)

Das Eingangszitat überbrückt mehr als 2000 Jahre Mediengeschichte. Es fasst die einst mündlich überlieferte Schöpfungsgeschichte in maximal 140 Zeichen einer Kurznachricht. Daraus entsteht eine „Bibel to go", christliche Überlieferungen, die die Menschen in kleinen Häppchen im Internet oder unterwegs auf dem Mobiltelefon lesen können. Die Form ist medial vorgegeben. Eine SMS (engl. *short message service*) enthält maximal 140 Zeichen. Um darin biblische Botschaften zu verpacken, ist Kreativität erforderlich. Dieses Ziel hatte das Portal „evangelisch.de", als es zum Kirchentag 2009 in Bremen dazu aufrief, die Bibel zu twittern, übersetzt also in Kurzmitteilungen zu „zwitschern". Die Organisatoren teilten die Bibel in 3908 Abschnitte und nutzten den Dienst Twitter. Die Resonanz waren 6000 Einsendungen.

Das Projekt Twitterbibel ist ein Beispiel dafür, wie stark Medien in westlichen Kulturen im Alltag präsent sind. Bücher, Fernseher, Telefon, Radio und Internet sind für viele Menschen nahezu jederzeit verfügbar und wirken sich auf die Kommunikation aus. Laut Angaben des Statistischen Bundesamtes in Deutschland (2004) steht in 95 Prozent der Haushalte ein Fernseher, „fast 40% der Haushalte besitzen zwei oder mehr Fernsehgeräte". Die Frage, ob Medien überhaupt erforderlich sind, ist damit durch die Alltagswirklichkeit überholt. Medien begleiten die Menschen vom Aufwachen mittels Radiowecker über Verabredungen per Telefon bis zur Internetrecherche während der Arbeit und dem Fernsehkrimi zur Unterhaltung am Abend (Janetzko, 2008). Diese Beziehung ist keineswegs einseitig, wie es frühe Medienwirkungsmodelle nahelegen. Sie schreiben lediglich den Medien einen starken Einfluss auf die Menschen zu. „Nach dieser Auffassung sind die Individuen der Massengesellschaft den ‚mächtigen' und ‚omnipotenten' Massenmedien passiv und hilflos ausgeliefert" (Vogel, Suckfüll & Gleich, 2007, S. 339). Aktuell wird die Wechselwirkung berücksichtigt: Medien begleiten Menschen, und Menschen gestalten Medien (Vogel, Suckfüll & Gleich, 2007).

Medien sind im Alltag fest verankert. Doch wie viel Medien braucht der Mensch? Woran knüpfen Medien an? Wie gehen Menschen mit ihnen um? Eine Antwort darauf sollte zunächst Kommunikation als Grundlage für alle Medienverwendung sowie die Entwicklung von der mündlichen, direkten Kommunikation zur Kommunikation mittels Medien betrachten. Danach geht es um die Funktionen von Medien sowie um den Bereich der Medienkompetenz. Erste Ergebnisse eigener Studien lassen Parallelen von Sprachentwicklung und der kindlichen Aneignung von Medien vermuten. Die Ergebnisse dieser einzelnen Abschnitte führen zur Diskussion, wie viel oder viele Medien der Mensch braucht. In allen Abschnitten zeigt sich dabei, dass Menschen sich kreativ und aktiv Medien aneignen und sie entdecken.

Seit wann verwenden Menschen Medien?

Der Begriff Medien taucht oft mit dem Adjektiv „neu" verknüpft auf. „Neue Medien", dazu zählen Fernsehen, aber vor allem Internet, also mit Technik verknüpfte Massenmedien. Dieses Verständnis von Medien umfasst aber nur einen kleinen Teil der unterschiedlichen Kommunikationsmedien. Es handelt sich jeweils um Sprach- und Übertragungsmedien der Massenkommunikation (Fernsehen) und der Individualkommunikation (Telefon). Nach der Systematik von Winterhoff-Spurk (1999) sind bei den Sprachmedien noch die Speichermedien in der Individualkommunikation (Handschriften) und der Massenkommunikation (Printmedien) sowie Signal- und Symbolmedien zu berücksichtigen. Diese können ebenfalls in Übertragungsmedien der Individual- (Flaggen) und Massenkommunikation (Glockengeläut) oder in Speichermedien der Individual- (Bilder) und Massenkommunikation (Denkmäler) eingeteilt werden.

Die Beziehung von Menschen und Medien ist also viel umfangreicher und vor allem viel älter, als es im Alltag oft bewusst ist. Die Wurzeln der

Medienpsychologie liegen in der Kommunikation. Der Vorläufer der Kommunikation mittels Medien ist die Versammlung, die es vermutlich so lange gibt, wie Menschen in Gruppen zusammenleben und Kommunikation erforderlich ist, um den Alltag zu meistern, eine funktionierende Gemeinschaft zu leben und menschliche Neugier zu stillen. Diese frühen Formen haben sich bis zur Volksversammlung, der Ekklesia, entwickelt, die im antiken Athen als wichtiges Entscheidungsorgan galt (Schönhagen, 2008). Versammlungen erfordern, dass sich die Teilnehmer zeitgleich an einem Ort befinden. Über begrenzte räumliche Distanzen hinweg konnten Nachrichten mit Rauch- oder Trommelzeichen übermittelt werden oder im ausgebauten und noch aktuellen System der Pfeifsprachen an der türkischen Schwarzmeerküste verwendet werden (Güntürkün, 2010). Informationen auf diesem Weg über zeitliche Distanzen zu überliefern, verändert die ursprüngliche Version wie im Kinderspiel „Stille Post", Details fallen weg und andere kommen hinzu. Die zeitliche Distanz lässt sich erst überwinden, indem Informationen dauerhaft gespeichert werden. Diese Möglichkeit bietet die Schrift. Bereits in den „städtischen Hochkulturen ab dem 6. Jahrtausend v. Chr." (Schönhagen, 2008, S. 49), etwa bei den Ägyptern, wird ein Schriftsystem für den Handel genutzt. Schrift bietet die Möglichkeit, Informationen zu speichern und damit auch zeitliche Distanzen zu überwinden (Schönhagen, 2008).

Ein entscheidender Faktor für ein Schriftsystem ist das Speichermedium. Im alten Ägypten war das zunächst Papyrus, später Papier, das die Chinesen seit dem 2. Jahrhundert v. Chr. herstellen konnten. Europäern gelang diese Kunst erst im 12. Jh. n. Chr. (Schönhagen, 2008).

Schönhagen (2008, S. 49) bezeichnet den Wandel von der Versammlung zur Nachrichtenübermittlung per Schrift als „erste Kommunikationsrevolution". Statt der Gleichzeitigkeit und der Gleichräumlichkeit der Kommunikationspartner sowie dem unmittelbaren Mitteilen und Empfangen einer Neuigkeit in der Versammlung kommunizieren die Partner nun über zeitliche und räumliche Entfernung hinweg. Dadurch liegen Mitteilen und Empfangen einer Nachricht mit Abstand nacheinander. Diese neue Situation bewirkt, dass es zunehmend Nachrichtenvermittler gibt, also jemanden, der die Nachricht zwischen den beiden Kommunikationspartnern transportiert (Schönhagen, 2008). Diese Vermittler waren ursprünglich Personen, zum Beispiel Sänger, die umherreisten und

Neuigkeiten mündlich überlieferten oder aus einer Schriftform vorlasen. Ihre Rolle als Vermittler übernehmen in unserer Zeit Medien jeglicher Art von der Zeitung bis zum Internet.

Zeitliche und räumliche Distanz lassen sich durch Schrift überwinden. Dennoch bleiben geschriebene Neuigkeiten historisch zunächst einer kleinen Gruppe vorbehalten. Das hat zwei Gründe. Erstens können nur wenige Menschen lesen und schreiben, zweitens ist die Verbreitung handgeschriebener Zeitungen mühsam, und es gibt jeweils nur wenige Exemplare (Schönhagen, 2008). Der Mainzer Johannes Gensfleisch (1400-1468), besser bekannt als Gutenberg, erfindet in den 1430er- oder 1440er-Jahren die beweglichen Lettern, die den Buchdruck erleichtern, da die Lettern für den Druck gesetzt und danach wiederverwendet werden können. Diese technische Neuerung ermöglicht das Vervielfältigen von Schriften in größerem Umfang. Die Folgen sind, dass Drucke für mehr Menschen verfügbar sind, dadurch nach und nach die Alphabetisierung und damit die Bildung steigt. Immer mehr Menschen können sich selbst aus schriftlichen Mitteilungen informieren, ohne auf die Auskunft von zum Beispiel lesekundigen Mönchen angewiesen zu sein (Schönhagen, 2008). Der Druck mit beweglichen Lettern ermöglichte auch die Entwicklung von Wochenzeitungen, einem der ältesten Massenmedien. Neben der 1605 in Straßburg erschienenen „Relation" zählt der 1609 erschienene „Aviso" zu den ältesten Zeitungen im deutschsprachigen Raum. „Der ‚Aviso' erschien übrigens aller Wahrscheinlichkeit nach in Wolfenbüttel, aber ein Druckort wurde nirgends genannt" (Dussel, 2004, S. 12).

Die Medien, die als Massenmedien und neue Medien bekannt sind, bewirken eine „zweite Revolution des Nachrichtenverkehrs" wie Schönhagen (2008, S. 68) die Entwicklung bezeichnet. Entscheidend sind die elektronischen Übertragungsmöglichkeiten, die seit den 1830er-Jahren entstehen und zur Erfindung des Telefons, Radios und später Fernsehens führen. Die Übertragung von Mitteilungen ist nicht mehr an den Postweg gebunden. Die neue Situation ist, dass „die Nachricht das Verkehrsnetz verließ und sich spezifische Informationsnetze herausbildeten" (Schönhagen, 2004, S. 68). Die neuen Medien schaffen erneut eine Gleichzeitigkeit des Mitteilens und Empfangens von Nachrichten – diesmal über räumliche Distanzen hinweg. Damit ist eine Kommunikationssituation geschaffen, die der Versammlung ähnelt und dennoch nahezu räumliche Unabhängigkeit bietet (Schönhagen, 2008).

Prozesse, die aktuell die Medienpsychologie betrachtet, sind geschichtlich eng mit der ureigenen menschlichen Kommunikation verbunden. Die Medien kommen hinzu, die zugrundeliegenden Prozesse gründen aber auf der Sprach- und Kommunikationspsychologie.

Warum nutzen Menschen Medien?

Die geschichtliche Annäherung im vorangegangenen Abschnitt legt eine Funktion von Medien nahe: Sie bieten Informationen. Neuigkeiten können mittels Medien an viele Menschen verbreitet werden. Eine weitere Funktion vor allem der Zeitungen bildet sich im 19. Jahrhundert heraus. Die Medien sollen unterhalten. „Illustrierte Familienzeitschriften boomten insbesondere in der zweiten Hälfte des. 19. Jh. und waren das Unterhaltungsmedium dieser Zeit" (Schönhagen, 2008, S. 65). Die Titel wie „Unterhaltung am häuslichen Herd" und „Gartenlaube" (Schönhagen, 2008, S. 65) weisen auf den Unterhaltungscharakter hin.

Welchen Nutzen Massenmedien für die Menschen besitzen und welche Funktionen sie erfüllen, diese Themen sind erstmals in den 1940er-Jahren mit Studien zur Rezeption von Seifenopern und Quizsendungen im Radio in den Blick der Forschung gerückt (Batinic, 2008). Daraus entwickelte sich in den 1970er-Jahren der Uses-and-Gratification-Ansatz. Er geht von aktiven Mediennutzern aus, die eine Medienwahl so treffen, dass sie damit spezifische Bedürfnisse wie Freude oder Ablenkung befriedigen (Batinic, 2008). „Ergebnis vieler Studien zum Uses-and-Gratifications-Ansatz sind Motivkataloge, welche für ein Medium oder einen Medieninhalt erfragte Nutzungsmotive auflisten" (Batinic, 2008, S. 114). Diese Motive der Nutzer sind von Seiten der Produzenten Funktionen, die die Medien erfüllen möchten und hinsichtlich öffentlich-rechtlicher Medien teilweise auch müssen.

Die beiden Hauptmotive Informieren und Unterhalten kommen in nahezu allen Motivkatalogen vor. Unterschiedliche Studien, in denen die Teilnehmer nach ihren Motiven meist der Fernsehnutzung gefragt worden sind, ergeben zwischen vier und acht Motivdimensionen. Vogel,

Suckfüll und Gleich (2007) führen vier Studien aus den 1970er- und 1980er-Jahren an. Als weitere Motivdimensionen werden genannt: „Entspannung, Geselligkeit, Gewohnheit, Zeitfülle, Selbstfindung, Spannung, Eskapismus, Ablenkung, Kontrolle der Umgebung, Lernen und soziale Nützlichkeit" (S. 341).

Vier Motive lassen sich in den einzelnen Studien immer wieder finden. Sie bilden die häufigste Typologie der Motivdimensionen. Dazu zählen (McQuail, 1983, zitiert nach Schramm & Hasebrink, 2004; McQuail, 1994, zitiert nach Batinic, 2008):

1. Information
2. Unterhaltung
3. Persönliche Identität
4. Integration und Soziale Interaktion

Diese vier Motivdimensionen sollen kurz in beispielhaften Aspekten skizziert werden.

Information

Information gehört sicherlich zu den grundlegenden Funktionen von Medien. Gesetze, Erlasse und Neuigkeiten sind mittels Boten und später mittels Schriften den Bürgern verkündet worden. Die positiven gesellschaftlichen Auswirkungen der Erfindung der beweglichen Lettern und damit Gutenbergs Buchdruck sind bereits beschrieben worden. Alphabetisierung und dadurch Bildung nehmen zu. Menschen werden zunehmend zu mündigen Bürgern (Schönhagen, 2008). Was aus gesellschaftlicher Sicht eine positive Entwicklung anstößt, missbilligen viele Herrschende. Kurz nach der Erfindung des Buchdrucks, übten Kirche und Staat Kontrolle aus. „Die ersten Zensurbestimmungen wurden, etwa 40 Jahre nach der Erfindung des Gutenbergschen Buchdrucks, von Seiten der Kirche erlassen, so wurde z.B. im Jahre 1486 eine erste Zensurkommission durch den Fürstbischof von Mainz geschaffen" (Schönhagen, 2008, S. 58).

Insbesondere totalitäre Staaten versuchen, Informationen zu vereinheitlichen und zu kontrollieren. Ein Beispiel dafür ist die Zusammenlegung von Zeitungen in der Zeit des Nationalsozialismus' mittels der „Anordnung über die ‚Schließung von Zeitungsverlagen zwecks Beseitigung ungesunder Wettbewerbsverhältnisse'" und weiter: „Konkurrierende Heimatblätter wurden solange unter wirtschaftlichen und politischen Druck gesetzt bis deren Besitzer aufgaben oder einem Kopfblatt-System zustimmten" (Stroppe-Eulerich, 1995, S. 21).

Nach dem Zweiten Weltkrieg ist die Pressefreiheit im Grundgesetz der Bundesrepublik Deutschland verankert. Im Artikel 5, Absatz 1 steht: „Jeder hat das Recht, seine Meinung in Wort, Schrift und Bild frei zu äußern und zu verbreiten und sich aus allgemein zugänglichen Quellen ungehindert zu unterrichten. Die Pressefreiheit und die Freiheit der Berichterstattung durch Rundfunk und Film werden gewährleistet. Eine Zensur findet nicht statt" (Bundesministerium für Justiz, 1949).

Mit dem technischen Fortschritt nutzen immer mehr Menschen nicht nur die Möglichkeit, sich zu informieren, sondern auch ihre Meinung zu äußern und zu verbreiten. Menschen nutzen Informationen, werden aber auch selbst zu Informationsgebern und -verbreitern. Dadurch wandelt sich der Umgang mit Medien. Ein Austausch über Medien kann in totalitären Staaten den Weg für eine Revolution bereiten. Wie groß die Rolle der Medien ist, darin sind sich Wissenschaftler uneins. Revolutionshistoriker Etienne François sagt: „Man weiß, welche entscheidende Rolle die Medien bei der Vorbereitung der Revolution in Osteuropa 1989 gespielt haben. Ohne die tiefgreifende Wirkung der westdeutschen Medien hätte es in der DDR keine Revolution gegeben" (Noll, 2011). Der tunesische Blogger Slim Amamou schätzt ein: „Die sozialen Netzwerke waren sehr, sehr wichtig. Sie haben die Organisation der Proteste ermöglicht und sind somit über die Rolle der klassischen Medien hinausgegangen", und weiter: „Die Menschen wurden in Echtzeit informiert und miteinander verbunden. Das hat ein gemeinsames Bewusstsein geschaffen" (Noll, 2011). Nutzer können heute stärken denn je über Medien Informationen erhalten und verbreiten.

Unterhaltung

Unterhaltung ist eine weitere Funktion von Medien, die schon früh beschrieben wird. Bereits die Spielleute im Mittelalter bringen nicht nur Informationen aus anderen Dörfern mit, sondern bieten mit Musik und

Gesang Unterhaltung. Familienzeitungen, Hofklatsch und Vorläufer der heutigen yellow press kommen vom 17. Jahrhundert an auf (Schönhagen, 2008). Beliebt ist um 1900 die amerikanische Penny Press. „Penny Papers waren preiswerte Zeitungen, die sich am breiten Publikum orientierten und dabei verstärkt auf Verbrechen, Klatsch, Sport und Sex setzten" (Schönhagen, 2008, S. 66).

Die Funktion der Unterhaltung besitzt viele Facetten. Wer einen Liebesfilm schaut, kann je nach momentaner Situation einfach Zeit füllen und damit Langeweile vorbeugen oder sich von eigenen Problemen ablenken (McQuail, 1994, zitiert nach Batinic, 2008, S. 114). Das kann bis zum Eskapismus, einer Realitätsflucht, gehen, zum Beispiel indem Mediennutzer ein fesselndes Buch lesen und dabei so sehr in die Fantasiewelt eintauchen, dass sie Zeit und Raum völlig vergessen, oder mit dem Helden eines Kinofilms mitfiebern. „Fiktionen und virtuelle Welten können so ohne die Gefahr, selbst Schaden zu nehmen oder die Verantwortung tragen zu müssen, erlebt werden" (Schwab, 2008, S. 243). Nach dem Abspann kehren die Kinobesucher in den Alltag zurück. Diese Rückkehr in die Realität ist beim Eskapismus durch Medienkonsum oft einfacher als bei einer Flucht aus der Realität durch Alkohol oder Drogen (Batinic, 2008). Die Verbindung zur Realität zu behalten und nicht in eine Sucht nach Mediennutzung zu gleiten, gehört zum kompetenten Umgang mit Medien, wie ihn Groeben im Konzept der Medienkompetenz als medienbezogene Genussfähigkeit definiert (Groeben, 2002). Weitere Funktionen der Unterhaltung können sein, dass Mediennutzer sich bei einem Film entspannen oder durch ihn angeregt werden (McQuail, 1994, zitiert nach Batinic, 2008). Sie können auf diese Weise ihren inneren Erregungszustand regulieren, wie es Erregungstheorien postulieren. Beispiele für diese Forschungsrichtung sind die Mood-Management-Theorie von Zillmann sowie die Studien zum Sensation Seeking als Persönlichkeitsfaktor von Zuckermann (vgl. Batinic, 2008). Die Mood-Management-Theorie geht davon aus: „Durch die Wahl von spezifischen Medieninhalten nehmen die Rezipienten dabei aktiv Einfluss auf ihren aktuellen Stimmungszustand" (Batinic, 2008, S. 117). Positive Gefühle sollen verstärkt, negative geschwächt werden. Sensation Seeking beschreibt, dass manche Mediennutzer zum Beispiel einen Film nur dann genießen können, wenn er viele und neue Reize bietet wie etwa Horror- oder Actionfilme, andere Mediennutzer dagegen Filme bevorzugen, die weniger intensive Reize enthalten.

Bezogen auf die Funktion der Unterhaltung fällt auf, dass die beschriebenen Effekte nicht Medien vorbehalten sind. Die Stimmung kann auch regulieren, wer ein fröhliches Lied singt oder gegen die Furcht im Dunkeln anpfeift. Den „Kick" erleben vielen High Sensation Seeker auch bei Sportarten wie Fallschirmspringen oder Skirennen. Staunen können Besucher auch seit Jahrtausenden bei Wettkämpfen, römischen Spielen, Theateraufführungen oder Zirkusvorführungen. Unterhaltung in und mit Medien knüpft an das Spiel an. Schwab (2008) verweist in seinem Überblicksartikel auf die Definition der „Unterhaltung als eine besondere Form des Spiels" (S. 243).

Das Spielen als Handlung ist nach Oerter (1999, 2008) durch drei Merkmale charakterisiert: Selbstzweck, Wechsel des Realitätsbezugs sowie Wiederholung und Ritual. Diese Kriterien treffen meist auch auf Mediennutzung zu. Kinder schauen freiwillig fern, und bei aufgezeichneten Lieblingssendungen werden Kinder auch nicht müde, sie immer wieder zu sehen. Im Vergleich von Spiel und Medien verdient das Kriterium des Wechsels der Realität besondere Aufmerksamkeit. „Wenn Fernsehen zum Verstehen der auf dem Bildschirm präsentierten Realität führen soll, so setzt das voraus, dass die Kinder auch hier ihre Fähigkeit zur Unterscheidung verschiedener Realitäten zum Hin- und Herwechseln zwischen den Wirklichkeiten zur Anwendung bringen" (Hoppe-Graff & Oerter, 2000, S. 15). Das, was die Kinder auf dem Bildschirm sehen, ist ebenso eine Repräsentation der Wirklichkeit wie im Spiel mit einer Repräsentation der Realität gearbeitet wird. Beim klassischen Mutter-Vater-Kind-Spiel schlüpfen die Kinder in andere Rollen. Beim Fernsehen fiktionaler Sendungen beobachten sie Schauspieler dabei, wie sie in andere Rollen schlüpfen. Beides – Spielen und Fernsehen – ermöglicht Kindern, „sich mit Bereichen der sozialen Realität auseinanderzusetzen, die Kindern aus dem Alltag nur wenig vertraut sind" (Hoppe-Graff & Oerter, 2000, S. 15).

Spiel und Fernsehen weisen nicht nur Parallelen auf, sondern lassen sich auch aufeinander beziehen und können sich verbinden. Mehrere Studien haben sich mit Medienspuren in Kinderspielen beschäftigt (Wieler,

2000). Kinder sehen eine fiktionale Sendung. Indem sie danach Teile des Inhalts nachspielen, eignen sie sich das Gesehene an. Die Kinder als passive Zuschauer werden zu aktiven Rezipienten. Sie können sich dadurch mit den im Fernsehen gesehenen Konsequenzen eines Handelns (zum Beispiel des Klauens eines Spielzeugautos und der Strafe nach dem Ertapptwerden) auseinandersetzen und im Spiel eigene, neue Lösungen finden. Damit reiht sich Mediennutzung ein in Spielerlebnisse oder auch das Erzählen von Märchen. Stets folgt einer spannungsgeladenen Ausgangssituation eine Lösung des Problems. Wieler (2000) fasst alle diese kindlichen Erfahrungen zusammen als zielführend zum Erwerb narrativer Strukturen. Sie folgert: „Ein solches Verständnis nimmt dem Fernsehen (und auch anderen elektronischen Medien) die geradezu mystische Aura des Besonderen, des besonders Faszinierenden oder des besonders Bedrohlichen; zwischen den Märchen und den Bilderbüchern, dem Playmobil und dem ‚Action'-Spiel weist es den Fernsehgeschichten einen angemessenen Platz zu" (S. 228).

Die mediale Unterhaltung und Spiel sind damit in vielfältiger Weise miteinander verbunden, können sich aufeinander beziehen und sich von Nutzern eigenständig angeeignet werden.

Persönliche Identität

Ein weiteres Nutzungsmotiv lässt sich mit „Persönliche Identität" beschreiben. Durch die Mediennutzung können Menschen ihre eigenen Werte bestätigen und bekräftigen. Sie finden Verhaltensvorbilder und können sich mit medialen Personen identifizieren und dadurch auch ihren eigenen Selbstwert steigern (McQuail, 1994, zitiert nach Batinic, 2008). Diese Funktion der Medien knüpft an die Identitätsentwicklung und die Forschung zum Selbst an.

Eine gängige Definition des Selbst beschreibt Greve (2000, S. 17): „Das Selbst ist ein dynamisches System, das einerseits auf die jeweilige Person bezogene Überzeugungs- und Erinnerungsinhalte in hochstrukturierter Form und andererseits die mit diesen Inhalten und Strukturen operierenden Prozesse und Mechanismen umfasst." Diese Unterscheidung findet sich grundlegend bereits bei William James (1890, nach Greve 2000).

Das Subjekt „I" [engl. für „Ich"] geht mit den psychischen Prozessen um, das Objekt „Me" [engl. für „Mich"] umfasst die Inhalte des Selbst (Greve, 2000).

Bei der Entwicklung des Selbst spielen Kommunikationsprozesse eine wichtige Rolle (Schütz & Rentzsch, 2007). Beim personalen Weg der Internalisierung wirkt die „Selbstwahrnehmung [...] auf das Selbstkonzept zurück", beim sozialen Weg der Internalisierung wirken „soziale Rückmeldungen [...] auf das Selbstkonzept zurück" (Schütz & Rentzsch, 2007, S. 124). Eineiige Zwillinge wachsen dabei in einer besonderen Situation auf. In ihrer Identitätsentwicklung können sie sich stets mit einem anderen Menschen vergleichen, der ihnen – vor allem äußerlich – besonders ähnlich ist. In frühen Jahren verstärken oft Eltern diese Ähnlichkeit durch gleiche Kleidung. Später können die Zwillinge ebenfalls die Ähnlichkeit äußerlich verstärken oder sich bewusst voneinander abgrenzen (vgl. Deutsch, Sandhagen & Wagner, 2000).

Die meisten Menschen haben diesen direkten und innigen Vergleich nicht. Sie vergleichen sich mit Menschen in ihrem Umfeld, zum Beispiel wie musikalisch sie sind im Vergleich zu ihren Mitspielern eines Laienorchesters – oder sie nutzen Medien für soziale Vergleiche. In diesem Fall könnte sich ein Laienmusiker mit einem Musiker vergleichen, über den er einen Bericht im Fernsehen sieht. Dabei gibt es zwei Richtungen. Im Abwärtsvergleich sehen Mediennutzer ihre eigene Situation positiver als die einer Person im Fernsehen, zum Beispiel bei einer chronischen Erkrankung. Mediennutzer können sich aber auch mit einer gesehenen Figur identifizieren, zum Beispiel mit einer Schauspielerin, die aus derselben Geburtsstadt kommt. Beide Strategien stärken die eigene Selbstwertschätzung (Schütz & Rentzsch, 2007; Krämer, 2008).

Zur Aufwertung des eigenen Selbst kann auch beitragen, eigene Meinungen vor einem großen Publikum auszusprechen. Das gilt als eine mögliche Erklärung, warum Privatpersonen in Talkshows auftreten (Trepte, 2005).

Auch beim Nutzungsmotiv der „Persönlichen Identität" fügen sich Medien als eine Möglichkeit ein, das Selbst auszubilden und zu stärken. Mediennutzer verwenden zum Beispiel bei sozialen Vergleichsprozessen

Informationen aus Medien ganz ähnlich wie Informationen aus realen Gruppen, zum Beispiel aus Sportvereinen, von Kollegen oder in Musikgruppen. Auch in dieser Funktion gehen Nutzer aktiv und kreativ mit Medien um und passen angebotene Inhalte in ihre Bedürfnisse ein.

Integration und soziale Interaktion

Das Nutzungsmotiv der Integration und sozialen Interaktion beschreibt die vielfältigen sozialen Aktivitäten im Zusammenhang mit Medien. Präsent ist dabei in der allgemeinen Diskussion oft der gegenteilige Vorwurf, dass vor allem Jugendliche vor Medien vereinsamen. Die Befürchtung lautet, Medienkonsum verdränge reale Freizeitbeschäftigungen und Schauspieler, Moderatoren und andere Akteure würden in den Medien einen größeren Stellenwert erhalten als reale Freunde. Schweizer und Klein konstatieren (2008, S. 166): „Personen, die weniger gesellig sind bzw. sich als einsam wahrnehmen, werden tendenziell intensivere parasoziale Beziehungen zu TV-Personen aufbauen." Die Person in den Medien, zu der der Nutzer eine parasoziale Beziehung aufbaut, „hat oft Eigenschaften, die der Rezipient selbst gerne hätte und stellt somit eine Art ideales Selbstbild dar" (Schramm, 2008, S. 252).

In den Diskussionen über negative bis hin zu pathologischen Mediennutzungen gehen viele Theorien von einem Kreismodell aus. Mediennutzer bringen bestimmte Persönlichkeitseigenschaften wie Introversion oder Sensation Seeking mit. Diese Merkmale begünstigen eine ausgeprägte Mediennutzung, die wiederum die bereits mitgebrachten Dispositionen verstärkt (Six, 2008b). „Am stärksten theoretisch untermauert ist die Annahme eines Kreisprozesses" (Six, 2008b, S. 369), allerdings ist das Forschungsfeld noch stark in Bewegung. Auch die Definitionen sind noch nicht einheitlich gehalten. Gängig ist laut Six (2008b) die Unterscheidung in exzessive, exzessiv-dysfunktionale und pathologische Mediennutzung. Betrachtet werden dabei die „Vielseher". Wer ein Vielseher ist, wird in den meisten Studien von den Wissenschaftlern festgelegt. Eine gängige Definition ist dabei eine Sehdauer von mehr als vier Stunden täglich. Dieser Wert lässt sich kontrovers diskutieren, etwa wie intensiv und bewusst ferngesehen wird oder ob das Medium nebenbei läuft.

Die gängige Einteilung geht davon aus, dass so definierte Vielseher zunächst Medien exzessiv nutzen, ohne dass das problematisch sein muss. „Auch exzessive Mediennutzung kann durchaus funktional und etwa durch spezifische Lebensumstände erklärbar sein" (Six, 2008b, S. 358). Wissenschaftler recherchieren oft mehrere Stunden täglich im Internet oder kommunizieren mit anderen Experten per Telefon oder E-Mail, erheben Online-Studien oder werten Videomitschnitte zum Beispiel von Therapiesitzungen aus. Wenn die Mediennutzung nur wenig zielgerichtet, kontrolliert und effizient stattfindet, ohne dass Mediennutzer darunter leiden, liegt eine exzessiv-dysfunktionale Mediennutzung vor (Six, 2008b). Pathologische Mediennutzung sieht Six (2008b, S. 359), wenn der Mediennutzer „längerfristig schwerwiegende negative Konsequenzen" wahrnimmt. Die nächste Stufe ist die Mediensucht, zum Beispiel eine Fernseh- oder Internetsucht, für die die ICD-10-Kriterien einer Suchterkrankung gelten, vor allem „‚Kontrollverlust', ‚Toleranzentwicklung', psychische Entzugserscheinungen sowie negative Konsequenzen für die Nutzer vor allem in Leistungsbereichen und sozialen Beziehungen" (Six, 2008b, S. 359). Annahmen, wie oft die einzelnen negativen Mediennutzungsmuster vorkommen, hängen von den Definitionen ab und variieren. Aktuell gilt laut Six (2008b, S. 369): „Prävalenzraten für das ‚Vielsehen' liegen bei etwa 35 %, für ‚Fernsehsucht' dagegen weit unter 10 % und für ‚Internetsucht' unter 5 %."

Diese negativen Nutzungsfolgen sind nur ein Aspekt. Medien tragen in der Funktion der Integration und sozialen Interaktion auch auf vielfältige Weise positiv zu sozialem Miteinander bei. „Vernetzte Computer eignen sich offensichtlich durchaus, um sozioemotional bedeutsame Beziehungen aufzubauen" (Schütz & Rentzsch, 2007, S. 129). Soziale Netzwerke, E-Mails und Homepages ermöglichen es, viele Informationen über Kommunikationspartner zu erhalten. Im Gegensatz zu face-to-face-Kommunikation fallen Mimik und Gestik als Informationen weg. Das wird einerseits durch Emoticons wie Smileys versucht auszugleichen, andererseits bietet es schüchternen Menschen oder Nutzern mit einem Handicap eine Chance, leichter Kontakt zu knüpfen als in der Wirklichkeit, da zum Beispiel das Äußere bei der Kontaktaufnahme keine Rolle spielt (Schütz & Rentzsch, 2007).

Ein wichtiger Aspekt sozialer Interaktion mittels Mediennutzung ist das Aufrechterhalten bestehender realer Freundschaften. Studierende bestätigen in einer Semesteraufgabe im Wintersemester 2011/2012, dass soziale Netzwerke die Möglichkeit schaffen, mit realen Freunden, die zum Beispiel den Wohnort gewechselt haben, in Kontakt zu bleiben. Plattformen wie Facebook haben damit nicht nur weitgehend Briefe abgelöst, sondern verändern das Kontakt halten. Soziale Netzwerke schaffen Verbindungen über zeitliche und räumliche Distanz hinweg, und das in wesentlich kürzerer Übertragungszeit als Briefe und nahezu dauerhaft. Allerdings richten sie sich meist nicht nur an eine einzelne Person wie ein Brief an seinen Adressaten, sondern an beliebig viele Nutzer. Je nachdem wie die Sicherheitseinstellungen gewählt sind, können die Selbstdarstellungen und Informationen nur eine gezielt ausgewählte Person oder alle freigeschalteten Freunde oder sogar alle Facebook-Nutzer lesen.

In Medien lassen sich Rollenvorbilder finden. Dabei werden stets positive und negative Aspekte diskutiert. Die dahinterstehenden Modelle sind oft sehr komplex, zum Beispiel bei der sehr umfassenden Frage, ob Medienkonsum zum Beispiel durch das Sehen gewalttätiger Akteure gewaltbereit macht. Eine einfache Antwort gibt es darauf nicht. Medien machen Handlungen verfügbar (vgl. Früh & Brosius, 2008). Die „dauerhafte Rezeption entsprechender Inhalte erhöht einfach die Chance, selbst aggressiv zu sein" (Früh & Brosius, 2008, S. 191). Dennoch sind Medien nur ein Faktor. Zu realer Gewalt führt meist eine „Verkettung von sozialen bzw. situativen und personenspezifischen Faktoren" (Früh & Brosius, 2008, S. 191). Ein weiteres kontroverses Thema sind immer wieder die Auswirkungen von sehr schlanken Models, die in den Medien gezeigt werden und bei Mediennutzern soziale Vergleiche auslösen, die zu einer negative Selbstbewertung führen (Krämer, 2008). Medien können aber auch positive Rollenvorbilder geben, zum Beispiel in Serien, in denen Handelnde sich hilfreich verhalten. Mauch und Hörr (2008) kommen bei der Auswertung von Metaanalysen zu dem Ergebnis: „Medien können höchstwahrscheinlich Kinder und möglicherweise auch Erwachsene positiv beeinflussen, sich freundlicher, prosozialer und weniger aggressiv untereinander zu verhalten, und die Zuschauenden zu tolerantem und hilfreichem Verhalten ermutigen" (S. 359).

Mediennutzer können im Internet zudem eine Identität ausprobieren, die sie selbst erfinden, zum Beispiel dabei das Geschlecht wechseln. Diese Möglichkeit – unterstützt durch die Anonymität des Netzes – kann ausgesprochen negative Folgen haben, wenn etwa Männer vorgeben, jugendliche Mädchen zu sein und versuchen, auf diese Weise Kontakt zu anderen Mädchen zu bekommen. Diese Möglichkeit kann aber auch bewusst in virtuellen Rollenspielen positiv genutzt werden, so dass ein Spieler laut Schütz und Rentzsch (2007) „etwas Neues ausprobiert" oder die Möglichkeit nutzt, „eine Identität zu spielen, die sich vom eigenen Selbst abhebt" (S. 130). Das ist vergleichbar zu den Vater-Mutter-Kind-Spielen von Kindern oder Rollenspielen in der Realität, geht aber zudem darüber hinaus. Bei jedem Schauspiel wissen Zuschauer und Beteiligte, dass die Akteure eine Rolle spielen – und sie kennen die Akteure auch außerhalb ihrer Rolle, kennen meist mindestens ihr Geschlecht. In Rollenspielen im Internet, wissen die Mitspieler ebenfalls, dass jeder eine Rolle verkörpert, sie kennen ihre Mitspieler aber nur in der Rolle, nicht in der Wirklichkeit. Dadurch können die Teilnehmer ausprobieren und erfahren, wie andere größtenteils allein auf ihre gespielte Identität reagieren.

Die vier hauptsächlichen Nutzungsmotive – Information, Unterhaltung, Persönliche Identität sowie Integration und soziale Interaktion – knüpfen jeweils an Prozesse an, die auch ohne Medien genutzt werden. Allerdings bekommen sie durch Medien eine andere Qualität.

Wie lernen Menschen kompetent mit Medien umzugehen?

Medienkompetenz heißt das Schlagwort, wenn es darum geht, wie Menschen kompetent mit Medien umgehen. Der Begriff Medienkompetenz ist dabei ebenso eingängig wie vielfältig zu definieren. Groeben (2004) führt sieben Dimensionen der Medienkompetenz auf: Medienwissen/Medialitätsbewusstsein, Medienspezifische Rezeptionsmuster, Medienbezogene Genussfähigkeit, Medienbezogene Kritikfähigkeit, Selektion/Kombination von Mediennutzung, (Produktive) Partizipationsmuster sowie Anschlusskommunikationen. Groeben nimmt an, dass die sieben Dimensionen einen Prozess „von der Rezeption bis zur Kommunikation" (Groeben, 2004, S. 33) abbilden. Die Teilkomponenten sind „horizontal" gegliedert (Groeben, 2004, S. 34). Menschen entwickeln in den sieben Dimensionen oft auch parallel Kompetenzen, einige Fortschritte bauen aufeinander auf oder knüpfen an andere an. Groebens Modell hat sich in den vergangenen Jahren gegenüber früheren hierarchischen Modellen, die davon ausgehen, dass ein Mensch erst in einem Teilbereich vollständige Medienkompetenz erreicht haben muss, bevor er im nächsten Teilbereich Medienkompetenz erwirbt, mehr und mehr durchgesetzt. Im Gegensatz zu anderen Definitionen nimmt Groeben die Dimension der Anschlusskommunikationen hinzu. Damit umfasst Medienkompetenz alle Fertigkeiten rund um Medien von rein technischem Verständnis bis zur kritischen Nutzung von Medien, von der Produktion eigener Leserbriefe oder einer Homepage bis zur Anschlusskommunikation, der Unterhaltung mit anderen Menschen über gesehene oder gelesene Medieninhalte. Daraus folgt, dass meist nicht die Medienkompetenz untersucht wird, sondern einzelne Aspekte, da Medienkompetenz insgesamt zu umfangreich ist, um sie auf einmal zu erheben.

Medien begleiten Menschen ein Leben lang und sind im Alltag privat und beruflich überall zu finden. Die meisten Babys sind bereits unmittelbar nach der Geburt beliebte Fotomotive der stolzen Eltern, die das Foto an Verwandte und Bekannte mailen. Fernseher und Computer gehören zur Wohnungseinrichtung. Kinder lernen, sich auf Fotos zu erkennen oder Filmschnitte wahrzunehmen. Jugendliche lernen verantwortlich mit Medien umzugehen und zum Beispiel genau auszuwählen, was sie in soziale Netzwerke stellen und was nicht. In nahezu allen Berufen ist der Umgang mit Computern erforderlich und auch privat ist Medienkompetenz wichtig, zum Beispiel „skypen" viele ältere Menschen mit ihren Enkeln, die weit entfernt wohnen. Diskutiert wird, ob Medienkompetenz eine eigenständige Entwicklungsaufgabe darstellt (vgl. Süss, 2008). Einigkeit besteht darin, dass Medien zur Bewältigung von Entwicklungsaufgaben genutzt werden. „Da die Medien jedoch in allen Altersphasen des Aufwachsens präsent sind, werden sie von den Rezipienten, die wir als aktive Nutzer der Medien verstehen, in Dienst genommen" (Süss, 2008, S. 375). Ein Beispiel dabei ist die Anschlusskommunikation nach Soap-Operas, die „ein Wir-Gefühl unter Heranwachsenden" vermittelt (Süss, 2008, S. 375). Die Jugendlichen knüpfen soziale Beziehungen mit Gleichaltrigen, was die Ablösung von den Eltern unterstützt.

Für den Umgang mit Medien gilt aktuell: „Heranwachsende (wie auch Erwachsene) [sind] in ihrer Mediennutzung keineswegs passiv, sondern im Hinblick auf ihre Auswahl von und Zuwendung zu bestimmten Medienangeboten, auf die Mediennutzungsweise sowie auf die damit verbundenen Verarbeitungsprozesse in vielfältiger Weise durchaus aktiv" (Six, 2008a, S. 909). Es sind bereits mehrmals Parallelen aufgezeigt worden zwischen dem Umgang mit Medien und anderen Entwicklungsbereichen. Auch zum im Zitat beschriebenen aktiven Mediennutzer lassen sich Anknüpfungspunkte in der Sprachentwicklung finden.

Kinder gehen aktiv und kreativ mit der Sprache um, sie erobern sich die Sprache. Dazu verwenden sie Eigenregeln wie zum Beispiel die Form-Funktions-Kopplung von Namen und Pronomen abhängig von ihrer Funktion im Alter von etwa zwei Jahren. Beschreibt ein Kind, dass es zum Beispiel malt, nutzt es den Namen wie in „Lisa malt". Möchte ein Kind etwas verändern, nutzt es das Pronomen wie in „Ich will das auch". Deutsch (2000, S. 136) schreibt zu Beispielen aus den Stern-Tagebüchern: „Wenn hinter seiner [Anm: Günthers] sprachlichen Äußerung die Absicht steht, zu verändern, treten Pronomen auf (Volitionale Funktion). Wenn er Zustände beschreibt, ohne Veränderungen herbeiführen zu wollen, dann verwendet er seinen Namen (Konstatierende Funktion)." Diese Eigenregeln haben die Kinder nicht von Erwachsenen erfahren, da sie in der Zielsprache nicht üblich sind, sondern sie sind Ausdruck eines aktiven und kreativen Umgangs mit der Sprache.

Das zeigt sich in der Sprachentwicklung auch in Studien zur Pronomenentwicklung vom Ich zum Wir. Dazu sind sechs Einzelkinder (zu Beginn 2;04 Jahre) und drei Zwillingspaare (zu Beginn 2;07 Jahre) in Längsschnittstudien über eineinhalb Jahre begleitet worden. Die Kinder sollten Einzel- und Familienbesitz benennen. Die Mütter haben dabei als Versuchsleiterinnen fungiert. Sie haben in der eigenen Wohnung und die Kinder jeweils nach dem Namen eines Gegenstande, zum Beispiel der Zahnbürste des Kinder (Einzelbesitz) oder des Fernsehers (Familienbesitz) gefragt und nach der Antwort „Wem gehört das?".

Als Beispiel sollen die Antworten der Zwillinge Daniel und Oliver im Alter von drei Jahren dienen. Die Zwillinge sind nacheinander einzeln von ihrer Mutter befragt worden. „Wem gehört das?" Diese Frage beantwortet Daniel in Bezug auf sein eigenes Bett mit „mir", sein Bruder Oliver sagt zu seinem Bett „mein Bett". „Wem gehört das?" Diese Frage beantwortet Daniel in Bezug auf das Familiensofa mit „uns", sein Bruder Oliver antwortet „Oliver und Daniel und Mama und Papa" (Sandhagen, 2003, S. 239). Beide Zwillingskinder beantworten die Frage nach den Besitzern des Familiensofas richtig. Daniel nutzt das zielsprachliche Pluralpronomen „uns". Oliver wählt eine nominale Zusammensetzung. Damit umschreibt er das Pluralpronomen „uns" oder in der nominativen Form „wir". Er zählt die Mitglieder auf. Diese Form funktioniert nur, wenn alle Mitglieder der Gruppe bekannt sind, was in diesem Fall bei der Familie gegeben ist. Die pronominale Form bietet die Möglichkeit, dass der Sprecher nicht alle Gruppenmitglieder kennen muss. Das Pluralpronomen der 1. Person umfasst den Sprecher plus beliebig viele weitere Gruppenmitglieder. Es kommen auch Mischformen vor. Daniel benennt die Besitzer des Familientelefons als „Das gehört dir und mir und Oliver und Papa'" (Sandhagen, 2003, S. 239).

In der Untersuchungssituation sind alle drei Varianten angemessen und führen zum Ziel der richtigen Benennung. Die nominale, aufzählende Form fällt nur in der Alltagssprache nicht auf. Sie offenbart aber, dass sich Kinder die pronominale, zielsprachliche Form aktiv und kreativ aneignen. „Die Einzelfallstudien ergeben, dass Kinder das pronominale ‚Wir' konstruieren. Der Weg führt dabei von nominal zu pronominal und von der Kindersprache zur Zielsprache" (Sandhagen, 2003, S. 275). Die Studie zeigt, „dass die Kinder kreativ mit der Sprache umgehen und individuell alle Facetten des ‚Wir' erobern" (Sandhagen, 2003, S. 276).

Diese Form der aktiven und kreativen Annäherung an den zielsprachlichen Zustand ist auch in einer aktuellen Studie zum Erwerb eines Nachrichtenkonzeptes zu finden. An der Längsschnittstudie mit drei Messzeitpunkten über ein Jahr verteilt nehmen 73 Erst- bis Drittklässler teil. Sie sollen aus 16 Themen fünf Themen für die Titelseite einer Tageszeitung aussuchen und ihre Wahl begründen. Erwachsene nennen als Kriterien Neuigkeit, Interessantheit und Relevanz einer Nachricht für viele Menschen. Kinder nähern sich dem Nachrichtenkonzept ebenfalls über die eigene Person – Ähnlichkeiten zur Sprachentwicklung sind erkennbar. Diese Annahme aufgrund einer ersten Datensichtung soll ein Beispiel verdeutlichen.

Das Thema heißt: „Der Bürgermeister in Deiner Stadt ist neu gewählt."
Dieses Thema lehnt ein Junge im Alter von sechs Jahren als Thema für
die Titelseite einer Tageszeitung ab. Seine Begründung lautet: „Weil es
mir nicht gefällt." In seiner Begründung nimmt er auf sich Bezug. Er
mag das Thema nicht, das ist sein entscheidendes Kriterium für die Ablehnung. Ein gut zwei Jahres älteres Mädchen wählt das Thema für die
Titelseite einer Tageszeitung aus. Ihre Begründung lautet: „Weil die
Bürgermeister müssen immer in die Zeitung, damit die Leute Bescheid
wissen und so was" (Mädchen, 9 Jahre). Dieses Mädchen begründet ihre
Wahl nicht mit ihren Vorlieben, sondern damit, was für vielen Menschen
wichtig ist, unabhängig von ihrer eigenen Vorliebe.

Bei der Auswahl der Themen zeichnet sich ab, dass Kinder zunächst
Themen wählen, die für sie selbst relevant sind, und sich darüber das
Nachrichtenkonzept aktiv und kreativ erobern, bis es mit dem Zielverständnis der Erwachsenen übereinstimmt. Kinder erobern sich also ein
Nachrichtenkonzept ebenso aktiv und kreativ wie sich auch die Sprache
aneignen.

Und wie viel Medien braucht der Mensch nun?

Medien sind aus dem täglichen Leben nicht wegzudenken – einerseits
weil die Alltagswirklichkeit von der Plakatwand über den Fernseher bis
zu E-Mail-Nachrichten überall Medien bietet, und andererseits weil
Menschen Medien zur Kommunikation nutzen, um zum Beispiel zeitliche und räumliche Distanzen zu überwinden. Menschen sind dabei keineswegs passiv den Medien ausgesetzt, sondern sie nutzen Medien aktiv
und kreativ. Einige vor allem entwicklungspsychologische Verbindungen und Parallelen zu andere Themen wie etwa der Sprachentwicklung
sind diskutiert worden.

Menschen nutzen Medien, um sich zu informieren und knüpfen damit
an ursprüngliche Formen wie das Gespräch an. Auch bei der Unterhaltung fügen Menschen Medien in bereits bestehende Formen ein. Es gibt
Parallelen zum Spiel. Bei Kindern lässt sich ein kreativer Umgang mit
Medien beobachten. Sie lassen sich zum Beispiel durch eine Kindersendung im Fernsehen unterhalten. Medienspuren sind aber auch im realen

Spiel der Kinder zu erkennen. Die Beziehung zwischen Menschen und Medien zeichnet sich also durch eine Wechselwirkung aus. Kinder konsumieren Medien, gehen aber auch kreativ mit ihnen um, spielen Geschichten nach, finden andere Lösungen und eignen sich auf diese Weise aktiv Medien und ihre Inhalte an. Menschen nutzen Medien, um eine persönliche Identität auszubilden und zu stärken, aber auch um sie darzustellen. Beim Nutzungsmotiv der Integration und sozialen Interaktion schaffen soziale Netzwerke Möglichkeiten mit realen Freunden über Distanzen hinweg in Kontakt zu bleiben oder neue Kontakte zu knüpfen. Für alle Hauptmotive der Mediennutzung lässt sich eine Wechselwirkung derart beobachten, dass Menschen Anregungen und Informationen in den Medien sehen, diese aber nicht einfach übernehmen, sondern aktiv und kreativ gestalten und mitunter damit dann auch die Medien beeinflussen oder verändern, zum Beispiel beim Erstellen einer eigenen Homepage oder beim Anlegen eines persönlichen Profils in einem sozialen Netzwerk. Diese Anknüpfungen und Wechselwirkungen entwickeln sich immer weiter. Die technischen Möglichkeiten werden immer ausgefeilter wie sich bei der Kommunikation vom Gespräch zum Buchdruck zum Internet verfolgen lässt. Zugleich wächst auch die Kompetenz der Mediennutzer im Umgang mit den technischen Neuerungen. Dabei lässt sich die Tendenz beobachten, dass Menschen nicht nur hauptsächlich Medienrezipienten sind, sondern immer stärker auch zu Produzenten werden.

Trotz immer neuer technischer Möglichkeiten gibt es beim Erlernen des Umgangs mit Medien Parallelen zu anderen Entwicklungsthemen. Kinder sind sowohl bei der Pronomenentwicklung als auch bei der Entwicklung eines Nachrichtenkonzeptes aktiv und kreativ. Mediennutzung knüpft in vielfältiger Form an unterschiedliche andere Entwicklungsbereiche wie Sprache, Spiel, Identität an und hat damit eine Verwurzelung in der Entwicklungspsychologie.

Was bedeuten diese Beobachtungen nun für die Ausgangsfrage, wie viele Medien Menschen brauchen? Der aktive und kreative Umgang mit Medien spricht dafür, dass eigentlich zwei Fragen zu beantworten sind: Wie viel und wie viele Medien braucht der Mensch? Die Antwort ist für beide Fragen gleich: Nutzungsdauer und Anzahl der Medien sind individuell unterschiedlich und ändern sich in der lebenslangen Entwicklung. Kinder fiebern mit ihren Hörspielhelden wie Benjamin Blümchen oder Bibi Blocksberg mit, spielen die Geschichten nach und erfinden sie neu. Jugendliche nutzen soziale Netzwerke, um anstehende Entwicklungsaufgaben wie die Loslösung von den Eltern und die Hinwendung zur Peer-Gruppe zu bewältigen. Erwachsene nutzen Internet und Zeitungen, um sich beruflich zu informieren, und ältere Menschen *skypen*, um den Kontakt über Generationen hinweg aufrecht zu erhalten. Bei all diesen Beispielen sind Medien nur eine Variante, Entwicklungsaufgaben zu bewältigen. Ob und wie intensiv Menschen dazu Medien nutzen, hängt von vielen weiteren Persönlichkeitsmerkmalen, eigenen Erfahrungen und situativen Faktoren ab.

Wachsen wird dabei die eigene Verantwortung, die Mediennutzer lernen und übernehmen sollen und müssen. Einen missglückten Brief mit ungeschickten Formulierungen liest zunächst nur der Empfänger, der ihn höchstens einigen wenigen anderen Menschen weiter reicht. Bei unbedachten Formulierungen oder peinlichen Fotos in sozialen Netzwerken und im Internet ist die Zahl der Empfänger meist nicht klar, sondern es gibt unüberschaubar viele potenzielle Leser.

Da Medien im Alltag nahezu überall – auch schon für Kinder – verfügbar sind, wird es künftig darauf ankommen, dass Kinder und Erwachsene einen verantwortungsvollen Umgang mit Medien lernen. Eltern können längst nicht mehr den Medienkonsum ihrer Kinder vollständig kontrollieren. Kinder sollten deshalb frühzeitig jeweils altersgerechtes Medienwissen erwerben und Chancen aber auch Gefahren von Medien kennen, damit sie eigenverantwortlich, ihren Bedürfnissen angemessen und individuell bestimmt in Medienzahl und Intensität Medien nutzen können.

Literatur

Batinic, B. (2008). Medienwahl. In B. Batinic & M. Appel (Hrsg.), *Medienpsychologie* (S. 107-125). Heidelberg: Springer.

Deutsch, W. (2000). „Ich richtig spreche" Vom Ich zum „Ich" in der Entwicklung. In T. Berchem, W. Böhm & M. Lindauer (Hrsg.), *Weltwunder Sprache* (S. 127-146). Stuttgart: Klett.

Deutsch, W., Sandhagen, P. & Wagner, A. (2000). Identitätsentwicklung von Zwillingen: Warum das Selbst nicht geklont werden kann. In W. Greve (Hrsg.), *Psychologie des Selbst* (S. 58-74). Weinheim: Beltz.

Dussel, K. (2004). *Deutsche Tagespresse im 19. Und 20. Jahrhundert.* Münster: LitVerlag.

Früh, H. & Brosius, H.-B. (2008). Gewalt in den Medien. In B. Batinic & M. Appel (Hrsg.), *Medienpsychologie* (S. 177-193). Heidelberg: Springer.

Greve, W. (2000). Konturen eines Forschungsthemas. In W. Greve (Hrsg.), *Psychologie des Selbst* (S. 15-36). Weinheim: Beltz.

Groeben, N. (2002). Dimensionen der Medienkompetenz: Deskriptive und normative Aspekte. In N. Groeben & B. Hurrelmann (Hrsg.), *Medienkompetenz. Voraussetzungen, Dimensionen, Funktionen* (S. 160-201). Weinheim: Juventa.

Groeben, N. (2004). Medienkompetenz. In R. Mangold, P. Vorderer & G. Bente (Hrsg.), *Lehrbuch der Medienpsychologie* (S. 27-49). Göttingen: Hogrefe.

Bundesministerium der Justiz (1949). *Grundgesetz für die Bundesrepublik Deutschland* [www document]. Abrufbar über: http://www.bundestag.de/dokumente/rechtsgrundlagen/grundgesetz/gg_01.html [Zugriffsdatum: Januar 2012].

Güntürkün, O. (2010). *Festvortrag*. Absolventenfeier des Instituts für Psychologie an der Universität Hildesheim am 15. Januar 2010.

Hoppe-Graff, S. & Oerter, R. (2000). *Spielen und Fernsehen. Über die Zusammenhänge von Spiel und Medien in der Welt des Kindes.* Weinheim: Juventa.

Janetzko, D. (2008). Psychologische Beiträge zum Verhältnis von Medien und Politik. In B. Batinic & M. Appel (Hrsg.), *Medienpsychologie* (S. 293-312). Heidelberg: Springer.

Krämer, N.C. (2008). Soziale Vergleichsprozesse. In D. Unz, N.C. Kräner, M. Suckfüll & S. Schwan (Hrsg.), *Medienpsychologie. Schlüsselbegriffe und Konzepte* (S. 258-264). Stuttgart: Kohlhammer.

Mauch, M. & Hörr, N. (2008). Prosoziales Verhalten. In D. Unz, N.C. Kräner, M. Suckfüll & S. Schwan (Hrsg.), *Medienpsychologie. Schlüsselbegriffe und Konzepte* (S. 356-360). Stuttgart: Kohlhammer.

Noll, A. (2011). *Revolution online. Das Internet & der Umbruch in der arabischen Welt* [www document]. Abrufbar über: http://www.dradio.de/dlf/sendungen/hintergrundpolitik/1488785 [Zugriffsdatum: Dez. 2011].

Oerter, R. (1999). *Psychologie des Spiels*. Weinheim: Beltz.

Oerter, R. (2008). Kindheit. In R. Oerter & L. Montada (Hrsg.), *Entwicklungspsychologie* (6. voll. überarb. Aufl) (S. 225-270). Weinheim: Beltz.

Sandhagen, P. (2003). Vom Ich zum Wir. Eine längsschnittliche Analyse zur Sprachentwicklung deutscher Kinder. In W. Deutsch (Hrsg.), *Sprachentwicklung – Verlauf, Störung, Intervention* (Bd. 3 der Reihe). Frankfurt am Main: Peter Lang.

Schönhagen, P. (2008). Gesellschaftliche Kommunikation im Wandel der Geschichte. In B. Batinic & M. Appel (Hrsg.), *Medienpsychologie* (S. 45-76). Heidelberg: Springer.

Schramm, H. & Hasebrink, U. (2004). Fernsehnutzung und Fernsehwirkung. In R. Mangold, P. Vorderer & G. Bente (Hrsg.), *Lehrbuch der Medienpsychologie* (S. 465-492). Göttingen: Hogrefe.

Schramm, H. (2008). Parasoziale Beziehungen (PSI). In D. Unz, N.C. Kräner, M. Suckfüll & S. Schwan (Hrsg.), *Medienpsychologie. Schlüsselbegriffe und Konzepte* (S. 253-258). Stuttgart: Kohlhammer.

Schütz, A. & Rentzsch, K. (2007). Selbst und Kommunikation. In U. Six, U. Gleich & R. Gimmler (Hrsg.), *Kommunikationspsychologie – Medienpsychologie. Ein Lehrbuch* (S. 118-134). Weinheim: Beltz PVU.

Schwab, F. (2008). Unterhaltung. In D. Unz, N.C. Kräner, M. Suckfüll & S. Schwan (Hrsg.), *Medienpsychologie. Schlüsselbegriffe und Konzepte* (S. 242-248). Stuttgart: Kohlhammer.

Schweizer, K. & Klein, K.-M. (2008). Medien und Emotionen. In B. atinic & M. Appel (Hrsg.), *Medienpsychologie* (S. 150-175). Heidelberg: Springer.

Six, U. (2008a). Medien und Entwicklung. In R. Oerter & L. Montada (Hrsg.), *Entwicklungspsychologie* (6. voll. überarb. Aufl.) (S. 885-909). Weinheim: Beltz.

Six, U. (2008b). Exzessive und pathologische Mediennutzung. In U. Six, U. Gleich & R. Gimmler (Hrsg.), *Kommunikationspsychologie – Medienpsychologie. Ein Lehrbuch* (S. 356-371). Weinheim: Beltz PVU.

Statistisches Bundesamt Deutschland (Hrsg.) (2004). *Fast 40% der Haushalte besitzen zwei oder mehr Fernsehgeräte. Pressemitteilung Nr. 492* [www document]. Abrufbar über: http://www.destatis.de/jetspeedportal/cms/Sites/destatis/Internet/DE/Presse/pm/2004/11/PD04__492__631 [Zugriffsdatum: 31.02.2012].

Stroppe-Eulerich, A.M. (1995). *Lizenz, Geld, Meinung. Das Buch vom Zeitungmachen in Braunschweig*. Braunschweig: Westermann.

Süss, D. (2008). Mediensozialisation und Medienkompetenz. In B. Batinic & M. Appel (Hrsg.), *Medienpsychologie* (S. 362-378). Heidelberg: Springer.

Trepte, S. (2005). Daily talk as self-realization. An empirical study on participation in daily talk shows. *Media Psychology, 7* (2), 165-189.

Evangelische Kirche Deutschland (Hrsg.) (2009). *Und Gott chillte. Die Bibel in Kurznachrichten*. Frankfurt am Main: Hansisches Verlagshaus.

Vogel, I., Suckfüll, M. & Gleich, U. (2007). Medienhandeln. In U. Six, U. Gleich & R. Gimmler (Hrsg.), *Kommunikationspsychologie – Medienpsychologie. Ein Lehrbuch* (S. 335-355). Weinheim: Beltz PVU.

Watzlawick, M. (2008). *Sind Zwillinge wirklich anders? Geschwister in der Pubertät*. Marburg: Tectum Verlag.

Wieler, P. (2000). Fernseherlebnisse und andere ‚Geschichten'. Medienspuren in Kinderspielen, -texten und in Familiengesprächen. In S. Hoppe-Graff & R. Oerter (Hrsg.), *Spielen und Fernsehen. Über die Zusammenhänge von Spiel und Medien in der Welt des Kindes* (S. 205-228). Weinheim: Juventa.

Winterhoff-Spurk, P. (1999). *Medienpsychologie. Eine Einführung.* Stuttgart: Kohlhammer.

Bild von Kathrin (38)

TEIL III: Sich kreativ selbst entdecken, in Frage stellen und weiterentwickeln

In meiner einführenden Vorlesung in das Fach Entwicklungspsychologie betone ich jedes Mal wieder, wie wichtig das Spielen für die Entwicklung von Kindern ist. Sie schulen dadurch ihre soziale Kompetenz, müssen Kompromisse finden, spontane Impulse und Emotionen kontrollieren lernen, Kommunikationsfähigkeiten entwickeln, motorische Geschicklichkeit erproben und – nicht zuletzt – kreativ werden, damit das Spiel weiterhin Spaß macht. Egal, ob man allein oder mit anderen spielt. Tatsächlich ist das Allein- und Parallelspiel am Anfang der Entwicklung noch wesentlich häufiger zu beobachten, während das gemeinsame Spiel mit anderen erst im Verlauf wichtiger wird – und die Entwicklung von Fähigkeiten voraussetzt, die einem überhaupt erst erlauben, mit anderen zu spielen.

Vielleicht haben Sie ja einmal die Zeit, sich den Trailer des Films „Babies" anzusehen. Youtube ist, wie wir aus dem Medienkapitel wissen, hierfür eine gute Quelle. Gleich am Anfang des Trailers sehen Sie zwei afrikanischen Kleinkindern beim Parallelspiel zu: Nebeneinander sitzend hämmern sie je mit einem kleinen Stein auf einen größeren, bis einer der beiden etwas greift, was in dem Spielbereich des anderen liegt. Dieser weiß sich jedoch zu wehren. Als Reaktion wird er in die Schulter „gebissen", da seine Abwehr Frustration beim Angreifer auslöst. Die Kinder schaffen es in diesem Beispiel also noch nicht, spontane Impulse zu kontrollieren. Ältere Kinder schaffen dies schon eher, und Erwachsene sind teilweise so kontrolliert, dass ihnen Spielsituationen seltsam erscheinen. Wer macht sich schon gern lächerlich? Was könnten schließlich die anderen denken?

Die Fähigkeit, sich in andere „hineinzudenken", entwickelt sich schrittweise zwischen dem dritten und fünften Lebensjahr. Sie ist eine wichtige Voraussetzung, um sich in sozialen Interaktionen kompetent einbringen zu können. Allerdings wird man nun auch durch das, was möglicherweise in den Köpfen der anderen vorgeht, beeinflusst. Scham, Zurückhaltung und manchmal sogar Angst können Begleiterscheinungen sein: So schmettert man eventuell nur noch allein im Auto sein Lieblingslied im Radio mit oder tanzt bei Konzerten und in Diskos erst, wenn ein anderer den Anfang gemacht hat.

Aber es geht auch anders: Werner Deutsch hat man oft schon im Treppenhaus gehört, wenn er bei guter Laune laut singend in das Institut kam. Ohne Zögern hat er bei der Kinder-Uni mit Baseballkappe auf Knien einen Heranwachsenden gemimt, um den über 700 Anwesenden die entsprechende Denkweise zu demonstrieren – und erntete Beifall. In der Psychodrama-Gruppe regte er andere Erwachsene zum „Spielen" an, um Entwicklungsanstöße zu geben. Auf seine Art hat er es also geschafft, spielerische Elemente in das Erwachsenenalter zu retten. Was nicht selbstverständlich ist: Erst dieses Jahr haben Florian Henk und ich einen Artikel mit der Überschrift: „Einmal wieder Kind sein... oder darf auch ein Erwachsener spielen?" auf Anfrage der Allianz Deutscher Designer verfasst. Der Titel verdeutlicht die Skepsis, das Fazit ist dennoch eindeutig: Dürfen sie! Und sollten sie!

In dem nachfolgenden Teil dieses Buches wird von Werner Deutsch und Jan Kretzschmar zunächst eine besondere, entwicklungsfördernde Form des Spiels, das Psychodrama, unter die Lupe genommen, bevor Florian Henk auf einen Zustand eingeht, der sich gerade beim Spielen einstellen kann: Flow. Flow ist nicht nur auf Spielsituationen beschränkt, aber zeigt sehr deutlich, dass wir sogar besonders leistungsstark und motiviert sein können, wenn wir uns selbst einmal vergessen und uns keinen Kopf darum machen, was andere wohl von uns denken könnten. Ein beruhigender Befund!

Meike Watzlawik

Literatur

Watzlawik, M. & Henk, F. (2011). Einmal wieder Kind sein... oder darf auch ein Erwachsener spielen? *Viertel – Das Magazin der Allianz Deutscher Designer, 4*, 4-5.

Wie das Psychodrama zu mir gekommen ist: Ein Erinnerungsversuch

Werner Deutsch

Auf dem Zeugnis meines Psychologiediploms an der Philippsuniversität Marburg steht das Datum 2. November 1972 – also heute vor 28 Jahren. Damals war ich 25 Jahre alt und hatte in allen Prüfungsfächern mit ein und derselben Note abgeschnitten. Eine Kusine meines Vaters, kinderlos und mit Geld gesegnet, rief daraufhin die Lokalpresse in Kleve an, um alle, die es wissen und nicht wissen wollten, in einer Kurznotiz auf mein Psychologiediplom aufmerksam zu machte. Ich hatte das Gefühl, viel geleistet zu haben und wenig zu können. Die Stellen flogen auf die Frischdiplomierten zu. Wir hatten die freie Auswahl. Damals.

Ich wählte den bequemen Weg und blieb in dem verträumten Marburg, in dessen alten Gemäuern seit 1968 revolutionäre Gedanken umgingen. Gerne wäre ich während des Studiums nach Genf gewechselt, um Piaget nicht nur zu lesen, sondern auch zu hören. Gerne wäre ich zu Roger Brown an die Harvard University gegangen, um ein richtiger Sprachentwicklungsforscher zu werden. Doch meine Wünsche blieben Wünsche. Die schöne Landschaft mit Landgrafenschloss und Elisabethkirche vor Augen und die neue befreite Gesellschaft mit emanzipierten Menschen im Kopf – das war genug fürs erste.

Am Tag nach der letzten Diplomprüfung, in der der Prüfer im Fach Psychopathologie, der Gründervater der Lebenshilfe und ein früherer Anhänger der Euthanasiebewegung, mir die Bestnote wegen roter Socken verweigern wollte, begann meine neue Stelle – BAT IIa ganz in einem Projekt der Deutschen Forschungsgemeinschaft.

Es blieb alles beim Alten.

Ich machte das, was ich zuvor als Hilfskraft auch schon gemacht hatte – Tag für Tag die wechselnden Ideen meines Chefs über die Kontexttheorie der Sprachproduktion anhören und nach Wegen suchen, die Theorie empirisch möglichst nicht zu falsifizieren, obwohl er selbst ein glühender und gleichzeitig kritischer Anhänger von Karl Popper war.

So hatte ich mir das Leben eines Diplompsychologen nicht vorgestellt. Als Praktikant hatte ich – immerhin – in der Nähe von Basel Drogengefährdete betreut, auf einer Modellstation in Gießen Gruppen mit schizophren Erkrankten schon als Student geleitet und in meinem Geburtsort Bedburg-Hau Mörder, die zu lebenslänglicher Haft in einem Bewahrungshaus einsaßen, auf ihre Aggressionsneigung hin getestet. War das nicht viel spannender gewesen als das, was die Forschung zu bieten hatte? Jetzt saß ich auf einer gut bezahlten Stelle und betrieb Forschung, indem ich Hilfskräfte um mich scharte und in Kindergärten und Schulen einfiel, um herauszufinden, wie Kinder einen roten Ball benennen, der neben einem grünen und ein andermal neben einem ebenfalls roten, aber größeren Ball liegt.

Das sind Situationen, in denen es zu gären anfängt. Ist die Psychologie, die ich an der Universität gelernt hatte, die einzig wahre Psychologie oder gibt es noch andere Psychologien, die nicht so durchdacht, so auf Berechenbarkeit eingestellt sind. Einen Vorgeschmack hatte ich schon bekommen – durch die Ausflüge in die Praxis, die hektrografierten Pamphlete von der Kritischen Psychologie aus Berlin und die Berührungen mit der Sexualität aus Wilhelm Reichs Psychoanalyse, einem Raubdruck, den ich im Roten Buchladen gleich gegenüber vom Marburger Psychologischen Institut gegen Bezahlung erworben hatte.

So richtig zufrieden stellte mich dieses alternative Psychologieprogramm auch nicht. Immer nur lesen und dann stundenlang diskutieren – mittags inmitten von Rosenbeeten mit schreienden Kinderladenkindern in Marburgs Mensa und abends, auf einem schmuddeligen Flokati-Teppich hockend, mit Tropfkerzen und Rotweinflaschen vor der Nase – das hält kein Diplompsychologe auf Dauer aus.

Irgendwann, im Frühjahr 1973, besuchte mich ein Kommilitone, der nach dem Vordiplom von Marburg nach Bochum gewechselt war und dort Klinische Psychologie studierte. Ich hatte überhaupt nicht verstanden, warum er aus Marburg weggegangen war. Er sah aus wie ein erfolgreicher Filmschauspieler, hatte eine einschmeichelnde, dunkelgetönte Stimme mit leicht schwäbelnder Einfärbung, pechschwarzes gelocktes

Haar und eine goldbraune Jacke aus feinstem italienischen Ziegenleder. Gunther – so hieß er – war der Schwarm aller Frauen und wohl auch mancher Männer. Das Wort Psychodrama habe ich, wenn ich mich recht erinnere, zum ersten Mal aus seinem Mund gehört. Er berichtete von einer Initiative in Bochum, außerhalb der Universität eine Psychodramagruppe zu gründen, und meinte, das sei genau das Richtige für mich. Wie kam Gunther darauf? Ich fühlte mich nicht therapiebedürftig, doch ich war neugierig. Psychodrama klang spannend. Zu meiner Beruhigung erläuterte er, dass es sich nicht um eine Therapie-, sondern eine Ausbildungsgruppe handele. 120 DM pro Wochenende – das konnte ich mir von meinem BAT IIa-Gehalt spielend leisten.
So fuhr ich – ich weiß nicht mehr genau wie – nach Bochum und kam bei einem Mitstudenten, der wie Gunther nach dem Vordiplom von Marburg nach Bochum gewechselt war, unter.

Gregor war ein lustiger Mensch, der fast im Kloster gelandet wäre, aber durch die Psychologie und eine große Liebe dann den Absprung geschafft hat. Gregor ist heute Professor für Psychologie mit Schwerpunkt Psychodrama an der Evangelischen Fachhochschule in Hannover. Was aus Gunther geworden ist, weiß ich nicht. Leider!

Die meisten Menschen kennen nur wenige Daten aus ihrem eigenen Leben und dem Leben anderer auf Jahr, Monat und Tag genau – den Tag, an den sie geboren sind, den Tag, an den sie geheiratet haben, die Tage, an denen ihre Kinder zur Welt gekommen sind, die Tage, an denen ihre Eltern gestorben sind. Ich habe kein gutes Gedächtnis für Gedächtnistage. Trotzdem kann ich so ungefähr sagen, wann ich zum ersten – oder zum zweiten Mal in der Psychodramawestgruppe in Bochum gewesen, ja gesessen habe. Es war 1973, an dem Wochenende, als während der Ölkrise in der Bundesrepublik zum ersten und bisher wohl auch einzigen Male Fußgänger über Bundesautobahnen laufen durften, ohne sich selbst oder andere zu gefährden. Vom Psychodrama an dem Wochenende sind nur zwei Ereignisse haften geblieben – der gemeinsame Spaziergang über eine Autobahn und mein allererster Versuch, die Psychodramabühne zu betreten. Das war in der evangelischen Studentengemeinde in Bochum-Stiepel. Einige Jahre danach ist ein Buch über ein Gespräch zwischen Joseph Beuys und dem Studentenpfarrer dieser Gemeinde erschienen, das genau da stattgefunden hat, wo die Westgruppe an zwei –

oder drei – Wochenenden zusammengekommen ist, bis sie sich aufgelöst hat und ihre Reste in das Moreno Institut Stuttgart aufgenommen worden sind. Wir saßen in einem nüchternen Raum mit Wänden aus Klinkersteinen. Wer ist wir? Gregor, Gunther, drei Psychologinnen mit verhaltenstherapeutischen Einschlag aus Bochum und ... da stockt schon die Erinnerung.

Es müssen noch mehr Teilnehmerinnen und Teilnehmer gewesen sein, doch sie hat das Vergessen ausgeblendet. Ganz genau kann ich mich allerdings an eine Person erinnern, die aus Stuttgart kam und unsere Psychodramaleiterin, heute würde ich sagen, unsere Psychodramatherapeutin gewesen ist. Damals hieß sie Frau Dipl. Psych. Helga Heike Straub, heute heißt sie Frau Prof. Heika Straub. Ihrem Aussehen und Auftreten nach kam sie mir wie eine Fürstin aus preußisch-französischem Adelsgeschlecht vor, die sich in eine Gruppe von unausgereiften, verkopften 68-er Psychologinnen und Psychologen verirrt hatte. Mit viel, aber keineswegs grenzenloser Geduld hat sie uns auf das Psychodramaparkett führen wollen, während wir lieber im Halbkreis saßen und diskutierten, ob jemand von uns nun reif für ein Psychodrama sei oder nicht. Wir waren es nicht – zumindest ich nicht. Mein erster Versuch, mich vor anderen zu zeigen, war eine Katastrophe. Als die Fürstin mich nach einem angenehmen Erlebnis fragte, fiel mir mein Griechenlandurlaub ein, aus dem ich erst vor wenigen Tagen zurückgekommen war. Es war schön gewesen – Sonne, Wind, Meer, Schiffe, Retsina und noch einiges mehr. Ob ich irgendetwas von meiner Stimmung aus dem Urlaub der Gruppe zeigen könne, war die freundlich bestimmte Einladung auf die Bühne. Ich setzte mich auf einen Stuhl und dachte ganz fest an eine Schiffspassage zwischen Rhodos und Simi, so fest, dass ich überhaupt nicht in Stimmung kam. Auch gutes Zureden half nicht und Vormachen von der Psychodramaleitung schon gar nicht. Später fragte mich die Leiterin in einer Pause, ob ich eine Verbindung zwischen meiner Forschung und dem Psychodrama herstellen könne. Zu ihrer großen Überraschung sagte ich Ja – genau wie Kinder zwischen drei und fünf Jahren lernen, bei dem, was sie sagen, den Wissensstand eines Gegenübers mit zu berücksichtigen, so lernen Erwachsene im Psychodrama sich die Gefühle anderer Personen zu eigen zu machen.

Ich schien verstanden zu haben, worum es ging, aber mein Kopf war – wieder einmal – viel schneller als mein – im Gegensatz zu heute – vollkommen unterentwickelter Bauch. So begann das Psychodrama für mich mit Erfahrungen des Scheiterns – der Unfähigkeit, im Spiel positive Gefühle von mir zu zeigen, und der Unmöglichkeit, eine feste Westgruppe zu etablieren. Nur wenige haben mit dem Psychodrama weitergemacht. Auch Gunther, durch den das Psychodrama zu mir gekommen ist, war irgendwann von der Bildfläche verschwunden. Gregor und ich sind in einer Südwestgruppe aufgenommen worden und unter die Fittiche von Heika Straub gekommen. Solange ich in Marburg war, habe ich mit dem Psychodrama richtig weitergemacht und mit meinem ersten Schüler Kurt Gombert sogar eine eigene Gruppe geleitet – übrigens da, wo die roten Socken für Irritationen gesorgt hatten. Als ich dann Ende 1976 die Gelegenheit hatte, von einem Tag auf den anderen die Zelte in Marburg abzubrechen und an der Stanford University ein Postdoc-Jahr zu verbringen, begann eine lange Pause im Psychodrama. Sie ist erst mit meiner Berufung nach Braunschweig zu Ende gegangen. Das war 1987, als die Studierenden mir in den Ohren gelegen haben, das Psychodrama wieder aufleben zu lassen. Und das ist, mit einer längeren Unterbrechung Anfang der 90er Jahre, bis heute so geblieben.

Bild von Michael (54)

Wohin führt das Psychodrama?
Spielen und nicht Schau-Spielen

Werner Deutsch

Wird der Bock zum Gärtner gemacht?

Dieser Tag an der Universität Köln ist dem Theater und der Pädagogik gewidmet. Gleich zu Beginn dieses Kapitels muss ich ein Bekenntnis ablegen. Ich besuche gerne Aufführungen von Theaterstücken, aber ich habe noch nie als Schauspieler auf einer Bühne gestanden. In meiner Kindheit wäre es fast dazu gekommen. Ich war für eine weibliche Rolle in einem orientalischen Stück ausgewählt worden. Das Mädchen hieß Fatima und sang ein Lied, das mit den Worten beginnt: Der Muezzin ruft die neunte Stunde. Nicht nur der Titel des Stücks ist mir entfallen, auch die Gründe, warum die Proben abgebrochen wurden, sind in Vergessenheit geraten. Das Bekenntnis geht noch weiter. Während meiner Tätigkeiten als Wissenschaftler und Hochschullehrer habe ich ungezählte Male Vorlesungen und Vorträge gehalten, Diplom-, Doktor- und Habilitationsarbeiten angeleitet, Seminare, Übungen und Exkursionen organisiert und Prüfungen abgehalten. Als viel beschäftigter „Pädagoge" bin ich Autodidakt, der nie ein Seminar über Pädagogik oder einen Kursus zur Einübung von didaktischen Kompetenzen besucht hat.

Sie werden sich jetzt die Frage stellen, warum ich hier und heute einen Vortrag halten darf, zu dem ich mich nicht selbst eingeladen habe, sondern von den Organisatorinnen gebeten worden bin. Ist hier vielleicht – Sie alle kennen die Sentenz – der Bock zum Gärtner gemacht worden? Bitte warten Sie mit Ihrer Antwort, bis Sie das Kapitel zu Ende gelesen haben!

Vom Stegreiftheater zum Psychodrama

Dieses Kapitel gibt mir Gelegenheit, eine Form der zwischenmenschlichen **Begegnung** vorzustellen, die weder richtiges Theater noch normaler Alltag ist. Von ihren Wurzeln her gehen diese Begegnungen auf Theaterformen zurück, die im Laufe der Zeit von den Brettern der großen und kleinen „Häuser" auf Plätze wie Jahrmarktsbuden, Straßenecken und Parks verdrängt worden sind. Sie heißen **Stegreiftheater**, **Improvisationstheater** oder **Hans-Wurst Theater**. Die Darsteller sind keine professionellen Schauspieler, und die Stücke, die ohne Eintritt einem zusammengewürfelten Publikum gezeigt werden, kennen kein Textbuch und keinen Autor. Die Situation bestimmt das Thema und den Verlauf.

Das Publikum kann durch Vorschläge und Einwürfe den Ablauf mitbestimmen. Niemand ist verpflichtet, dem ganzen Stück „beizuwohnen", wie es so schön heißt. Jeder kann kommen und gehen, wann er will. Stegreifdarstellungen lieben die Öffentlichkeit, aber sie bevormunden sie nicht.

Jacob Levy Moreno (1889-1974), ein in Bukarest geborener Arzt, Dichter und Philosoph, machte zur Zeit seines Medizinstudiums im Wiener Prater Bekanntschaft mit dem Stegreiftheater. Diese Form des Theaters schätzte er höher ein als die Aufführungen von Stücken auf der Grundlage eines fertigen Textes, weil sie den darstellenden Personen und dem Publikum Raum gibt, eigene Gedanken mit eigenen Emotionen zum Ausdruck zu bringen. Was im wahrsten Sinne des Wortes **gespielt** wird, ist kein Dienst von einem Künstler an einem von einem anderen Künstler verfassten Kunstwerk, sondern ein im Hier und Jetzt entstehender Handlungsablauf, der von den Interessen der momentan Anwesenden gestaltet wird. Das sind ideale Bedingungen, damit Menschen kreativ sein können, weil sie spontan sein dürfen. Erwachsene tun sich oft schwer damit, den ungewohnten Spielraum zu nutzen. Ihr Alltag wird durch Regeln und Konventionen bestimmt, die ein festes Rollenprofil vorgeben, ohne viele Freiheitsgrade für eine persönliche Gestaltung zuzulassen. Ganz anders sieht es bei Kindern aus, wenn sie, vor allem in der mittleren Kindheit, entdecken, welche Lust spontane Symbol- und später Rollenspiele machen können. Auf dem Wege zum Erwachsenwerden ist vielen das Pfund abhandengekommen, das in der Kindheit überreich vorhanden war, der spielerische Umgang mit sozialen Rollen und damit auch der spielerische Umgang mit Emotionen. Der Lebensernst des Erwachsenen hat die kindlichen Ressourcen verkümmern lassen, die auch Erwachsenen helfen können, auf ihr Leben mit neuen Augen zu blicken.

Angeregt durch den Kontakt und die Praxis mit dem Stegreiftheater hat Moreno eine Form der zwischenmenschlichen Begegnungen entwickelt, der er den Namen **Psychodrama** gegeben hat. Das Wort Psychodrama lädt zu Missverständnissen ein, denn es bezeichnet nicht nur das Psychodrama à la Moreno, sondern auch ein vor allem in den USA weit verbreitetes Filmgenre, bei dem eine breite Gefühlspalette theatralisch inszeniert wird, um den Zuschauer in den Bann zu ziehen. Morenos Psychodrama trägt dazu bei, Gefühle auszudrücken und zu erleben. Es geht allerdings nicht darum, dass jemand sie zur Schau stellt, um die Aufmerksamkeit vieler Personen auf sich zu ziehen.

Was ein Film von der Sorte Psychodrama erreichen soll, ist überhaupt nicht das, was Morenos Psychodrama auszeichnet. Es geht nicht um eine Überzeichnung der Realität mit Hilfe schauspielerischer Fähigkeiten, sondern darum, den eigenen Ausdruck für Gedanken und Gefühle zu finden, um von hier aus sich in Gedanken und Gefühle anderer Personen so hineinversetzen zu können, dass sie wie eigene Gedanken und Gefühle erlebt werden. Hierdurch wird ein Verstehen von sozialen Beziehungen und sozialen Prozessen möglich, das weit über das hinausgehen kann, was durch die sozialen Erfahrungen im Alltag und die Reproduktion von Rollen auf der Bühne erreicht werden kann.

Psychodrama zwischen Alltag und Theater

Sie haben sicherlich schon bemerkt, dass ich dabei bin, das Psychodrama à la Moreno als eine besondere Form der Begegnung von Menschen nach zwei Seiten hin abzugrenzen – nach der Seite sozialer Prozesse im Alltag und nach der Seite der Darstellung sozialer Prozesse auf der Bühne bzw. im Film. Diese Grenzen bleiben nach beiden Seiten hin offen. Das Psychodrama bezieht nämlich den Stoff für seine improvisierten Handlungsabläufe aus privaten und gesellschaftlichen Alltagserfahrungen seiner teilnehmenden Personen. Der Stoff wird im Unterschied zum herkömmlichen Theaterstück von den Mitwirkenden selbst ausgewählt, so dass die Unterscheidung Autor und Darsteller einer Handlung hinfällig wird. Das Psychodrama wendet Mittel an, die vom Theater her bekannt sind. Während des Ablaufs eines Psychodramas wird in einem Raum, der nicht für Theateraufführungen reserviert sein muss, ein Bereich festgelegt, der auch im Psychodrama Bühne genannt wird. Die Festlegung nimmt die Person vor, die sich nach einer Phase der Einstimmung (**warming-up**) bereitgefunden hat, um ihre Gedanken und Gefühle auf der Bühne in Handlungssequenzen den anderen Gruppenmitgliedern zu zeigen. Bei der Szenenauswahl und Szenendarstellung wird die Person auf der Bühne, der **Protagonist**, doppelt unterstützt. Erstens durch den Psychodramaleiter, der wie ein Regisseur dem Protagonisten Mut macht, keine Angst vor dem Ausdruck von Gefühlen zu haben, und hierfür geeignete Situationen gemeinsam mit dem Protagonisten aussucht. Zweitens durch einzelne Mitglieder aus der Gruppe, die der Protagonist braucht, um zu anderen Personen, die meistens soziale Rollen darstellen, in Beziehung zu treten. In der Regel sucht der Protagonist seine Mitspielerinnen und Mitspieler selbst aus.

Deshalb werden sie im Psychodrama **Hilfs-Ich** genannt. Bei der Rollenbesetzung übernimmt er damit eine Funktion, die beim Theater dem Regisseur zukommt. Während einer normalen Theateraufführung markiert der Applaus des Publikums das Ende der Aufführung. Nur in Ausnahmefällen gibt es danach noch einen Kontakt zwischen denen, die auf der Bühne gestanden haben, und denen, die vor der Bühne gesessen haben, beispielsweise in Form eines Publikumsgesprächs. Beim Psychodrama sieht es anders aus. Nach Einstimmung und Aktionsfolge ist der Austausch zwischen allen Beteiligten ein unverzichtbarer Bestandteil des Psychodramas, wobei die Rückmeldungen und persönlichen Kommentare auf den Protagonisten und seine Hilfs-Iche bezogen werden.

Das Psychodrama folgt noch viel stärker als ein gewöhnliches Theaterstück einer in drei Phasen (Warming-up, Aktionsszenen, Feedback) gegliederten Grundform, an deren Stelle allerdings andere, weniger festgelegte Formen, zum Beispiel Gruppenspiele, treten können. Die Praxis des Psychodramas ist wie ein wiederkehrendes Ritual, bei dem eine Gruppe von $\pm$ 10 Menschen unter Anleitung in Kontakt tritt, um einem Gruppenmitglied Gelegenheit zu geben, einen Ausschnitt seiner aktuellen, erinnerten oder erwünschten Welt so darzustellen, dass die repräsentierte Welt hinsichtlich der beteiligten Gefühle als wirklich (oder zumindest wirklichkeitsnah) erlebt wird. Die Reaktion der übrigen Gruppenmitglieder beschränkt sich nicht wie bei einem Theaterpublikum auf kollektive Zustimmung (Applaus) oder kollektive Ablehnung (Buhrufe), sondern bietet die Möglichkeit, persönlich auf das zu reagieren, was das Spiel des Protagonisten in einem mitspielenden Hilfs-Ich oder einem „nur" zuschauenden Gruppenmitglied ausgelöst hat. Das Psychodrama braucht die Verbindung zum Alltag, und es braucht die Verbindung zum Theater. Ohne den Alltag wäre das Psychodrama inhaltsleer, ohne das Theater formlos.

Was folgt aus einer Definition?

Jetzt ist – endlich – der Zeitpunkt gekommen, an dem eine Definition für das Psychodrama à la Moreno gegeben werden kann. Es gibt viele andere Definitionen. Diese hat den Vorteil, dass sie besonders kurz, aber, so hoffe ich, noch einigermaßen genau ist: Das Psychodrama ist eine Methode, um im Rahmen einer Gruppe einen inneren Vorgang – ein aktuelles Problem, eine traumatische Erfahrung aus der Vergangenheit, eine Hoffnung für die Zukunft – so darzustellen, dass dieser Vorgang (wieder) erlebt und günstigenfalls auch neu gestaltet werden kann.

Was weiß einer über das Psychodrama, wenn er eine Definition hersagen, den Phasenverlauf schildern und die darin vorkommenden Techniken wie Rollentausch und Doppeln beschreiben kann? Mit diesem aus Lehrveranstaltungen und Büchern gewonnenen Wissen können Prüfungen bestanden werden. Trotzdem fehlt etwas. Es ist die Erfahrung, die Wirkung des Psychodramas, die durch keine Darstellung in welchem Medium auch immer ersetzt werden kann.

Ein Beispiel: Seit drei Semestern ist durch die Umstellung vom Diplom auf den Bachelor in der Psychologie eine neue Rolle auf mich zugekommen. Ich bin Mentor für eine Gruppe von 10 Studierenden des ersten Semesters, die sich regelmäßig um einen Tisch versammelt, um über das Studium zu sprechen. Beim letzten Treffen tauchte die Frage auf, ob ich ihnen sagen wolle, was das von mir schon mehrfach erwähnte Psychodrama sei. Statt das Psychodrama über eine Definition „abzufertigen", habe ich einen anderen, nämlich psychodramatischen Weg gewählt. Ich bat die Studierenden, sich vorzustellen, dass sie sich in ein Tier verwandeln. Der Bitte kamen fast alle nach. Sie nannten das Tier, dem ihre neue Identität entsprach. Bei zwei Studierenden tauchten Probleme auf. Einer Studentin fiel kein passendes Tier ein, bei einer anderen Studentin sah die Lage so aus, dass ihr als erstes Tier die Katze in den Sinn kam. Sie sperrte sich gegen die Vorstellung sich in eine Katze zu verwandeln, weil sie Katzen hasse. Als jemand sie nach ihren Gründen fragte, sprudelte es aus ihr heraus. Begriff und Name der Katze riefen Erinnerungen an einen Besuch mit ihrem Freund bei einem Freund ihres Freundes wach. Sie sei nachts aufgewacht und vor der Türe des Zimmers, in dem sie geschlafen habe, auf zwei fauchende Katzen gestoßen. Seit dieser Begegnung habe sie eine ambivalente Beziehung zu Katzen entwickelt. Ein Thema für ein Psychodrama! In der Mentorengruppe war die Zeit abgelaufen. Wir gingen auseinander, ohne dass ein Psychodrama stattfinden konnte. In meinem Kopf malte ich mir aus, wie eine Psychodramagruppe das Thema weiterbearbeitet hätte. Niemand kann und darf zur Teilnahme an einem Psychodrama gezwungen werden. Freiwilligkeit ist oberstes Gebot.

Gegenseitiges Vertrauen ist die wichtigste Voraussetzung, um abgeschirmt vom Rest der Welt sich auf eine Welt mit eigenen Spielregeln einzulassen, die jedes Mitglied als gleichberechtigt betrachtet, aber zulässt, dass jedes Mitglied, abgesehen von der Leitung, als Protagonistin oder Protagonist zum Mittelpunkt der Gruppe wird. Es reicht nicht, wenn die Leitung beispielsweise das gerade geschilderte Katzenthema spannend findet. Die ganze Gruppe muss sich auf das Thema einlassen wollen, unter der Voraussetzung, dass die Person, die das Thema eingebracht hat, zu einem Protagonistenspiel bereit ist. Es macht einen Unterschied, ob man hört, liest oder sieht, wie solche Prozesse aus dem Blickwinkel einer interessierten, aber trotzdem außen vor bleibenden Person ablaufen, oder ob man, in welcher Position auch immer, selbst an diesem Prozess beteiligt ist. Nicht alles, was technisch reproduzierbar ist, ist auch psychisch reproduzierbar. Da wo es, wie im Psychodrama auf Spontaneität und Kreativität ankommt, sind die Grenzen der Reproduzierbarkeit deutlich zu erkennen. Eine Psychodramagruppe kann sich über Stunden mit dem Katzenthema beschäftigen, ohne dass Langeweile und Überdruss aufkommen. Ein Film, der ohne Schnitte das Geschehen dokumentiert, ist vermutlich so langweilig, dass niemand ihn freiwillig bis zum Ende anschauen würde. Erfahrungen werden aus Rollen in Situationen heraus gemacht. Die Situation wird anders erlebt, wenn die Rolle gewechselt wird. Was wird aus der Angst der Protagonistin vor den fauchenden Katzen, wenn sie den Mut aufbringt, selbst eine Katzenrolle zu übernehmen? Das Psychodrama sorgt für überraschende, neue Erfahrungen. Sie sind möglich, wenn jemand mit Leib und Seele so beteiligt ist, dass es für eine gewisse Zeitspanne nichts Wichtigeres gibt als das, was sich mit Unterstützung einer Gruppe hier und jetzt abspielt. Erfahrungen von dieser Intensität kosten Kraft. Sie lassen sich nur aushalten, wenn Phasen der Anspannung und Entspannung einander abwechseln, das emotional Erlebte durchgearbeitet und die neuen Erfahrungen in den Alltag integriert werden können.

Psychodrama im Spiegel der Wissenschaft

Wenn im Vorlesungsverzeichnis einer Universität eine Lehrveranstaltung mit dem Titel Psychodrama erscheint, werden Studierende, die offen für Neues sind, neugierig. Dazu gehört aber auch eine Portion Skepsis. Selbst Studierende aus Naturwissenschaften können Feuer fangen.

Sie sind überrascht, dass vielen persönlichen Erfahrungsberichten über die hauptsächlich positiven Wirkungen des Psychodramas nur wenige wissenschaftliche kontrollierte Studien gegenüberstehen. Diese Diskrepanz ist leicht zu erklären. Seriöse naturwissenschaftliche Forschung ist am Ideal der Reproduzierbarkeit von Untersuchungsbedingungen und Untersuchungsergebnissen orientiert. Mit diesem Ideal kann das Psychodrama nichts anfangen. Spontaneität und Kreativität reagieren allergisch auf Kontrolle und Standardisierung. So ist es nicht verwunderlich, dass mit dem Psychodrama bisher keine Studien durchgeführt sind, um ihre Wirkungen in einem Kontrollgruppendesign mit einer Verteilung nach Zufall auf eine Experimental- und eine Kontrollgruppe zu prüfen. Jedes Psychodrama verläuft anders. Trotzdem folgt ein Verlauf gleichartigen Mustern.

Forschung tut Not, und zwar nicht nur im Bereich psychischer Störungen, in dem das Psychodrama als eine Therapiemethode eingesetzt wird, um Personen mit Auffälligkeiten, die als Störung diagnostiziert werden können, zu helfen, störungsfreier zu leben. Voraussetzung für eine Psychodramaforschung, die sich nicht vorrangig bzw. ausschließlich klinisch versteht, ist ein Modell dafür, welche Zustandsveränderungen im Verlauf eines klassischen dreiphasigen Psychodramas auftreten. Das Psychodrama kann, muss aber nicht Schlüsselerlebnisse hervorrufen, die mit besonderen emotionalen Erfahrungen im Sinne eines Katharsis bzw. eines Flow-Zustandes verbunden sind. Schlüsselerlebnisse treten nicht nur dann auf, wenn eine Person als Protagonist bzw. Protagonistin im Mittelpunkt steht. Eigenes Handeln mag zu einer besonders starken emotionalen Beteiligung und/oder einer plötzlichen Einsicht im Sinne eines Aha-Erlebnisses führen. Auch das Mitspielen und die Beobachtungen von Handlungen anderer Personen können Anlass sein, sich selbst in einem anderen Licht zu sehen.

Ein Beispiel: In einem Weiterbildungsstudiengang zur Psychotherapie wird eine Teilnehmerin kurz vor Abschluss der Ausbildung schwanger. Sie überlegt, ob sie die Schwangerschaft abbrechen lassen will oder ihr erstes Kind zur Welt bringen möchte. Wichtig für sie ist, dass sie die Entscheidung nicht alleine, sondern gemeinsam mit ihrem Mann trifft. Nachdem sie in Anwesenheit eines Hilfs-Ich für ihren Mann die – künftige – Geburt ihres Kindes als „Zukunftsprobe" erlebt hat, wünscht sie sich einen Rollentausch mit ihrem Mann, durch den dieser erfährt, was es bedeutet, ein Kind zu gebären.

Wunschgemäß übernimmt der neben dem Leiter einzige Mann in der Ausbildungsgruppe die Rolle der/des Gebärenden, während ich als Leiter die Rolle des zu gebärenden Kindes übernehmen soll. Die Geburt läuft glatt. Trotzdem nimmt mich diese Rolle so mit, als hätte ich die eigene Geburt wiedererlebt. Als das medizinische Personal das monströse Neugeborene dem Gebärenden auf den Leib legt, fängt es mit dem Mund an, eine Brustwarze zu suchen. Dieses Erlebnis gehört für mich zu meinen intensivsten Erfahrungen mit dem Psychodrama. Dabei habe ich nicht im Mittelpunkt des Geschehens gestanden, sondern bin nur für eine Nebenrolle ausgewählt worden. Mich hat dieses Erlebnis veranlasst, die Umstände, unter denen ich zur Welt gekommen bin, durch Gespräche mit Zeitzeugen zu recherchieren. So habe ich Zugang zu einem Vorgang gewonnen, der für jeden Menschen neben dem Tod das wichtigste

Ereignis der eigenen Existenz ist. Die infantile Amnesie sorgt dafür, dass die eigene Geburt bei jedem Menschen dem Vergessen anheimfällt. Mit Hilfe des Psychodramas konnte im vorliegenden Fall die Wirkung dieser Amnesie spielerisch rückgängig gemacht werden.

Die Wirkungen des Psychodramas sind vielfältig. Trotzdem stellen sie sich nicht zufällig ein. Sie werden begünstigt durch ein vertrauensvolles Gruppenklima und die Trennung von Emotionen und Reflexionen im Ablauf eines Psychodramas. Die Reflexion setzt dann ein, wenn Handlungen mit mehr oder minder starker emotionaler Beteiligung abgelaufen sind, die von den Mitgliedern der Gruppe in verschiedenen Rollen erlebt worden sind. Wie von selbst ergibt sich vor diesem Hintergrund, Erfahrungen vergleichend auszutauschen und mit Vor-Erfahrungen in Verbindung zu bringen.

Morenos Locke

Ich habe für den klassischen Verlauf des Psychodramas ein Modell vorgeschlagen, das den Namen **Morenos Locke** (siehe Abbildung 14) trägt. Bis jetzt ist es nicht mehr als die – metaphorische – Beschreibung einer Spannungskurve, die aus der Wirklichkeit des Alltags in die Wirklichkeit des Psychodramas führt, wenn die Gruppe ein Klima erzeugt, in dem spontanes und kreatives Handeln möglich ist. Das Maximum der Spannungskurve liegt in der **Aktionsphase** da, wo besondere Bewusstseinszustände wie Flow auftreten, bei dem ohne Zeitbewusstsein Handlungen wie von selbst ablaufen.

Danach nimmt die Erregung zumindest beim Protagonisten ab. Er möchte wissen, wie sein Spiel bei anderen angekommen ist, was sie beim Mitspielen oder Zuschauen erlebt haben und ob sie ihm beim Weg vom Psychodrama in den Alltag etwas Hilfreiches mitgeben können (**Sharing**). Fühlen und Denken werden im Psychodrama nicht gespalten, aber sie erhalten je nach Spielphase ein unterschiedliches Gewicht. Beim Übergang vom Einstimmen (warming-up) zur Aktion wird eine bewusste Entscheidung für einen Protagonisten und sein Thema getroffen. Auch ein Protagonist muss sich entscheiden, ob er, unterstützt von der Gruppe, Mittelpunkt des zukünftigen Geschehens wird.

Abbildung 14: Morenos Locke (vgl. Deutsch, 2004)

Das Psychodrama lässt auch der Aktionsphase Platz für Reflexionen, die allerdings das Miterlebte nicht bewerten und interpretieren, sondern ein- und mitfühlend von der Warte aus kommentieren, die ein Gruppenmitglied innegehabt hat. Das Psychodrama vertraut dem Prinzip, dass Gefühle der Motor menschlichen Handelns sind. Im Psychodrama dürfen sie so in Erscheinung treten, wie sie aktuell erlebt werden. Im geschützten Raum der Gruppe darf jeder seinen Gefühlen trauen, weil die Handlungen spielerisch ablaufen, auch wenn sie „wie wirklich" erlebt werden. Das Psychodrama öffnet Ventile, aber es schließt sie auch wieder, weil auf das unmittelbare Handeln die sozial unterstützte Reflexion folgt. Sie hilft, das Geschehen in der Aktionsphase zu verstehen und an die im Alltag erfahrene Wirklichkeit anzubinden. Um die Wirkung des Psychodramas beurteilen zu können, liegen bisher mehr oder wenige systematische Berichte über das Erleben in den verschiedenen Phasen in Abhängigkeit von der Rolle vor, die jemand eingenommen hat. Für die Zukunft steht zu hoffen, dass nach der Wiederentdeckung der Psychoanalyse durch die Neurowissenschaften auch das Psychodrama von der Entwicklung und Anwendung der Verfahren profitieren kann, die das Erleben eines Menschen mit den Aktivitäten seines Gehirn in Verbindung bringen. Auf diesem Wege kann dann vielleicht auch eine Erklärung gefunden werden, warum – bis jetzt – weder eine sprachliche Beschreibung noch eine filmische Darstellung auch nur annäherungsweise an das herankommt, was Mitglieder einer Psychodramagruppe live erleben. Ich vermute, dass die Besonderheit dieses Erlebens darauf beruht, dass mit Hilfe des Psychodramas zeitweise eine neue Wirklichkeit konstruiert wird. Diese Wirklichkeit leugnet nicht die alltägliche Wirklichkeit. Sie ahmt nicht die alltägliche Wirklichkeit nach. Sie nimmt sie vielmehr als Stoff mit in eine neue Wirklichkeit.

Die spielerische Bearbeitung des Stoffes deckt neue Handlungsmöglichkeiten auf, mit der auch in der „normalen" Wirklichkeit bisher ungelöste Fragen lösbar erscheinen oder als irrelevant erkannt werden. Auch im Theater und im Film wird die alltägliche Wirklichkeit nicht wirklichkeitsgetreu dargestellt. Was auf der Bühne und im Film gezeigt wird, sind Inhalte, die als Stücke und Drehbücher irgendwann geschaffen worden sind. Nur in Ausnahmefällen stellt der Schauspieler sich selbst dar. Es gibt eine Differenz zwischen dargestellter Figur und darstellender Person, wenn man von neuen Theaterformen wie der „Performance" absieht, bei der diese Differenz aufgehoben ist. Das Werk ist Grundlage für eine Inszenierung, die vor einem Publikum aufgeführt wird, das nicht identisch mit dem aufführenden Ensemble ist. Jedes Psychodrama besetzt alle Rollen selbst, auch die der Zuschauer. Es braucht keine Öffentlichkeit, sondern benimmt sich wie eine geschlossene Gesellschaft, von der nichts nach außen dringt, so dass Gerüchte über das unbekannte Wesen des Psychodramas kein Wunder sind.

Resümee

Die Abschirmung des Psychodramas vom Rest der Welt ist eine wichtige Voraussetzung dafür, dass die Mitglieder einer Psychodramagruppe einander Vertrauen schenken. Die Wirkungen des psychodramtischen Spiel entstehen zunächst innerhalb der Gruppe, bevor – möglicherweise – ein Transfer auf soziale Systeme im Alltag möglich ist. Das Psychodrama steht zwischen Alltag und Theater. Es bedient sich theatralischer Mittel, die allerdings nicht für theatralische Zwecke eingesetzt werden. Die Mittel setzen Ressourcen frei, die normalerweise künstlerische Prozesse in Gang bringen, bei denen Menschen schöpferisch tätig sind. Im Psychodrama entstehen keine Kunstwerke, die es verdienen, ausgestellt und konserviert zu werden. Was entsteht, sind Handlungen, die spielerisch ablaufen und erst auf den zweiten Blick zweckgebunden sind. Sie tragen dazu bei, dass die Mitglieder sich selbst, die Beziehungen innerhalb der Gruppe und Beziehungen zu Personen außerhalb der Gruppe nicht nur besser verstehen, sondern in Richtung eines offeneren, toleranteren, angenehmeren, wechselseitigeren, ehrlicheren und harmonischeren Miteinanders zu transformieren.

Angesichts einer Gesellschaft, in der soziale Beziehungen auf vielen Ebenen zu einem Problem geworden sind, ist es verwunderlich, warum das Psychodrama außerhalb des klinischen Bereichs so wenig Fuß gefasst hat.

Vielleicht liegt es daran, dass das Psychodrama hauptsächlich als eine therapeutische Methode zur Behandlung psychischer Störungen angesehen wird, deren Wirksamkeit im Vergleich zu anderen, vor allem verhaltenstherapeutischen Methoden, nur wenig geprüft worden ist. In Deutschland gibt es immerhin zwei Schulen, die eine in Wolfenbüttel, die andere in Remscheid, die nach psychodramatischen Prinzipien Lehren und Lernen gestalten. Das Psychodrama muss seine – teilweise – selbstgewählte Isolation verlassen, um stärker als bisher öffentlich wirksam zu werden. Eine Psychodramagruppe kann aus sich selbst heraustreten, indem sie Darstellungsformen wie etwa das Bibliodrama und die lebende Zeitung wählt, die einen Kontakt zur Öffentlichkeit herstellen. Der Preis, den eine Psychodramagruppe für solche Auftritte zahlt, ist nicht gering. Sie verliert ein wichtiges Stück Autonomie, indem sie Inhalte nicht mehr selbst generiert, sondern übernimmt und so den Unterschied zu einer traditionellen Theateraufführung verringert. Wer nach außen wirken will, stellt die inneren Kräfte in den Dienst einer unbekannten Gruppe, genannt Publikum bzw. Öffentlichkeit, um andere und nicht sich selbst zu überzeugen. Wer nach innen wirken will, tut gut daran, das Interesse an sich selbst und den übrigen Mitgliedern der Gruppe zu wecken, damit in der Zeit, die eine Gruppe miteinander verbringt, die Welt von draußen in die Gruppe hineingeholt wird. Wegen dieses Unterschiedes in der Wirkungsrichtung sind Psychodrama und Theater keine Konkurrenten. Es kommt noch ein weiterer Unterschied hinzu. Das Psychodrama setzt sich für die Entwicklung der Persönlichkeit und sozialer Systeme ein. Es trägt dazu bei, in einer auf Effizienz, Erfolg und Perfektion getrimmten Welt menschliche Beziehungen menschengerecht und damit menschenwürdig zu gestalten. Das Theater ist ein zentraler, dynamischer Bestandteil menschlicher Kultur, indem neue und alte Werke durch Aufführungen zu neuem Leben erweckt werden. Die Werke sind Teil der kulturellen Identität einer oder mehrerer Gruppen von Menschen oder sogar der Menschheit insgesamt. Das Interesse am Theater kann nicht früh genug geweckt werden. Auch Schau-Spiel ist und bleibt ein Spiel. Wer schauspielt, erfährt etwas über sich, indem er ein anderer wird. Wer im Psychodrama spielt und mitspielt, entdeckt den anderen in sich selbst und sich selbst in anderen.

Literatur

Deutsch, W. (2004). Morenos Locke: Magische Momente im Psychodrama. *Psychotherapeuten Forum, 11* (5), 5-14.

Spielerisch Entwicklung fördern: Kinderpsychodrama

Jan Kretzschmar

Werner Deutsch und ich nahmen 2006 an einem Kongress mit der Thematik „Kinder sind unsere Zukunft" teil. Unter anderem wurden hier zehn Arbeitsgruppen gebildet, die mittels Laptop und Beamer bestimmte Themen präsentieren sollten. In unserer Arbeitsgruppe wurde in der Vorbereitung deutlich, dass das Thema „Partizipation von Kindern" mit einfließen muss. Da Werner Deutsch kein Freund von Technik war, trugen wir unsere „Präsentation" in Form eines Stehgreifspieles vor. Zur Verwunderung des Plenums verteilten wir uns im Raum. Jeder verkörperte eine Rolle. Als Reporter interviewten wir das Plenum zum Thema Kinder und Partizipation. In einem kleinen improvisierten Theaterstück trugen wir unsere Ergebnisse zusammen. Werner Deutsch übertönte das Resümee der Arbeitsgruppe mit hell durchdringend hoher Stimme, indem er immer wieder das Wort „ K i n d e r p a r l a m e n t " einwarf. Wir ernteten einen herzlich jubelnden Beifall. Was war geschehen? Gespielte Themen involvieren den Zuschauer und rufen Begeisterung und Freude mit tiefgehender Wirkung hervor: Fast sechs Jahre später kann ich mich immer noch gut an unser Rollenspiel und dem schallend geforderten „Kinderparlament" erinnern, jedoch an keine Ergebnisse der Powerpoint-Präsentationen.

Nach dieser kurzen Anekdote möchte ich als Einstieg doch noch einmal den bekannten Satz von Friedrich Schiller zitieren: „Der Mensch spielt nur, wo er in voller Bedeutung des Wortes Mensch ist, und er ist nur da ganz Mensch, wo er spielt."

Dem Schöpferischen in der Spielwelt von Kindern wird oftmals keine größere Bedeutung beigemessen. Die Fragen, welchen geheimen Qualitäten das Spiel der Kinder unterliegt, welche Möglichkeiten sich Kinder im gemeinsamen Spiel eröffnen, welche Wünsche, aber auch welche traumatischen Erlebnisse sie im Spiel ausspielen, werden von den Erwachsenen mitunter wenig verfolgt (vgl. Kretzschmar, 2000). Spielerische eingebrachte Elemente, wie z.B. die eingangs geschilderten, irritieren sogar oft eher – gerade wenn sie von Erwachsenen stammen. Diese Beobachtung unterstreicht Morenos Beobachtung, dass „das Wort ‚Spielen' oft eine irreführende Nebenbedeutung hat, erniedrigt durch die Interpretation der Erwachsenen" (Moreno, 1988, S.187).

Pisaschock: Das Spiel droht verloren zu gehen

In meiner Arbeit als Leiter einer Kindertagesstätte mit 180 Kindern bin ich fast täglich mit der Abwertung des kindlichen Spiels konfrontiert: Nach dem Pisaschock drängen Träger und Eltern vermehrt darauf, früh zu fördern. So sollen mathematische Bildungskonzepte umgesetzt, bilinguale Kindergartengruppen eingeführt und Sprachförderprogramme entwickelt werden – um nur einige Beispiele zu nennen. Auch außerhalb der Kita nehmen Eltern für ihre Kinder immer häufiger zusätzliche Förderprogramme in Anspruch, um ihrem Sprössling jeglichen geistigen Input frühestmöglich einzuverleiben. Dem allgemeinen Bildungsdruck schließt sich oftmals auch das pädagogische Personal der Kita an, um Eltern und Umfeld zu befriedigen. Die Bedürfnisse der Kinder nach Spiel werden dabei immer weniger beachtet. Beobachtungen zeigen, dass Erzieher, die Kindern in der Ausbildung projektbezogene Themen wie z.B. Jahreszeiten, Tiere, Berufe etc. vermitteln, auch mit Kindern spielen, jedoch nach der Ausbildung letzteres vernachlässigen.

Viele früh einsetzende Bildungsangebote haben meines Erachtens durchaus ihr Gutes, allerdings sollte ein gutes Maß gefunden werden, um nicht die Spielzeit unserer Kinder tendenziell immer mehr zu vereinnahmen. Vor etlichen Jahren waren beispielsweise Kurse für Erzieher und Grundschullehrer zum Thema Spiel, Spielpädagogik hoch frequentiert. Derzeit kommt wegen Unterbelegung kein Kurs mit dieser Thematik zustande, jedoch sind die Fortbildungen zum Thema Mathematikförderung, Erarbeiten von Bildungs- und Lerngeschichten etc. immer ausgebucht. Der Respekt vor dem Spiel droht verloren zu gehen.

Dies ist fatal, da das kindliche Spiel, besonders das spontane Rollen- und Symbolspiel, in der pädagogischen Arbeit mit Kindern nicht wegzudenken ist. Gerade wenn man das kindliche Spiel als das Atmen der Seele versteht (vgl. Kretzschmar, 2000). Dies wird im Kinderpsychodrama besonders deutlich. Bevor jedoch auf das Kinderpsychodrama im Speziellen eingegangen wird, stellt sich die Frage, wie das Psychodrama überhaupt entstanden ist.

Entstehungsgeschichte des Psychodramas nach MORENO

Der fünfjährige Jakob Levy Moreno spielte mit seinen Freunden „Gott und Engel". Aus Kisten und Stühlen bauten die Kinder auf dem Tisch eifrig den Himmel. Ganz oben, auf dem Thron Gottes, nahm der kleine Moreno Platz. Die anderen Kinder flatterten als Engel um ihn herum. Als ein Engel rief: „Warum fliegst du nicht auch? Du bist doch der liebe Gott!", breitete der kleine Moreno seine Arme aus, hob ab, und lag im nächsten Augenblick mit gebrochenem Handgelenk auf dem Boden.

In diesem Spiel begegnete Moreno (schmerzhaft) der Realität, was ihn aber nicht davon abhielt, weitere Erfahrungen bezüglich des Rollenspiels zu sammeln. Ein weiteres Beispiel stammt aus seiner Zeit als junger Mediziner, der den Kindern in den öffentlichen Gärten Wiens Geschichten erzählte: Die Kinder setzten seine Geschichten rasch um und variierten seine Ideen. Sie spielten voller Freude und Begeisterung und machten von der Freiheit Gebrauch, die Rollen gegenseitig zu tauschen. Er nahm wahr, dass sich aggressive Kinder in das Spiel einfügten und ihre Rolle als Ventil nutzten, um die Aggressionen abzubauen. Weiterhin bemerkte er, dass schüchterne Kinder im Spiel ihre Angst ablegten und aus den verschiedensten Rollen neue Verhaltensweisen erlernten. Diese Beobachtungen nahm er zum Anlass, das Psychodrama zu entwickeln (vgl. Aichinger, 1993).

Moreno sah das Spiel als ein Prinzip der „Selbst-Heilung" und als eine Form des „ursprünglichen Erlebens", verbunden mit der „Spontaneität" und der „Kreativität", die nach seiner Meinung von vornherein bereits im Spiel integriert sind. Diese Auffassung vom Spiel führte ihn zum Stehgreiftheater und einige Zeit später zum therapeutischen Theater, welches den Rollenwechsel und letztendlich das Psychodrama beinhaltete (vgl. Moreno, 1988). Psychodrama definierte er so: „Drama ist ein griechisches Wort und bedeutet „Handlung" (oder etwas, was geschieht). Psychodrama kann darum als diejenige Methode bezeichnet werden, welche die Wahrheit der Seele durch Handeln ergründet. Die Katharsis, die sie hervorruft, ist daher eine „Handlungskatharsis"" (Moreno 1988, S.77). Im Psychodrama erweiterte Moreno gängige Einzelsitzungen (Klient – Therapeut) um die Möglichkeit, Themen in der Gruppe zu bearbeiten. Moreno ging sogar so weit, zu sagen: „Je näher eine Psychotherapie der Atmosphäre der lebendigen Begegnung kommt, umso größer wird der therapeutische Erfolg sein" (Moreno 1988, S.112). Ziel des Psychodramas war für ihn, die totale Produktion von Leben. Dies zeigte er erfolgreich über viele Jahre hinweg.

Kinderpsychodrama: Was ist das?

Moreno selbst arbeitete, trotz seiner wegbereitenden Erfahrungen mit Kindern, mit Erwachsenen. Er selbst konzipierte kein Angebot für Kinder – das es aber heute gibt. Wichtige Vertreter des Kinderpsychodramas in Deutschland sind seit 1976 Alfons Aichinger und Walter Holl, die therapeutisch mit Kindergruppen vor allem in Kindergärten und schulischem Kontext arbeiten. Auch Judith Maschke ist seit 1996 durch das pädagogische Psychodrama, welches hauptsächlich auf das Üben neuer Verhaltensweisen und Rollen ausgelegt ist, bekannt geworden (vgl. hierzu www.kinderpsychodrama.de).

Das therapeutische Kinderpsychodrama ist eine Spielform, in der sich das Kind – genau wie der Erwachsene im Psychodrama – „spielerisch" mittels des Eintauchens in neue Rollen gemeinsam begegnet. Bei der Beobachtung von spielenden Kindern fällt auf, dass sie gerne untereinander Rollen tauschen, versuchen in verschiedene Rollen zu schlüpfen, über das Rollenspiel Erfahrungen sammeln und manchmal stundenlang ins Rollenspiel „verliebt" sind. Der Beobachter kann feststellen, dass sich das Verhalten der Kinder im Rollenspiel zur normalen Alltagssituation oftmals sehr verändert. Im Kinderpsychodrama steht das gemeinsame Symbolspiel im Vordergrund, in der psychische Konflikte ausgespielt werden können und psychodramatische Techniken wie Rollentausch, Spiegeln, Doppeln, Selbstgespräche oder deutende Interventionen zur Anwendung kommen.

Für die kindliche Entwicklung bietet die Gruppe die Möglichkeit, im gemeinsamen Spiel Konflikte aktiv auszuleben und auszuspielen. Das Psychodrama nutzt diese kindlichen Bedürfnisse und unterstützt kindgerechtes Erforschen und Erlernen der Welt. Sei es durch die Erweiterung des Rollenrepertoires, eine symbolische Wunscherfüllung, die Einflussnahme auf das Körperbewusstsein, die Entwicklung von Kreativität oder durch das heilende, kathartische Spiel (vgl. Aichinger, 1997; Aichinger, 2011).

Laut Axline (1997) wird dem Kind im Spiel die Möglichkeit geboten, angesammelte Gefühle wie z.B. Frustrationen, Unsicherheit, Angst, Aggressionen oder Verwirrung „auszu**spielen**", wodurch Emotionen sichtbar werden. Das Kind stellt sich ihnen, indem es lernt, sie zu beherrschen oder aufzugeben. Nachdem im Spiel eine emotionale Druckentlastung erfolgt ist, hat das Kind „Raum", seine Fähigkeiten zu entdecken, selbst zu denken und zu entscheiden. Es verwirklicht sich dadurch selbst und beginnt eine eigenständige Persönlichkeit zu sein.

Im therapeutischen Psychodrama ist es Ziel, das Kind „spielerisch" von seinem Leidensdruck zu befreien. Das Rollen-Symbol-Spiel ist hierbei die Basis, um intra- und interpsychische Spannungen abzubauen. Im „schöpferischen" Spiel können die Kinder ihr ganzes facettenreiches Leben, ihre Gefühlswelt, ihre Wünsche, ihre Ideen, ihre Kreativität, ihre Neugier, ihre Gedanken widerspiegeln, ausspielen und ausleben.

Die Regel „So-tun-als-ob" gilt als wichtiger Baustein. Sie eröffnet im Spiel die Möglichkeit, so zu tun, als ob alles Wirklichkeit wäre, so dass Reales ins Spiel einfließt und die Wirklichkeit „spielerisch" bearbeitet werden kann. Weiterhin schafft z.B. die Technik des Rollentauschs die Möglichkeit, zwischen den Rollen Macht und Ohnmacht, Zufügendem und Erleidendem zu wechseln.

Die Kinder können sich im spontanen und kreativen Handeln ausprobieren und mit Hilfe des Symbolspiels neue Modelle erarbeiten, um adäquat auf neue bzw. alte Situationen zu reagieren.

Kinderpsychodrama:
Wann können (welche) Kinder davon profitieren?

Das Kind sollte auf jeden Fall in den ersten Lebensjahren ein Urvertrauen und eine Beziehung zu seiner Mutter bzw. seinem Umfeld entwickelt haben. Die Ich-Entwicklung muss soweit fortgeschritten sein, dass es sich vorübergehend auf andere Kinder einlassen kann, so dass ein kollektives symbolisches Spiel in groben Zügen möglich ist. Kann dies bejaht werden, liegt die Vermutung nahe, dass das Kind „gruppenfähig" ist, d.h. es sollte von der Gruppenarbeit profitieren können. Anmeldungsgründe könnten sein:

- überangepasstes, ängstliches oder depressives Verhalten,
- dominantes, störendes, aggressives Verhalten,
- Unbeherrschtheit, Enuresis, Enkopresis, Einschlafprobleme,
- Beziehungsprobleme:
  o findet keine Freunde,
  o findet keinen Kontakt zu anderen Kindern,
  o will immer im Mittelpunkt stehen,
  o kann nicht spielen,
  o kann sich nicht abgrenzen, gibt immer nach,
  o ist verschlossen und zurückgezogen,
  o ist in seine eigene Welt versponnen,
  o ist leicht kränkbar.

Wieso können Kinder im Rollenspiel von- und miteinander profitieren und Fähigkeiten entwickeln, die sie im Alltag so nicht zeigen? Hierzu ein Beispiel: Kevin (5 Jahre) fällt seit längerem in der Kindergruppe durch aggressives und störendes Verhalten auf. Im Rollenspiel verwandelt er sich immer wieder gern in einen Dinosaurier. Als Tyrannosaurus Rex zeigt er im Gruppenspiel mit anderen Kindern plötzlich folgende Fähigkeiten: Er konnte im Spiel abwarten, sich zurückziehen, er entwickelte seine Phantasie und seine Rollenkreativität und unterstützte die Gruppe mit seinem Ideenreichtum, hatte den Gruppenüberblick, hielt sich an Absprachen und Regeln usw. „Das Spielen einer Rolle ist die Personifikation fremder Existenzformen durch das Medium des Spiels" (Moreno 1988, S. 187).

Nicht geeignet ist das Kinderpsychodrama in folgenden Fällen: Bei Kindern, die kaum Geborgenheit, Zuwendung oder Traumatisches erlebt haben und deswegen bisher kein Urvertrauen und wenig Eigeninitiative entwickeln konnten, ist zu prüfen, ob überhaupt in einer Gruppentherapie geholfen werden kann. Eine Kontraindikation liegt weiterhin vor, wenn die Gefahr besteht, dass sich das Kind vom Gruppengeschehen erdrücken lassen könnte und es eventuell nur noch einen Ausweg in der Regression sieht, was nicht Sinn und Zweck einer Therapie ist. Ungeeignet für das Psychodrama sind ferner Kinder, bei denen die regelmäßige Teilnahme nicht gewährleistet ist, da dann kein gemeinsamer Gruppenentwicklungsprozess entstehen kann und damit die Gruppenentwicklung gefährdet ist (vgl. Aichinger 1997).

Kinderpsychodrama: Wie wird die Kindergruppe zusammengestellt?

Vier bis acht Kinder im Alter von vier bis zwölf Jahren werden in einer Spielgruppe zusammengefasst, die im Idealfall von zwei Therapeuten geleitet wird. Es erweist sich als günstig, Kinder vom relativ gleichen Entwicklungsstand, in die Gruppe aufzunehmen. Optimal sind 4:2 Verhältnisse (4 Jungen und 2 Mädchen oder umgekehrt), damit eine Paarbildung gewährleistet ist und nicht wie z.B. bei einer 3:3 Konstellation ein Mädchen und ein Junge übrigbleiben, die dann kein gleichgeschlechtliches Paar bilden können / möchten. Charakterlich gesehen sind am besten Konstellationen, in denen Kinder voneinander lernen und gegenseitig profitieren können. So ist es z.B. sinnvoll, zwei gehemmte und zwei lebhafte, aggressive Kinder in einer Gruppe zu integrieren, weil die verschiedenen Polaritäten (gehemmt – lebhaft) die Möglichkeit bieten, miteinander und voneinander Erfahrungen zu sammeln. Die Kinder können dadurch lernen, wie unterschiedlich andere Menschen mit verschiedenen Situationen umgehen. Um einen effektiven Prozess in Gang zu setzen, ist es vorteilhaft, für ca. eine Stunde einmal wöchentlich Psychodramasitzungen mit den Kindern über ein Jahr hinweg zu durchlaufen (vgl. Aichinger 1997).

Kinderpsychodrama: Was ist wichtig?

Aus systemischer Sicht ist es unverzichtbar, dass die Eltern dergestalt mit eingebunden sind, dass regelmäßig Gespräche und eine Art „Familienspieltherapie" durchgeführt werden. Im Vorgespräch mit Eltern und Kindern werden die Sitzungsdauer sowie die gemeinsamen Termine abgestimmt, in groben Zügen das gemeinsame Spiel vorgestellt und über die drei Regeln im Kinderpsychodrama informiert:

1. Kein Kind muss etwas machen, was es nicht will. Jedes Kind kann spielen, was es möchte, d.h. aber nicht, dass jedes machen kann, was es will.
2. Gemeinsam spielen wir „So-tun-als-ob". Kein Kind darf ein anderes Kind beleidigen und verletzen.
3. Kein Kind darf mit Absicht etwas von einem anderen zerstören und es muss immer gefragt werden, ob man z.B. in das Haus eines anderen eintreten kann.

Am Ende des Vorgespräches werden die Kinder und nach Wunsch auch deren Eltern gebeten, die eigene Familie z.B. als Tiere oder als Personen zu zeichnen. Hieraus entwickeln sich gute erste Gesprächskontakte, auf die im Laufe der Zeit immer wieder eingegangen werden kann.

Bevor nun die Ablaufstruktur dargestellt wird, möchte ich noch kurz auf die Rolle des Leiters eingehen. Aus meiner Sicht sind drei Dinge wichtig:

1. Der Leiter muss sich gut mit der Rolle identifizieren.
2. Der Leiter muss gut spielerisch agieren.
3. Der Leiter benötigt eine optimale Übersicht über die Gruppe.

Kurz gesagt, es erfordert ein sicheres Standbein und ein bewegliches Spielbein.

Kinderpsychodrama: Was passiert genau?

Den Rahmen des Kinderpsychodramas bilden drei Phasen: Initial-, Spiel- und Abschlussphase, die in Tabelle 4 im Überblick dargestellt sind. Diese Struktur soll den Kindern Sicherheit verleihen und einen Orientierungsleitfaden darstellen, um beispielsweise kein „Durcheinander" entstehen zu lassen oder chaotischen Situationen vorzubeugen.

Die **Initialphase** stellt das „warm-up" dar, meistens eingeleitet mit der Frage: Was möchtet ihr heute spielen? Der Hauptschwerpunkt in dieser Phase ist die gemeinsame Themenfindung und die Wahl der Rollen. Teilweise sind die Kinder schon auf ein Thema fixiert oder möchten eine bereits sich vorgestellte Rolle realisieren. Der Aushandlungsprozess zwischen den Kindern kann mitunter etwas mehr Zeit in Anspruch nehmen.

Beispielsweise haben sich die Kinder auf das Thema Bauernhof geeinigt. Ein Kind möchte gern einen Hund spielen. Folgende Fragetechniken für ein langsames Anwärmen haben sich bewährt: Wie heißt der Hund, wie alt ist er, wie groß ist er, welche Farbe hat er, wie fühlt sich sein Fell an, weich oder strubbelig, wo wohnt er, mit wem wohnt er zusammen, was frisst und spielt er gern, ist es ein gemütlicher, aggressiver Hund, was sollte auf dem Bauernhof passieren…? Abschließend können die Kinder, wenn es nicht die erste gemeinsame Sitzung ist, entscheiden, welche Rolle der oder die Leiter übernehmen. Damit die Kinder das Symbolspiel verstehen lernen, wird die eigene Rolle und das Thema nur in der ersten Sitzung vorgegeben. Die Initialphase erreicht ihren Höhepunkt im Bühnenaufbau und der Verkleidung. Hierfür eignen sich unbestimmte Materialien wie z.B. verschiedenfarbige Tücher, Decken, Seile, Stöcke oder Hüte. Gut geeignet ist auch das sogenannte „Bau-Fix" mit Schrauben, Muttern, Hölzern und Schraubwürfeln, um z.B. einen Hundeknochen zu bauen oder ein Handy für den Bauern zu symbolisieren. Je nach Situation stellen die Kinder am Ende der Initialphase aufgebaute Utensilien wie Häuser, Hundehütte, Bachlauf, Futtertrog vor.

In der **Spielphase** verlassen Kinder und Leiter die Realebene. Als Gebot gilt hier die Regel, die Handlungen im „So-tun-als-ob" umzusetzen, um Verletzungsgefahren auszuschalten. Die Spielphase wird dadurch eingeleitet, dass sich alle schlafen legen und über Nacht in ihre ausgesuchten Rollen schlüpfen. Schnell sichtbar wird der sogenannte Handlungshunger der Kinder, und es entsteht ein potentieller Raum zur Entfaltung des innerlichen Dranges nach Befreiung durch Aktivität. Kurz gesagt: Es entsteht das Spiel. Die Kinder sehnen sich, in ihren Rollen endlich stark und mächtig zu sein, Zaubereien zu veranstalten und auch mal „Unerlaubtes" zu tun.

Orientierung bietet das anfangs besprochene Thema, welches sich aber auch im Spiel verändern und weiterentwickeln kann, je nach dem Bedürfnis der Kindergruppe. Gerne frage ich die Kinder im Spielprozess, wie es weitergehen könnte, damit die Kinder ihre eigenen Erlebnisse im Spiel bearbeiten können. Anzumerken ist jedoch, dass es einigen Kindern in den ersten Sitzungen schwer fällt, spontan und kreativ zu sein. Oftmals müssen diese Fähigkeiten mit Hilfe der Leiter wieder erlernt werden, um die Möglichkeiten zu entdecken, sich über das Symbolspiel und die Handlungen auszudrücken.

Tabelle 4: Ablaufstruktur einer Kinderpsychodramasitzung

Phase	Inhalte	Ziele
REALEBENE: Eingangsrunde	• **Kennen lernen / Regeln** (nur in 1. Sitzung) • **Themen / Rollenfindung der Kinder** jedes bestimmt selbst, was es spielt • **Ungefähres Drehbuch** wird von Kindern u. Leitern erstellt • **Rollen für die Leiter** werden von den Kindern bestimmt	Gemeinsamen Fantasie- u. Handlungsrahmen entstehen lassen, in dem jedes Kind seinen Platz findet ⇨ erstes warm-up
REALEBENE: Aufbauphase	• **Aufbau der Szene** Bühnenbild erstellen • **Jeder hat seinen Platz** (Haus, Höhle, Schloss...) • **Regeln für die Szenenlogik** (z.B. ein Löwe kann nicht fliegen) • **Gegenseitiger Informationsaustausch** (z.B. wo sich Tür, Bett, Meer befinden)	Einstimmung: zweites warm-up (auch für Leiter) ⇨ Schutzräume und Imaginationshilfen für einzelne Kinder bieten, d.h. Möglichkeiten erstellen, damit die Kinder auf der Symbolebene leichter ihre Rolle darstellen können.
SYMBOLEBENE: Spielphase	• **Gemeinsames Symbolspiel** ⇨ Szenenlogik erhalten (Adler taucht nicht durchs Meer) ⇨ Spielunterbrechung sog. Spielstopp, um Regeln zu verdeutlichen oder bei spielbestimmenden Rollenwechseln • **Psychodramatechniken:** Rollentausch, Spiegeln, Selbstgespräch, Doppeln, deutende Intervention	Transfer von Themen der Kinder von der Realebene ins Symbolspiel schaffen; Förderung der Spontaneität (Kinder „mitreißen") & Kreativität; Ausspielen von intra- & interpsychischen Konflikten; Gruppen- & Handlungskatharsis (Lockerung, lösen aus festgefahrenen Situationen, Aha-Erlebnisse, günstiger Augenblick in dem etwas Neues auftaucht ⇨ Neuorganisation der Gedanken)

Fortsetzung auf der nächsten Seite

Teil III: Sich kreativ selbst entdecken 177

Fortsetzung Tabelle 4

Phase	Inhalte	Ziele
REALEBENE: Endrunde	• Feedback u. Reflexion: ⇨ positive & negative Erfahrungen der Kinder erfragen / malen lassen: Was hat Dir gefallen, was nicht? Wie erging es mir als Leiter? ⇨ Erfragen / malen lassen, wie es hätte weitergehen können für einzelne Kinder / Gruppe ODER: Wie hätte es anders sein müssen? • evtl. Verbindungen zur Realität knüpfen: So gelingt es Dir gut, Freunde zu finden!	Entrollen der Kinder und Verarbeitung emotionaler Spielprozesse: Unterstützen und stärken der Kinder bei der Integration des Spiels. Jedes Kind erfährt eine Bestätigung, z.B. was für ein schlaues, mutiges, geschicktes oder prachtvolles Tier es war. Evtl. Bewusstmachung und Verknüpfung mit der Realität. Wenn man andere Kinder beleidigt und Dinge von ihnen zerstört, findet man oft keine Freunde und keiner will mit einem spielen.

Kurz vor Ende der Sitzung werden die Kinder in der sogenannten **Abschlussphase** aufgefordert, sich wieder von ihren Rollen zu trennen. Im „Derolling" verlassen Kinder und Leiter die Symbolebene. Sie finden sich, wie in der Initialphase, nochmals in einem Gesprächskreis zusammen, wo jeder die Gelegenheit hat, sich zum Spiel zu äußern. In einem allgemeinen Feedback können die Kinder sagen, wie es ihnen im Spiel ergangen ist, was am meisten Spaß gemacht hat, was nicht gefallen hat und wie es vielleicht hätte weitergehen können. Ziel dieser Phase soll es sein, emotionale Prozesse zu verarbeiten, auf bestimmte Spielszenen zurückzublicken und letztendlich die Sitzung langsam ausklingen zu lassen.

Nachfolgend habe ich aus meiner Arbeit mit Kindern einige Fallbeispiele ausgewählt, die pädagogische Fachkräfte in Kindertagesstätten, Horten und Schulen ermutigen sollen, mit „ihren" Kindern spontane Rollen- und Symbolspiele zu spielen.

„Die wilden Kerle"

Steffen (9 Jahre) und vier weitere Jungen bildeten eine Psychodramagruppe. Alle besuchten eine Kindertagesstätte mit Hort, die sich in einem sozialen Brennpunkt befindet. Sie galten als frech, aggressiv, unnahbar, verschlossen und instabil. Die Erzieher der Kita baten mich, diese fünf Kinder in eine Gruppe aufzunehmen. Auf dem spielerischen Weg des Kinderpsychodramas galt es, den Kindern die Möglichkeit zu bieten, ihre Wahrnehmung zu schärfen, das Einfühlungsvermögen in andere zu schulen und positive soziale Beziehungen aufzubauen.

Steffen galt als „schwieriges Kind". Er ließ sich nicht berühren, baute durch konsequentes NEIN-SAGEN eine persönliche Schutzmauer auf, zog sich dadurch meist zurück und übernahm keine Verantwortung. Eine Integration in die Gruppe war kaum möglich. Er war bekannt als nichteinschätzbarer, unkalkulierbarer Junge, der bei Aggressivität in anderen Arbeitsgruppen hinausgeschmissen wurde und nicht mehr gesehen ward. Gefühle zeigen, wie z.B. weinen, kannte man von ihm nicht. Versuchte man, mit Steffen zu kommunizieren, antwortete er mit Alberei. Passte ihm etwas nicht, reagierte er mit Karatetritten.

1. Fallbeispiel: „Clown"

In der 7. Sitzung der Gruppe spielte sich zum Thema „Clown" folgendes ab: Lamine (8 Jahre) schlug eine Wiederholung der letzten Stunde vor. Marcel (8 Jahre) und Robert (8 Jahre) fiel es leicht, das Thema „Clown" anzunehmen. Die Kinder gaben mir die Rolle eines Fernsehkommentators, nur Steffen entschied sich anfangs für eine Rolle, die ihm bisher am besten gefiel, nämlich die des Hais bzw. des Papageien. In Tierrollen hatte er bisher Schutz und Sicherheit finden können. Ich versuchte, zu intervenieren, um alle gleichermaßen am Spiel teilnehmen zu lassen, denn Lamine und Marcel bestanden darauf, nur Clown spielen zu wollen. Daher schlug ich eine Themenerweiterung vor: Aus dem Thema „Clown" könne doch „Zirkus" gemacht werden, um noch andere Darsteller zu ermöglichen. Das Problem löste sich von allein, denn Steffen entschied sich plötzlich, auch als Clown aufzutreten. Oftmals ergeben sich im Spiel Lösungen, wenn Alternativen vorgeschlagen werden.

Da das Bühnenbild vom letzten Mal bekannt war, verlief der Aufbau sehr zügig, und die Kinder hatten sich auch dementsprechend schnell verkleidet.

Das Spiel beginnt

Mit der Eröffnungsrede an verschiedene Fernsehstationen und das großartige Publikum begann ich die Vorstellung. Drei Clowns (Lamine, Robert u. Marcel) kamen sofort aus der Manege und zeigten Saltos, kämpften miteinander, schnitten Grimassen und turnten immer wieder von der Decke des Zirkuszeltes ohne Sicherheitsnetz hinab. Steffen zog sich völlig zurück und schaute den anderen zu. Ich machte das Publikum darauf aufmerksam, dass heute noch ein Clown kommen würde, welcher eine besondere Darbietung vorführen werde.

Wenig später ging Steffen langsam aber sicher zur Bühne, zeigte sich dem Publikum, zauberte aus seinem Tuch Tauben, zauberte mich weg, nahm mein Mikrofon und sprach selber zum Publikum.

Jetzt wandte sich das Blatt (Rollenumkehrung). Steffen deklarierte mich in seiner spontanen Ansprache vom Kommentator zum Verbrecher, welcher eigentlich nichts im Zirkus zu suchen habe. Ich beklagte mich und versuchte, die Chefredaktion telefonisch zu informieren. Die Clowns hatten ihre helle Freude daran, mir alles wegzunehmen: Telefon, Hut, Skripte. Dies erlebten die Kinder im Alltag häufig, funktionierten sie nicht wie vorgesehen, wurde mit ihnen geschimpft oder sie wurden aus den Arbeitsgemeinschaften ausgeschlossen. Im Monolog fragte ich mich, wie die Clowns auf die Idee gekommen seien, dass ich ein Verbrecher sei. Kurz darauf kam die Polizei (Steffen und Marcel wechselten in die Rolle der Polizisten) und führte mich ab. Da ich nicht so parierte, wie sie es sich vorstellten, schossen beide auf mich. Sie fingen an zu lachen, weil sie nur Platzpatronen geladen hätten, sagten aber, wenn ich nicht endlich Ruhe geben würde, könnten sie auch mit echter Munition schießen. Wenn du noch einmal die anderen Kinder bei ihren Arbeiten störst, fliegst du hier raus, waren die bekannten Sätze, die die Kinder aus der Schule kannten. Im Spiel trieben die Kinder mich immer weiter in die Enge, so dass ich keine Chance mehr hatte, zu entkommen. Ich war sehr ängstlich und verzweifelt, weil ich keinen Grund kannte, um abgeführt zu werden (konkordanter Rollentausch, Übernahme der Rolle von aktiv Zufügendem).

Etwas später kam Steffen wieder in der Rolle des Clowns und befreite mich. Er führte mich zurück zum Kommentatorenplatz, gab mir mein Mikrofon und bat mich, weiter zu kommentieren.

Die Clowns zeigten ein Kunststück nach dem anderen, zauberten, sprangen übereinander und aufeinander, ohne sich weh zu tun. Auch Steffen schaffte es das erste Mal in einem Gerangel, die anderen Kinder nicht ernsthaft zu verletzen, sondern in der „So-tun-als-ob" Situation zu handeln und zu bleiben.

Nachdem jeder am Ende noch einmal das zeigte, was ihm am meisten behagte und dieses von mir bewundernd kommentiert wurde, ging die Stunde zu Ende.

Die Kinder waren in der Abschlussrunde sehr erschöpft. Einstimmig sagten sie, dass ihnen das Spiel gefallen habe. Lamine und Marcel gaben Steffen zu verstehen, dass es heute Spaß gemacht habe mit ihm zu spielen, weil er gute Ideen gehabt und er heute erstmals niemanden wehgetan hatte. Sie freuten sich alle auf das nächste Mal, da sie schon die Vorstellung hätten, Raumschiff zu spielen, indem ich ein Monster sein sollte.

Dieses Beispiel soll veranschaulichen, wie Kinder aus dem Spiel ihre Rolle so abändern, dass sie urplötzlich zwischen Macht (im Symbolischen) und Ohnmacht (im Realen) Rollen wechseln und somit ihre Erlebnisse mitteilen können.

Weiterhin lässt sich aus dem Spielablauf herauslesen, wie gemeinsames Agieren in der „So-tun-als-ob" Situation zu sozialem Miteinander führen kann und die Kinder in der Gruppe wie „Hilfstherapeuten" wirken können. Steffen möchte dort im Spiel einsteigen, wo er positive Erinnerungen gespeichert hat (siehe Spielabsprache Hai und Papagei). Es ist ein Wechselspiel zwischen Geben und Nehmen, Hass und Liebe, Vernichten und Auferstehen, und am Ende muss alles gut werden. Steffen schaffte es in der Sitzung das erste Mal, im Gedränge mit anderen Kindern kein Kind zu verletzen, sondern im „So-tun-als-ob" zu handeln. Dafür wird er von den anderen Kindern gelobt und anerkannt.

Kinderpsychodrama: Welche Gruppenprozesse werden durchlaufen?

Steffen durchlief in der Gruppe 16 Sitzungen. Während der Begegnungen im Kinderpsychodrama, meistens über einen Zeitraum von einem Schuljahr, durchlaufen die Kinder einen dreigliedrigen Gruppenprozess, welcher fließend von statten geht:

Die erste Phase ist die Abhängigkeitsphase, in der die Kinder vom Leiter „bemuttert" werden wollen. Zum Beispiel möchten die Kinder als Tiere gern gestreichelt werden, möchten gern etwas zu trinken, zu essen, versorgt und beschützt werden. In der zweiten Phase steht die Abnabelung im Vordergrund. Die Kinder streben nach Autonomie und wollen sich von den Leitern ablösen. Der Leiter wird z.B. zum Aggressionsabbau benutzt und wird gequält, gefoltert oder ermordet, wie in dem Beispiel bei Steffen deutlich wurde. Die dritte Phase läutet der Leiter ein, indem er auf das baldige Ende der Gesamtsitzungen aufmerksam macht. In dieser Wiederannäherungphase suchen die Kinder wieder die Nähe zum Leiter. Die Gemeinschaft, die zu zwei Parteien geworden war, vereint sich in Phase drei wieder: Der Kreis schließt sich. Anschließend haben die Kinder nun die Möglichkeit, sich vom Leiter und der Gruppe wieder zu lösen und eventuell noch einmal etwas für sich auszuprobieren, was sie selber noch einmal gerne spielen möchten (vgl. Aichinger, 1997; Pruckner, 2001; Weiss, 2010).

In Tabelle 5 sind die Themen und Rollenauflistung aufgelistet, die die Gruppenphasen am Beispiel der oben vorgestellten Gruppe erkennen lassen.

Während der ersten Phase des Kinderpsychodramas ließ sich Steffen streicheln und genoss es, als Tier vom Bauern versorgt und gesund gemacht zu werden, was überraschte, da er sich im Alltag nicht anfassen ließ. Die Spielrolle half ihm, den Kontakt zuzulassen.

Er fand selbständig Spielrollen und Spielverläufe, die seiner bisherigen Wesensart entsprachen: Er war ein Papagei, der den Tierarzt im Dschungel ständig störte und große Freude zeigte, den kranken Tieren Angst und Schrecken einzujagen. Dabei zog er sich immer wieder nach oben auf seinen Nistplatz zurück, um von dort aus die Lage zu überblicken und sich aber auch geschützt und geborgen zu fühlen. Steffen zeigte immer wieder seine bekannten Umgangsformen wie aggressiv werden, NEIN-SAGEN und Abstand gewinnen.

Tabelle 5: Themen und Rollen nach Sitzungen geordnet (Beispiel Steffen)

Sitzungen	Themen	Steffens Rollen
1. Sitzung	Tiere auf dem Bauernhof	Husky
2. Sitzung	Tiere im Dschungel	Papagei
3. Sitzung	Catchen	Vogelspinne
4. Sitzung	Fahrt mit dem Raumschiff	Fledermaus
5. Sitzung	Tiere unter Wasser	Krokodil
6. Sitzung	Clown	Clown
7. Sitzung	**Clown**	**Clown / Polizist**
8. Sitzung	Catchen	(krank)
9. Sitzung	Tiere unter Wasser	Krake
10. Sitzung	Chamäleon und Tiere in der Wüste	Chamäleon / Löwe
11. Sitzung	Banditen in einem Westernlokal	Bandit
12. Sitzung	Banditen in einem Westernlokal	Bandit
13. Sitzung	Clown	Clown
14. Sitzung	Tierforschung im Wald	Kreuzspinne
15. Sitzung	Tiere im Urwald	Vogelspinne
16. Sitzung	Die lustigen Jungen	Lustiger Junge

Steffen fand bei Vorschlägen von Spielthemen durch andere Kinder für sich selbst eine Spielfigur, die eigentlich nicht zum Thema passte, konnte diese aber mittels seiner Phantasie in den Spielablauf integrieren. Zum Beispiel beim Thema „Catchen" in der dritten Sitzung mit drei Catchern und zwei Vogelspinnen (er und sein Freund, der ihm beobachtungsgemäß alles nachahmte). Bereits hier zeigte er Integrationswillen, war fest in seiner Rolle verankert, verharrte bald bis zum Ende der Sitzung, um dann als beißende Spinne in Aktion zu treten. Da jedoch dann das Spiel so gut wie beendet gewesen wäre, bat ein Catcher, da er gern noch einmal kämpfen wollte, mit dem Biss abzuwarten. Als Spinne schlich Steffen langsam zurück, um später tatkräftig hervorzutreten. Hier zeigte Steffen bereits problemloses Zurückziehen und die Akzeptanz des Wunsches eines anderen.

Er wurde immer aktiver. Am Ende der dritten Sitzung hatte er schon Ideen für die nächste Sitzung: Steffen imponierte ein Vorschlag eines anderen Jungen, und er wollte die gleiche Rolle übernehmen, jedoch war dieser damit nicht einverstanden. Steffen konnte die Zurückweisung nicht verkraften und fiel in sein altes Schema zurück, welches heißt: Steig lieber aus, bevor du verlierst! Obwohl Steffen sich durch Hinausgehen vom Spiel entfernte, bewies er mittels Kontaktaufnahme durch wiederholtes Hineinkommen sein Interesse am Spiel. Bisher verschwand er bei Konflikten und kam nicht wieder. Hier zeigte sich schon die Tendenz positiv entwickelter Verhaltensweisen.

Als die Gruppe sich in der zweiten Phase des Kinderpsychodramas befand, also in der Autonomiephase bzw. in der Phase des Aggressionsabbaus, wollte Steffen drei Sitzungen hintereinander, dass der Spielleiter eine „Sau" sein sollte, die von ihm erlegt werden würde. Da er sich in diesem Spiel dann ständig in Gefahr begab, bat er die anderen Kinder um Hilfe, die ihm bereitwillig gewährt wurde. Das war eine wertvolle Erfahrung, die er bei dieser dramatischen Attacke sammelte. Er war in Gefahr, bat um Hilfe und erhielt Hilfe.

Steffen harmonierte mit einem anderen Kind und löste sich zunehmend von seinem früheren einzigsten Freund, der ihm alles nachahmte und vieles für gut hieß, um ihn nicht zu verlieren. Nachdem Steffen in einer Sitzung scheinbar wie der Blitz aus heiterem Himmel aggressiv wurde, verließ er freiwillig den Raum, schaute aber zwischenzeitlich zu, welches die Kinder jedoch störte. Aus meiner Entweder/Oder-Frage, dass er in der Gruppe oder draußen bleiben solle, entschied er sich für die Gruppe, die nicht wollte, dass er zuschaute und Steffen ging hinaus. Hier lässt sich sowohl ein aufkommendes Gruppenbewusstsein als auch Vertrauen auf sein altes Schema feststellen: Weggehen ist leichter als Bleiben. In der Regel sollen die Kinder die Gruppe nicht verlassen. Oftmals hilft ein beprochener Platz, z.B. ein höher gestellter Stuhl etwas abseits, damit die Kinder sich aus dem Prozess herausnehmen können, ohne jedoch völlig aus dem Gruppenprozess zu gehen. Aber Steffen wollte heute den besonderen Stuhl auch nicht nutzen. Hier zeigte diese Möglichkeit Grenzen, zumal eine Begleitung nach draußen meinerseits nicht möglich war und ggf. nur von einem Co-Leiter hätte übernommen werden können – den es nicht gab.

In den Anfangsrunden konnte sich Steffen nur maximal drei Minuten konzentrieren, begann dann, andere Kinder zu stören oder zu toben bzw. aggressiv zu werden. Zeitweilig versprach er, nicht mehr zu schlagen, nicht mehr zu stören und nicht mehr zu albern. Demzufolge war der Wille vom Kopf her schon vorhanden, aber tiefenpsychologisch gesehen eventuell noch ein weiter Weg. Er sollte niemals das Gefühl haben, dass er in irgendeine Form hineinpassen solle, oder sich in irgendwelche Normen zu fügen hätte. Ich gönnte ihm einen Reifeprozess, der sich spielerisch innerhalb der drei Phasen des Kinderpsychodramas möglicherweise vollziehen könne.

Nach dem Motto: „Ist das Problem definiert, ist es schon zur Hälfte gelöst", ergab sich nach der siebten Sitzung eine Wandlung, die auch die anderen Kinder begeisterte. Erstmals steckten die Kinder Steffen nicht mehr in die Schublade „immer der". Er wurde gelobt und von der Gruppe anerkannt (siehe beschriebene Sitzung mit dem Thema Clown).

Dies beflügelte ihn zunehmend: Nun regelte er voller Begeisterung die Spielabsprachen, steuerte im Spielverlauf den weiteren Ablauf verbal und übernahm letztendlich die Rolle des Spielführers, wobei machmal die Kinder kaum eine Chance hatten, in sein Phantasieleben einzusteigen. Sein Ideenreichtum und seine Kreativität stellte die Gruppe immer wieder auf eine Probe. Im Spiel gelang es ihm jedoch vermehrt, tief in die Rolle einzusteigen und somit in der „So-tun-als-ob" Situation zu handeln. Als er zwischendurch getreten wurde, zeigte er erstmals diesbezüglich Toleranz, überspielte im wahrsten Sinne des Wortes sein sonst sofortiges Zurückschlagen und war in der Lage, in der Abschlussrunde der neunten Sitzung den Konflikt verbal zu lösen. Ein Vorwärtsschreiten im Reifeprozess wurde sichtbar.

Bemerkenswert war, dass er nach einer Niederlage eine Woche später äußerte, dass er gern ein Chamäleon sein wolle, ein Tier mit einem wunderbaren Anpassungverhalten. Vielleicht ist Steffens innigster Wunsch, sich anzupassen und nicht entdeckt zu werden?

Mitunter hatte ich den Eindruck, dass er zwischen den einzelnen Sitzungen eine Verbindung herstellte, um seine Probleme abzuarbeiten. Erstmals weinte Steffen wegen einer körperlichen Verletzung, was man bisher von ihm nicht kannte. Wochen später bestimmte er den Spielablauf so, dass er als Kreuzspinne die gleiche Person in der „So-tun-als-ob"-Situation verletzen wird, die dann unbedingt weinen solle. Irgend etwas bewegte ihn, das Gefühl des Weines wiederholt auf die Bühne zu bringen.

Da ich die Kinder in der Abschlussrunde gerne malen lasse, jedoch Steffen am Ende nicht malen wollte, überraschte er mich später mit dem Bild einer Kreuzspinne, die er außerhalb der Sitzung gemalt hatte (siehe Abbildung 15). Das Psychodrama mit Kindern ist nicht nur in der Spielstunde wirksam, sondern, wie das Beispiel von Steffens Bild zeigt, auch noch nachwirkend tätig. Mir war es in dieser Gruppe wichtig, dass jeder für sich im Spiel seine Bedürfnisse mittels Rolle ausleben konnte und um des Spielenswillen mal bei dem einen Kind, mal bei dem anderen positive Integrationserscheinungen auftraten. Letztendlich sollte sich die Gruppe einig werden. Wünschenswert wäre, dass die Kinder ihre Spielerfahrungen auch im täglichen Leben weiterhin praktizieren könnten. Glücklicherweise wurde jedem Kind tatsächlich ein Wundermittel zur Verfügung gestellt, welches ihm von der Natur selbst verschrieben wurde: „Megalomanie, Normalis".

Abbildung 15: Steffens Kreuzspinne

Kinderpsychodrama: Wie wichtig ist die Spontaneitätsförderung?

Das Kind muss nach der Geburt ziemlich schnell schöpferisch werden, um zu überleben: das erste Atmen, der erste Schrei, die erste Nahrungsaufnahme. Das Kind nimmt sich selbst im Laufe seines Lebens mehr und mehr als Ganzes wahr, beginnt sich von anderen zu unterscheiden und versucht sich in verschiedenen Rollen. Nach Anzieu (1984) nimmt das Kind zuerst psychosomatische Rollen an, z.b. als Essender, als Gehender, als Schlafender, danach soziale Rollen realer anderer Personen (Eltern), bevor es dem Kind möglich wird, psychodramatische Rollen (Gott) anzunehmen. Aus der Konfrontation, dass sich das Kind selbst als Handelnder erlebt, andere Personen in ihren sozialen Rollen wahrnimmt und sich in der Phantasie psychodramatische Rollen ausmalt, entwickelt sich bei dem Kind das spontane Handeln.

Kinder haben bereits aus sich heraus einen hohen Grad an Spontaneität inne. Ziel jeder Sitzung sollte es sein, ein höchstmöglichstes Spontaneitätsniveau zu erreichen, um die größtmögliche Spontaneität auskosten zu können, weil die dramatische Spontaneität dem Ich Kraft und Einheit verleiht, in den Handlungen das auszudrücken, was den Menschen selbst definiert. Da das Ich und die Spontaneität gleichförmig wachsen, findet die Spontaneität im Ich ihr natürliches Element, so dass das Ich sich mehr und mehr „veräußern" kann und in der Spontaneität die womöglich größte Expansion des Ichs eintritt (vgl. Anzieu 1984). Somit ist es möglich, dass in der schöpferischen Spontaneität neue Rollen entstehen, aus dem Augenblick heraus im Hier und Jetzt. In der „Kunst des Augenblicks" lässt das Schöpferische verborgene Kräfte frei werden, mit denen es möglich wird, Symptome, Probleme, Konflikte auszuagieren und sie im besten Fall zu überwinden (vgl. Petzold 1972a). Spontaneität hat also eine zentrale Rolle, was in Werner Deutschs Zitat noch einmal deutlich wird: „Spontaneitätsförderung kann nur dann gelingen, wenn Spontaneität als Spielraum für alle Gruppenmitglieder einschließlich der Leitung offen steht. (…) Streng standardisierte Techniken gibt es im Psychodrama nicht. Psychodramatechniken dienen den Bedürfnissen und Wünschen einer Gruppe und ihrer Leitung. Das Erstarren in Routine ist das schlimmste was einem Psychodrama passieren kann" (Deutsch 2004, S.24).

Kinderpsychodrama: Wie erforschen Kinder ihre Umwelt?

Nach Moreno (1988) benutzt das Kind drei Methoden, um seine Umwelt zu erforschen und zu beherrschen. Zum einen wählt es die Methode der Verwandlung in andere Lebewesen, zum anderen die Methode der Unterwerfung anderer Lebewesen und drittens die Methode der Verkörperung übermenschlicher Lebewesen. „‚Wirklicher' Rollenwechsel ist nicht möglich. Nur in mythischen und märchenhaften Welten wird ein Kind wirklich in einen Hund oder Storch, einen mächtigen König oder gelähmter Bettler verwandelt oder zurückverwandelt. Was dem am nächsten kommt in unserer Welt, ist der psychodramatische Rollenwechsel, der für Kinder und gewisse Typen von Psychopathen so gut wie ein wirklicher ist. Rollenwechsel ist eine Methode der Sozialisierung und der Selbstintegrierung" (Moreno 1988, S.188). Dies führt mich zum nächsten Fallballspiel:

2. Fallbeispiel: „Hunde auf dem Bauernhof"

In einer anderen Gruppe geht es um Marco (6 Jahre), einen sensiblen Jungen, der die an ihn gestellten Maßstäbe seiner Familie nicht erreichte. Sein großer Bruder wurde ihm als Vorbild vorgehalten. Marco war sportlich und fußballbegeistert, konnte sich aber bei anderen Themen nicht lange konzentrieren.

Andrea (6 Jahre) wollte Bauernhof spielen. Als ich fragte, welche Tiere sie sein wollten, sagte Marco (6 Jahre) wie aus der Pistole geschossen, „Hund" und zwar seinen Hund (Dungo). Die anderen Kinder schlossen sich ihm an und entschieden sich für andere Hunderassen. Ich sollte der Bauer sein.

Im Spiel wollten die Hunde auf dem Bauernhof hin und her jagen und dem Bauern ein Schnippchen schlagen. Der Bauer sollte daraufhin sein Seil holen und die frechen Hunde schlagen und einfangen. Zuvor sollten sie aber viel zu fressen und zu trinken bekommen.

Beim Bühnenaufbau wollte zuerst jeder seine eigene Hundehütte bauen, dann sollte eine große Hütte für alle entstehen, doch wenig später entschloss sich Max (7 Jahre) eine eigene Hütte herzurichten. Mein Haus baute ich zwischen beide Hundehütten und ließ es Nacht werden.

Als der Hahn krähte, sprangen sofort alle Hunde aus ihrer Hütte und spielten auf dem Hof. Ich begann mit der Versorgung meiner Hunde. Die Tiere nahmen sich ihr Fressen und verschwanden wieder in ihren Hütten.

Als die Hunde mit dem Seil eingefangen werden wollten, versuchte ich, sie mit einem Seil zu jagen. Schnell liefen sie weg und zogen sich in ihre Hütten zurück. Als die große Hundehütte im Spiel überraschend einstürzte, gingen die drei anderen Hunde in Max` Hundehütte, so dass ich in der Rolle als Bauer währenddessen alles wieder grundlegend neu aufbauen konnte.

Die Hunde lagen ziemlich teilnahmslos und auf den ersten Blick gelangweilt vor ihrer Hütte. Ich fragte mich im Monolog, was wohl mit den Hunden los sei. Marco teilte mir mit, dass ich einen Tierarzt holen solle (explorierendes Doppeln). Besorgt telefonierte ich mit dem Arzt und schilderte ihm die Problematik meiner lahmen Hunde, die sich kaum bewegten. Der Arzt empfahl eine Vorstellung der erkrankten Tiere. So nahm ich meine lahmen Hunde und ging mit ihnen in die Klinik. Nun wechselte ich in die Rolle des Arztes. Zuerst kam Marco in das Behandlungszimmer. Er beschrieb mir, an welcher Stelle es ihm sehr weh tat und lokalisierte die Schmerzstelle genau. Ich untersuchte alle Hunde sehr gründlich, konnte aber nichts Bedenkliches feststellen und sagte dem Bauern, dass er nächste Woche wieder kommen müsse. Ich gab ihm die Aufgabe, sich mit seinen Hunden intensiver zu beschäftigen.

Danach wurde es Nacht und alle schliefen gemeinsam in der großen Hundehütte. Am nächsten Tag versorgte ich wieder als Bauer die Hunde. Als die Tiere abermals so passiv vor ihren Hütten lagen, telefonierte ich besorgt mit dem Arzt. Spontan übernahm Marco nur für das Telefonat die Rolle des Tierarztes und antwortete telefonisch, dass die Hunde sofort noch einmal in die Klinik gebracht werden müssten (Wiederholung vom gleichen Thema, um tiefer einzusteigen und individuelle Bedürfnisse befriedigen zu können). So machte ich mich mit den Hunden wieder auf den Weg. Der Zustand der Tiere hatte sich in der Zwischenzeit arg verschlechtert.

In der Arztrolle behandelte ich die schmerzenden Stellen der Hunde mit Salben und Verband. Marco legte großen Wert auf eine gründliche Behandlung und sagte mir genau, wie ich ihn verarzten solle. Er identifizierte sich so stark mit der Rolle, dass der Eindruck erweckt wurde, er hätte in Wirklichkeit extreme Schmerzen; er zitterte am ganzen Körper, winselte und jammerte.

Als Arzt sagte ich nochmals dem Bauern, dass er den Hunden mehr Aufmerksamkeit zukommen lassen sollte als bisher, weil ihr Zustand bedenklich sei und er mit mehr Zuwendung zu einer schnelleren Gesundung der Tiere beitragen könne. Der Bauer musste dann alle Hunde nach Hause tragen, weil sich die Tiere an den Pfoten verletzt hatten und sie deswegen nicht mehr laufen konnten. Nachdem alle wieder in der Hundehütte waren, ließ ich das Spiel ausklingen. Erst in der Abschlussrunde, wieder auf der Realebene, erzählte Marco, dass sein eigener Hund vor kurzem operiert wurde und er mit ansehen musste, wie sein Hund litt, welche Schmerzen der Hund dabei hatte und wie angespannt er bei der Beobachtung der Operation war. Merklich erleichterte es ihn, in der Rolle des Hundes die Situation noch einmal erlebt zu haben und in der Abschlussrunde erzählen zu können, was ihn so bedrückte.

Dieses Beispiel verdeutlicht, wie eine Kindergruppe trotz weniger Impulse sehr sensibel auf Kleinigkeiten reagiert, damit der Einzelne seine Bedürfnisse bzw. Problematiken ausspielen kann. Obwohl in der Spielabsprache nicht auf eine mögliche Erkrankung der Hunde eingegangen wurde, inszenierte besonders Marco durch aufforderndes Wiederholen der Tierarztszene, was ihn in den letzten Tagen und Wochen am meisten beschäftigte.

Emotionales geht dem Kognitiven voran

Im Spiel begegnen wir dem Kind genau auf der Ebene, wo es sich auch am liebsten befindet, wo es schon viele Erfahrungen gesammelt hat und wo es sich am wohlsten fühlt.

Damit das Kind auch ganz Kind sein kann, „wo es spielt", müssen zwei Voraussetzungen geschaffen werden. Der Leiter muss sich erstens auf das Kind vollständig einlassen können, um das kindliche Wesen klar und deutlich zu verstehen, d.h. hier werden empathische Fähigkeiten vom Leiter gefordert. Und zweitens muss das Kind im Symbolspiel hundertprozentig in die Rolle eintauchen, damit überhaupt eine Basis geschaffen wird, dass das Kind spielerisch Verborgenes von innen nach außen transferieren kann, d.h. es muss eine Explorationsatmosphäre im Spiel entstehen. In dem stattfindenden Spiel bewegt sich das Kind auf einer ihm entsprechenden Ebene und muss sich bezüglich seines Spiels nicht „verbiegen" (vgl. Leutz 1986, S.86).

Im Spiel entstehen Zusammenhänge zur Familie, zu Geschichten, zum Fernsehen etc. oder die Improvisation entspricht einer Phantasie- bzw. Wunschvorstellung. Die dargestellten Handlungen, aber auch die dargestellten Phantasien und Wünsche haben einen Wiederholungscharakter auf das bisher Erlebte, wobei das Psychodrama zwischen Realität und Spielwelt eine Verbindung schafft (vgl. Widlöcher, 1974). Die dargestellten Szenen sind mit den inneren Bildern des Kindes verknüpft und die Erlebnisinhalte werden direkt in Handlungen übersetzt. Diese greifbaren Bilder nutzt der Leiter im Symbolspiel als Zweck der Intervention. Um adäquat intervenieren zu können, ist es für den Leiter wichtig, Zusammenhänge in der Familienstruktur, in der Schulsituation und zum allgemeinen Umfeld des Kindes zu kennen.

Dies führt mich zu einem weiteren psychodramatischen Rollenspiel mit der gleichen Gruppe: Diesmal geht es um die schon bekannte Andrea, die mittlerweile sieben Jahre geworden ist. Sie stammt aus einem eher ärmlichen Elternhaus. Das Beispiel soll zeigen, wie nah Kinder im Spiel der Realität kommen und wie hilfreich für sie das Spiel sein kann. Dies brachte schon Moreno auf den Punkt: „‚Rollen'-Spiel kann angewandt werden als Methode zur Erforschung unbekannter Welten und zur Ausdehnung des Selbst. Sie ist vielleicht für das Kind die Methode par excellence, um einer Situation entgegenzutreten und sie zu lösen. Das Spiel mag für das Kind auch eine Probe fürs Leben werden und es vorbereiten, einer erwarteten oder unerwarteten Situation in der Zukunft zu begegnen; jedoch sind ihm alle diese Zeichen nicht klar" (Moreno 1988, S.187).

3. Fallbeispiel: „Am Königshof wird ein Mädchen geboren"

Andrea entschied sich, eine schwangere Königin zu spielen. Max (8 Jahre) wollte ein Königshund sein. In der Nacht sollte ein Mädchen namens

Vanessa geboren werden. Ich sollte in der Rolle des Königs die Königin in das Krankenhaus bringen und in der nächsten Nacht zu Hause alleine schlafen. Am darauffolgenden Tag sollte ich mit dem Hund ins Krankenhaus kommen, um Mutter und Kind zu besuchen.

Andrea verkleidete sich zu einer vornehmen Königin mit einer eleganten Königskrone aus einem seidenen Tuch und einem wertvollen Kleid. Der Wunsch nach Schönheit, Reichtum und nach einer angesehenen Persönlichkeit, die im Psychodrama verwirklicht werden kann, konnte das eher ärmliche Mädchen vollends genießen. Max baute eine große „Königshundehütte", ähnlich wie ein Labyrinth. Ich verkleidete mich mit einem hellen Gewand zu einem König.

Andrea musste am frühen Morgen sofort in das Krankenhaus. Ich hatte kaum Zeit, dem Hund etwas zu fressen zu geben, geschweige denn, mit ihm zu spielen. Aufgeregt rasten wir in die Klinik. Nach viel Hektik im Krankenhaus angekommen, fragte ich einen Arzt, welcher nur fiktiv vorhanden war, an wen wir uns wenden müssten. Andrea flüsterte mir zu, dass der diensthabende Arzt entschied, dass die werdende Mutter auf der Station bleiben müsse und ich wieder heimgehen solle. So konnte ich zu Hause mit dem Hund das versäumte Spiel nachholen. Am nächsten Morgen machte ich mich mit dem Hund auf den Weg ins Krankenhaus. Andrea rief mir auf der Realebene zu, dass ich die Blumen vergessen hätte. Wir liefen beide wieder zurück, um die Blumen zu holen. Im Krankenhaus erzählte mir der Arzt, das Vanessa in der Nacht geboren sei. Leise gingen wir in das Zimmer und ich durfte vorsichtig das Baby streicheln. Dabei kritisierte mich Andrea und schimpfte ziemlich gereizt, weil ich das Baby viel zu fest anfassen und ihm damit ziemlich wehtun würde (obwohl ich im „So-tun-als-ob" sehr vorsichtig agierte).

Andrea wollte am liebsten sofort mit nach Hause, aber der Arzt gab dazu leider nicht sein Einverständnis. So verließ ich das Krankenhaus mit dem Hund und wir spielten am Abend noch ein wenig. Auf Wunsch von Andrea präparierte ich in der Zeit zu Hause die Wohnung für das Baby, machte das Bettchen fertig und stellte schon mal das Fläschchen bereit. Bevor ich ins Bett ging, telefonierte ich noch einmal mit Andrea, um ihr eine gute Nacht zu wünschen. Kurz vor Morgengrauen rief sie mich hocherfreut an, um mir zu sagen, dass sie nun nach Hause dürfe. Begeistert gab ich zu verstehen, dass wir uns auf den Weg machen würden. In Windeseile holten wir sie mit dem Baby ab. Max wollte nun die Rolle wechseln, weil Andrea ihm Aufgaben gab, die er als Hund hätte nicht lösen können (z.B. Fläschchen wärmen, Baby füttern etc.). Max kümmerte sich ab diesem Zeitpunkt fast mehr um das Baby als Andrea. Plötzlich wollte Andrea sterben. Ich sollte sie im Schlafzimmer finden. Nachdem ich den Puls kaum noch spürte, rief ich den Notarzt. Max und ich wechselten in die Notarztrolle. Wir versetzten ihr einen Elektroschock, aber als auch das nichts half, fuhren wir sie sofort ins Krankenhaus. Andrea rief im Dämmerzustand, dass wir ihr Baby auch mit ins Krankenhaus nehmen sollten. Max gab ihr auf dem Weg noch einige Spritzen und Medikamente. Andrea wachte kurz darauf im Krankenhaus auf. Die Ärzte stellten die Diagnose, dass es für die Mutter mit zwei Kindern nach der Geburt auf einmal ziemlich viel geworden sei, sie aber keine Angst haben bräuchte, da der Hund und der Vater noch bei ihr wären.

In der Abschlussrunde lobten die Kinder sich zuerst gegenseitig und sagten, dass es ihnen Spaß gemacht habe, so miteinander zu spielen. Andrea gab ich als Rückmeldung, dass bei einer Geburt ziemlich viel passiert und auch ab und zu unvorhersehbare Dinge geschehen. Es kann auch sein, dass man manchmal Angst bekommt, wenn plötzlich noch eine kleine Schwester in die Familie hineinwächst; sie aber trotzdem noch Vater, Mutter und Hund habe und nichts fürchten brauche.

Positive Rückmeldung gab ich Max, dass er es ziemlich gut verstand, bei Spielveränderungen schnell seine Rolle zu wechseln, um weiterhin gut mitspielen zu können und wie wichtig es außerdem für den Spielverlauf war, dass er in verschiedenen Rollen agierte.

In der Gruppe konnte ich so das, was ich auch schon bei Marco anfangs beobachtete (s.o. „Hunde auf dem Bauernhof"), bei Andrea in eindrucksvoller Weise miterleben. Es entstand Stück für Stück „ihre Geschichte". Sie wollte anfangs unbedingt eine weibliche Rolle spielen. Aus einer Mutter (eine der vorherigen Sitzungen) wurde eine Königin, daraus eine Zauberin (letzte Sitzung) und letztendlich eine Königin, welche schwanger sein sollte und einen Tag später ihr Baby zur Welt bringt. Zum Zeitpunkt der Sitzungen war Andreas Mutter hochschwanger und wurde genau zum Termin der Sitzung mittags ins Krankenhaus gebracht. Andrea konnte dies so genau aber nicht wissen, weil sie seit dem Vormittag in der Schule war. Es ist sehr verständlich, dass Andrea die Schwangerschaft ihrer Mutter beschäftigt. In der Sitzung nutzte sie die Gelegenheit, im psychodramatischen Spiel „ihre Geschichte" auszuspielen und alles so zu gestalten, wie sie es braucht; vielleicht Ängste abzubauen, dass der Mutter etwas im Krankenhaus passieren könnte (sie wollte plötzlich sterben!) oder die Unsicherheit, plötzlich kein Einzelkind in der Familie zu sein. Sie spielte eventuell bereits Erlebtes nach, indem sie mich beschimpfte, dass ich zu fest ihr Baby anfassen würde, spielte Wünsche und Gedanken aus, z.B., dass es ihr wichtig sei, Blumen zu erhalten, dass ihr Hund mit ins Krankenhaus kommt, dass sie so schön sein wollte wie eine Königin u.v.m. Zu diesem Fallbeispiel möchte ich anmerken, dass der Leiter in der Regel keine Rolle übernimmt, in der er in der Rollenübertragung der „Ehepartner" eines bestimmten Kindes ist. Dies kann unter Umständen zu unerwünschten Situationen führen: Zum einen können sich Kinder daran stören, dass ein Kind eine Sonderrolle hat und zum anderen könnte die Gefahr bestehen, dass das Kind in eine frühere Phase regrediert. Hilfreich ist, das Kind / die Königin zu bitten, dass ein anderes Kind die Rolle des Königs übernimmt. Ausnahmsweise ließ ich mich in diesem Spiel darauf ein, da drei Kinder erkrankt waren und ich die Bedürftigkeit Andreas sah.

„Werde, der du bist"

Das Kind muss erst einmal die bewusste Erfahrung machen, dass das symbolische Spiel eine neue Fülle an Möglichkeiten für die persönliche Entwicklung bietet. Es muss erst einmal dazu bereit sein, die vorhandenen Widerstände zu minimieren, um sich im Spiel öffnen zu können. Ist es dem Kind möglich geworden, seine Widerstände abzubauen und im Symbolspiel seine eigenen Probleme zu offenbaren, ist dies ein Hinweis auf eine gewachsene, vertrauter gewordene Übertragungsbeziehung zum Leiter. Dies zeigt sich nicht nur durch die Äußerung von bisher aufgestauten Gefühlen mittels unbefangenem Ausspielens und Abreagierens, sondern auch in der Verschaffung von heilenden Erleichterungen (Katharsis) (vgl. Slavson 1976).

Einsatzmöglichkeiten und Herausforderungen:
Die Wiederentdeckung des Spiels

Unter dem Gesichtspunkt obiger Ergebnisse und Einbeziehung der autotherapeutischen Wirkung des Spiels, ist das Setting des therapeutischen Psychodramas auch sehr gut für pädagogische Einrichtungen wie Kindertagesstätten, Horte und Schulen geeignet. Die angestrebten Ziele, wie z.b. die Stärkung der Ich-Struktur, die Herstellung von Beziehungsfähigkeit, die Förderung von sozialer Anpassungsfähigkeit und des Einfühlungsvermögen, die Entwicklung kommunikativer Fähigkeiten und Erlernens sozialen Miteinanders seien hier beispielhaft erwähnt. Idealer Weise sollte ein Leiterpaar die Gruppe führen. Leider stehen aus personellen und finanziellen Gründen oftmals nur eine sozialpädagogische Fachkraft als Leiter bzw. nur eine ausgebildete therapeutische Fachkraft zur Verfügung. Jedoch kann mit einem kreativen Leiter (vgl. Ameln 2004) das Kinderpsychodrama mit der oben genannten Zielsetzung in einer pädagogischen Einrichtung nahezu identisch durchgeführt werden. Eine Herausforderung in pädagogischen Einrichtungen könnte sein, dass für denjenigen, der das Psychodrama leitet, auch eine Doppelrolle durch die Verkörperung von pädagogischen und therapeutischen Funktionen entstehen könnte. Diese Doppelrolle kann auch zu einer Doppelbelastung führen, da an eine und dieselbe Situation unter Umständen unterschiedliche Anforderungen gestellt und auch unterschiedliche Interventionen erforderlich werden könnten. Bei Indikationen, wie z.B. Einkoten, enormes aggressives bzw. depressives Verhalten u.Ä. ist ausschließlich professionelles therapeutisches Kinderpsychodrama zu empfehlen.

Als weitere Herausforderung sehe ich, dass die autotherapeutische Wirkung des Spiels an sich verloren gehen könnte, wenn

a) der Respekt vor dem Spiel sich verflüchtigt,
b) Kinder im Spiel nicht ernst genommen werden,
c) die Zeit des Freispiels eingeschränkt wird und
d) Kinder durch Computerspiele, Online-Spiele, PlayStation, Wii-Spiele oder durch das Fernsehen gar nicht mehr „ins Spielen" kommen, dadurch keine Rollen-Symbol-Spiele mehr entwickeln, nicht mehr aktiv schöpferisch werden, sondern andere, nämlich die elektronische

Technik für sich spielen lassen. Denn die natürlichen Begegnung mit allen Sinnen hat autotherapeutische Wirkung, welches in Morenos Zitat noch deutlicher wird: „Die natürliche Sitzung findet dort statt, wo die Leute leben und wirken (in situ). Wenn das Problem der Therapie eine bestimmte Familie ist, dann ist die Zusammenstellung der Gruppe schon gegeben; die Leute kennen einander und wenn der Therapeut ins Haus kommt, sitzen sie auf ihren gewohnten Plätzen" (Moreno 1988, S.12).

Zusammenfassung

Nach jahrelanger Erfahrung kann ich sagen, dass die Kinder gerade auch in Einrichtungen mit pädagogischem wie auch im therapeutischen Kontext immer gern in die Sitzungen zum Kinderpsychodrama kommen. Die Kinder wollen oftmals nicht eine Woche bis zur nächsten Sitzung warten und hätten immerzu Lust, Kinderpsychodrama zu spielen. In fast allen Sitzungen möchten die Kinder nach einer Stunde Spiel nicht aufhören. Oftmals spielen sie ihr ausgewähltes Spiel auch außerhalb der Sitzungen mit den gleichen oder anderen Kindern mit großer Spielfreude weiter. Gerade das ist wünschenswert, da nicht nur das therapeutische Spiel im Kinderpsychodrama die Entwicklung des Kindes fördert, sondern das kindliche Spiel an sich bereits autotherapeutische Wirkung hat, d.h. eine **innere** Selbstheilung fast automatisch erfolgt. Der Psychodrama-Prozess wirkt dann, so wie es Fryzer beschreibt, für das Kind wie ein „Entwicklungskatalysator" (vgl. Fryszer 1995, S.187). Damit verkörpert das psychodramatische Spiel weitaus mehr als „nur ein Spiel".

Erinnerungen und Ausblick

Werner Deutsch sagte einmal, dass das Psychodrama die Therapieform ist, in der am meisten gelacht wird. Vielleicht ist das auch der Grund, warum wir 14 Erwachsene uns immer noch gerne regelmäßig in der von Werner Deutsch im Jahre 2003 gegründeten Gruppe zum Psychodrama treffen. Werner Deutsch verkörperte durch seine scharfsinnigen Betrachtungen und seine belebende Spielfreude die Ganzheit des Psychodramas. Er vereinte mit Leichtigkeit die unterschiedlichen Strategien des logisch analysierenden Sherlock Holmes und dem intuitiv folgenden Columbo (vgl. Ameln, 2004), indem er explorativ, flexibel, kreativ, spontan spielte und reflektiert, strukturiert analysierte.

Werner Deutsch verstand es wie kein Zweiter, die spielerischen Elemente des Kinderpsychodramas in das Erwachsenenpsychodrama zu transportieren. Sein Wunsch nach einem lustvolleren Spiel sowie seine Ideen verankern sich zusehends in unserer Erwachsenengruppe und ermöglichen uns, das Psychodrama wieder neu in seiner blühenden Vielfalt zu erkennen.

Danksagung

Lieber Werner, wir danken dir für die echten Begegnungen und dein spontanes und kreatives Wirken, getragen von deiner beispiellosen Menschlichkeit. Du bleibst für uns Lehrer, väterlicher Freund und Mitspieler unserer Psychodramagruppe.

Literatur

Aichinger, A. (1993). Zurück zum Ursprung. Abweichung von der klassischen Psychodramamethode in der therapeutischen Arbeit mit Kindergruppen. In R. Bosselmann, E.Lüffle-Leonardt & M.Gellert (Hrsg.), *Variationen des Psychodramas* (S.220-239). Meezen: Limmer.

Aichinger, A. (2011). *Resilienzförderung mit Kindern. Kinderpsychodrama* (Band 2). Wiesbaden: VS-Verlag.

Aichinger, A. & Holl, W. (1997). *Psychodrama. Gruppentherapie mit Kindern.* Mainz: Matthias-Grünewald-Verlag.

Ameln, F. von, Gerstmann, R. & Kramer, J. (2004). *Psychodrama.* Berlin: Springer.

Anzieu, D. (1984). *Analytisches Psychodrama mit Kindern und Jugendlichen* (Band II). Paderborn: Junfermann.

Axline, V.M. (1997). *Kinder-Spieltherapie im nicht-direktiven Verfahren* (9. Aufl.). München: Reinhardt.

Deutsch, W. (2004). Morenos Locke: Magische Momente im Psychodrama. In H. Schneider, W. Dengler & W. Deutsch (Hrsg.), *Psychotherapie – Wie geht's weiter? Ein halbes Jahrhundert Psychotherapie Freudenstadt (1953-2003). Schriftenreihe des Psychotherapie-Seminar Freudenstadt* (Band 11) (S.21-35). Heidelberg: Mattes.

Kretzschmar, J. (2000). *Kinderpsychodrama- psychodramatische Möglichkeiten in der therapeutischen und pädagogischen Arbeit mit Kindern.* Fachhochschule Frankfurt am Main, Fachbereich Sozialpädagogik, unveröffentlichte Diplomarbeit.

Leutz, G. (1986). *Das klassische Psychodrama nach J.L. Moreno* (1. korrigierter Nachdruck). Berlin: Springer.

Moreno, J.L. (1988). *Gruppenpsychotherapie und Psychodrama. Einleitung in die Theorie und Praxis.* (3. Aufl.). Stuttgart: Thieme.

Petzold, H. & Schmidt, I. (1972). Psychodrama und Theater. In H. Petzold (Hrsg.), *Angewandtes Psychodrama in Therapie, Pädagogik, Theater und Wirtschaft* (S. 13-44). Paderborn: Junfermann.

Pruckner, H. (2001). *Das Spiel ist der Königsweg der Kinder. Psychodrama, Soziometrie und Rollenspiel mit Kindern.* München: inScenario.

Slavson, S.R. & Schiffer, M. (1976). *Gruppenpsychotherapie mit Kindern.* Göttingen: Vandenhoeck & Ruprecht.

Weiss, G. (2010). *Kinderpsychodrama in der Heil- und Sozialpädagogik. Grundlagen-Therapie-Förderung.* Stuttgart: Klett-Cotta.

Widlöcher, D. (1974). *Das Psychodrama bei Jugendlichen. Diagnostisch, therapeutisch, pädagogisch.* Olten: Walter-Verlag.

Spielend einfach die Zeit vergessen: Flow-Erleben

Florian Henk

Psychodrama geschieht in der Regel hinter verschlossenen Türen. Das Abschotten von der Umwelt ist eine wichtige Voraussetzung für das Entstehen psychodramatischer Dynamiken (vgl. den Beitrag „Wohin führt das Psychodrama?" in diesem Band). Nur dann kann zwischen den einzelnen Gruppenmitgliedern das nötige Vertrauen und die nötige Intimität entstehen, um sich gegenüber dem Psychodramaleiter und den Mitspielern zu öffnen, die eigenen Probleme und (Lebens-)Krisen auf die Psychodrama-Bühne zu bringen und sich gleichzeitig bereitwillig auf die unter Umständen fantasievollen Einfälle und Anleitungen des Psychodramaleiters einzulassen. Hierfür bedient sich dieser aus einer Reihe von psychodramatischen Techniken und Verfahrensweisen, die nicht selten dem Theater entlehnt sind. Im Gegensatz zu diesem geht es beim Psychodrama aber nicht um das Schlüpfen in eine fiktive Rolle, das Schau-Spielen, sondern um „richtiges" Spielen, das Darstellen tatsächlich erlebter oder vorweggenommener Problem- oder Konfliktsituationen. So wird z.B. der Stuhl zum Chef, dem man einmal alles sagt, was man ihm schon immer sagen wollte. Der Spielpartner mimt die Ehefrau, der man noch nie offen gestanden hat, was man für sie empfindet. Oder man übernimmt selber die Rolle der Partnerin, um sich in ihre Situation einzufühlen. Dabei kann das psychodramatische Spiel so mitreißen, dass man ganz darin aufgeht und die Zeit und alles um sich herum vergisst. Man denkt nicht mehr über sein Spielen nach und ein Rädchen greift wie automatisch in das andere. Dann kann es zu „Aha-Momenten im Psychodrama" kommen: spontane Einsichten, die man in einem mühevolleren Spiel nicht erlangt hätte. Nach solchen Momenten fühlt man sich zwar oft erschöpft, verspürt aber auch eine tiefe Befriedigung über das intensiv Erlebte und „Erspielte".

Mit dem Psychodrama hat Jacob Levy Moreno (1988) das Potential des Spiels für die Weiterentwicklung der Persönlichkeit in einem therapeutischen Rahmen konsequent umgesetzt. Neue Lösungsansätze und andere Perspektiven auf eine Situation werden erarbeitet und ausprobiert, neue Einsichten gewonnen. Die Idee, dass das Spielen eine wesentliche Bedeutung für die individuelle Entwicklung und ein erfülltes Leben hat, ist jedoch deutlich älter. Besonders eindrucksvoll schreibt bereits Friedrich Schiller hierzu in seinen 1795 verfassten Briefen „Über die ästhetische Erziehung des Menschen": „[...] der Mensch spielt nur, wo er in voller Bedeutung des Wortes Mensch ist, und er ist nur da ganz Mensch, wo er spielt." (Schiller, 1960, S. 41)

Die Bedeutung des Spiels in der Entwicklung

Tatsächlich ist eine gesunde Entwicklung ohne Spiel nicht möglich. Nicht nur Erwachsene vergessen beim freien oder angeleiteten Spiel wie im Psychodrama alles um sich herum. Auch Kindern gehen ganz in ihrer Tätigkeit auf, wenn sie intensiv spielen. Und das noch viel häufiger als Erwachsene, denn Kinder haben das natürliche Bedürfnis zu spielen. Dabei verändert sich die Art des Spiels über die Zeit. Bei Kindern bis zum dritten Lebensjahr dominieren das Allein- und Parallelspiel. Kinder erfahren ihre Umwelt im Spiel, lernen, wie sich etwas anfühlt, wie es schmeckt, wie es sich verhält, wenn man es z.B. immer wieder und zur Freude der Eltern fallen lässt (Alleinspiel), oder beobachten andere und verhalten sich wie sie, auch wenn sie nicht direkt miteinander interagieren (Parallelspiel). Zwischen dem dritten und vierten Lebensjahr werden die beiden genannten Spielarten dann durch das assoziierte und kooperative Spiel ergänzt. Andere Personen werden wichtiger und man spielt mit ihnen, lernt soziale Regeln und dass der andere eine andere Perspektive haben kann als man selbst. Spielen fördert also neben der Motorik, Koordination, Sprache und geistigen Entwicklung auch die sozialen Fähigkeiten, die für das menschliche Miteinander von zentraler Bedeutung sind (vgl. Mogel, 2008).

Neben all diesen Dingen fehlt jedoch noch ein zentraler Punkt, der deutlich wird, wenn man die Frage stellt, was im Spiel eigentlich passiert. Das Spiel ist in der Reinform eine freiwillige, emotional gesteuerte Tätigkeit. Sie macht Spaß oder entspannt und wird deswegen meist ohne besondere Aufforderung ausgeführt. Der Spielende bestimmt den Ablauf oder koordiniert die Regeln mit den Mitspielenden (Regelspiel). In Spielsituationen schafft der Spielende dabei oft kreativ Neues!

Im Spiel sich und die Welt vergessen: Flow-Erleben

Woher kommt es, dass das Spiel so eine wertvolle Erfahrung sein kann? Was macht das besondere Erleben beim Spielen aus? Der ungarisch-amerikanische Forscher Mihaly Csikszentmihalyi hat Mitte der 1970er-Jahre versucht, das Erleben während des Spiels zu beschreiben und zu verstehen, warum Spielen Freude bereitet (Csikszentmihalyi, 1975). Er stieß in den Beschreibungen der von ihm befragten Personen auf ein besonderes Erleben, das sich vor allem durch ein gänzliches Aufgehen des Spielenden in der Tätigkeit und durch einen fließenden, reibungslosen Handlungsverlauf auszeichnet, bei dem ein Schritt automatisch und wie von selbst auf den anderen folgt. Er nannte dieses Verschmelzen von Handelndem und Handlung Flow (engl. für „fließen").

Nach Csikszentmihalyi (1975) kann sich ein Flow-Zustand dann einstellen, wenn Menschen Handlungen ausführen, deren Anforderungen den vollen Einsatz ihrer Fähigkeiten erfordern – die also eine Herausforderung darstellen ohne zu überfordern. Es kommt zu einer Balance zwischen Anforderungen und Können, die, wenn der Handelnde nicht über die einzelnen Schritte der Tätigkeit nachdenken muss, zu einem Flow-Zustand führen kann. Es können sechs typische Merkmale eines Flow-Zustands unterschieden werden (Henk, 2011):

- Gänzliches Aufgehen in der Tätigkeit
- Glatter, automatisierter Verlauf
- Zentrierung der Aufmerksamkeit
- Selbstvergessenheit
- Verlust des Zeitgefühls
- Keine Besorgtheit über Misserfolg

Damit tatsächlich ein Flow-Zustand eintritt, müssen viele weitere Faktoren zusammenkommen. Das können Tagesform sein, (keine) Störungen von außen wie Telefonklingeln oder auch generell die sich von Mensch zu Mensch z.T. stark unterscheidende Bereitschaft, sich in einen Veränderten Bewusstseinszustand hinein zu begeben und damit die Kontrolle über das eigene Handeln und Denken ein Stück weit abzugeben.

Selten berichten Personen, die einen Flow-Zustand erlebt haben, von allen sechs Merkmalen. Manche betonen das Aussetzen des normalen Zeitbewusstseins oder das Eintauchen in den Handlungsfluss und das Vergessen ihrer Selbst als handelnde Person. Andere heben ihr Aufgehen in der Tätigkeit hervor, wieder andere die mühelose Aufmerksamkeit allein auf die für die Tätigkeit relevanten Details, oder auch das unbestimmte Gefühl, alles im Griff zu haben und nicht besorgt über ein eventuelles Schiefgehen sein zu müssen. Allen gemein ist jedoch, dass sie einen Flow-Zustand als eine besondere Erfahrung bezeichnen, die anders ist als das normale Erleben. Wenn ein Mensch Flow erlebt, befindet er sich in einem Veränderten Bewusstseinszustand, der sich qualitativ von seinem normalen Wachbewusstsein unterscheidet (Deutsch, Debus, Henk, Schulz & Thoma, 2009). Er scheint nicht mehr derjenige zu sein, der er bei vollem Bewusstsein im Alltag ist bzw. gewesen ist. Er geht so in seiner Handlung auf, dass sie ihn mitreißt. Ohne darüber nachzudenken, tut er das, was zu tun ist, und erhält für sein Tun auf dem Fuße die Rückmeldung, die für den Fluss der Handlung notwendig ist. Csikszentmihalyi hat die Reihe der bekannten Veränderten Bewusstseinszustände (vgl. Vaitl, 2003) wie Trance, Hypnose, Rausch oder Ekstase um den Zustand Flow erweitert, der, anders als die genannten, rationales Denken nicht einschränkt oder sogar außer Kraft setzt.

Gehirn ausschalten?

Treten wir in einen Veränderten Bewusstseinszustand ein, verändern sich die gewöhnlich in unserem Gehirn ablaufenden Prozesse und ebenso unser Erleben. Was passiert im Gehirn, wenn wir Flow erleben? Sind Anforderungen und Fähigkeiten genau aufeinander abgestimmt und die einzelnen Schritte der Tätigkeit soweit verinnerlicht, dass sie automatisch abgerufen werden können, ist eine bewusste Kontrolle nicht mehr nötig. Wenn die Tätigkeit gleichzeitig sehr komplex ist, wird für ihre korrekte Ausführung sämtliche der nur begrenzt zur Verfügung stehenden Informationsverarbeitungskapazität benötigt. Infolgedessen nimmt die Aktivität in bestimmten Bereichen des Gehirns stark ab, in denen z.B. das Bewusstsein für die eigene Person und die Zeit entsteht (Dietrich, 2004). Entsprechend werden diese Funktionen nicht mehr ausgeübt, und das für den Flow-Zustand charakteristische Erleben stellt sich ein. Besonders gut geeignet für das Auftreten von Flow-Zuständen sind daher komplexe Tätigkeiten, die ausgeprägte motorische und / oder kognitive Fähigkeiten voraussetzen wie z.B. Musizieren, Tanzen, Graffiti sprayen, Basketball- oder Schauspielen. Ihr Einsatz kann als Unter- wie auch als Überforderung erlebt werden, die Langeweile bzw. Angst aufkommen lassen, aber kein Flow-Erleben anbahnen. Dies ist erst möglich, wenn die Balance zwischen Anforderungen und Fähigkeiten stimmt.

Wohin treibt die Flow-Forschung?

Ungeachtet der Popularität des Konzepts Flow, die sich u.a. in der Vielzahl der zu diesem Thema veröffentlichten Bücher Csikszentmihalyis ausdrückt, herrscht in der akademischen Psychologie nach wie vor eine gewisse Skepsis. Diese ist nicht unbegründet: Die Flow-Forschung hat sich bislang nicht als eigenständiges Forschungsfeld positioniert, das sich in erster Linie mit den Grundlagen des Erlebens in einem Flow-Zustand beschäftigt. Flow-Forschung ist (zu) oft anwendungsbezogen und stellt (zu) oft die Frage nach der Steigerung von Motivation und Leistung durch das Erleben von Flow; sei es am Arbeitsplatz, beim Sport oder in der Schule. Hierzu verleitet wurde die Flow-Forschung möglicherweise durch die gängigen Modelle eines Flow-Zustands, die ihn von Zuständen des Befindens wie Langeweile oder Entspannung abgrenzen. Das bekannteste von ihnen, das „Kanalmodell des Flow-Erlebens", ist in Abbildung 16 dargestellt.

Zustände des Befindens wie Langeweile oder Entspannung lassen sich nur schwer in eine Reihe mit einem Flow-Zustand setzen. Ein Flow-Zustand zeichnet sich vor allem dadurch aus, dass er mit einem qualitativ anderen Bewusstseinszustand, d.h. mit einem veränderten Funktionszustand des Gehirns einhergeht, der sich von unserem normalen Wachbewusstsein unterscheidet. Für die anderen Zustände, die in den

Modellen aufgeführt werden, trifft dies nicht zu. Zwar können sie mit anderen Veränderten Bewusstseinszuständen einhergehen, z.B. ist Entspannung ein Merkmal des Veränderten Bewusstseinszustands Meditation. Einen Veränderten Bewusstseinszustand an sich stellt aber keiner von ihnen dar.

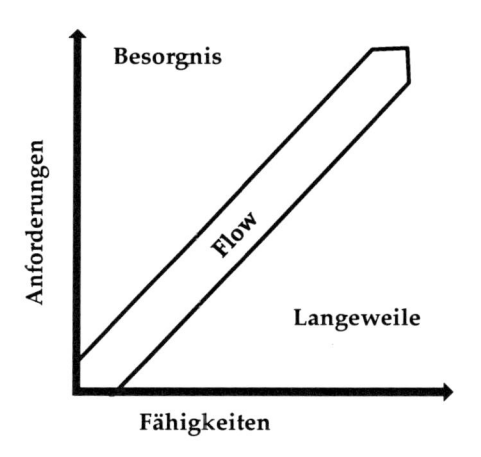

Abbildung 16: Kanalmodell des Flow-Erlebens (nach Csikszentmihalyi, 1975)

Auch führen solche Zustandsmodelle dazu, dass der Fokus des Forschers eher auf das (emotionale) Befinden einer Person, die sich in einem Flow-Zustand befindet, gelenkt wird, und weniger auf die Merkmale, die einen Flow-Zustand ausmachen, und ihren Zusammenhang untereinander. Das ist etwas irreführend, da Beschreibungen eines erlebten Flow-Zustands meistens keine detaillierten Aussagen über das emotionale Befinden während des Erlebens beinhalten. Emotionen wie z.B. Glück stellen sich in der Regel erst nach dem Erleben von Flow ein, wenn auf die gemachte befriedigende Erfahrung zurückgeblickt wird (Deutsch & Henk, 2010; Csikszentmihalyi, 1997). Anders kann es auch gar nicht sein, da sonst der Fokus auf das innere Gefühlsleben gelenkt und damit der Flow-Zustand unterbrochen würde. Was passiert in einem Menschen, wenn er Flow erlebt? Welchen Verlauf nimmt ein Flow-Zustand? Unter welchen Umständen – außer dem Gleichgewicht zwischen Anforderungen und Fähigkeiten – stellt sich ein Flow-Zustand ein? Wie lange dauert er an, was führt dazu, dass er aufrechterhalten oder beendet wird? Als Ausgangspunkt für die Beantwortung dieser und ähnlicher grundlegender Fragen erscheint die Entwicklung eines Prozessmodells des Flow-Erlebens naheliegend. Ein solches Prozessmodell könnte wie in Abbildung 17 dargestellt aussehen.

Neben der Betonung des eigentlichen Erlebens und nicht der Abgrenzung zu anderen Zuständen finden hier auch zwei Aspekte des Erlebens („glatter, automatisierter Verlauf" und „Verlust des Zeitgefühls") Berücksichtigung, die von Csikszentmihalyi (1975) zwar erwähnt, aber nicht explizit als Merkmale formuliert wurden. Ein weiterer Unterschied zu Csikszentmihalyi bzw. der auf ihn folgenden Forschung besteht in der Postulierung zweier Kernmerkmale („gänzliches Aufgehen in der Tätigkeit" und „glatter Handlungsverlauf"), die das wesentliche Erleben in einem typischen Flow-Zustand charakterisieren.

Die anderen vier Merkmale können als Folge der Vorgänge im Gehirn erlebt werden. Sie müssen aber nicht berichtet werden, um ein Erleben als Flow-Zustand einzuordnen und können genauso gut auch bei anderen Veränderten Bewusstseinszuständen wie Meditation oder Hypnose eintreten. Erst wenn die vier Merkmale zu einem Erleben des gänzlichen Aufgehens in der Tätigkeit und – im Zusammenspiel mit der automatischen Handlungsausführung – auch eines glatten Handlungsverlaufs führen, kann von einem Flow-Zustand gesprochen werden. Durch die Berücksichtigung des Faktors Zeit werden durch das Modell zudem Verlaufsbeschreibungen ermöglicht, an denen es der Flow-Forschung deutlich mangelt. Das Prozessmodell trennt klar zwischen Voraussetzungen, dem eigentlichen Erleben und eventuellen Folgen, was bei Csikszentmihalyi (1975) und der auf ihn folgenden Flow-Forschung nicht konsequent getan wird. Darüber hinaus ist es offen für Anpassungen und Überarbeitungen, ohne dass das ganze Modell in Frage gestellt wird.

Ein weiterer Grund für die ausgeprägte Skepsis gegenüber dem Konzept Flow vor allem in der akademischen Psychologie liegt sicher in den Schwierigkeiten einer sauberen, wissenschaftlichen Kriterien genügenden Messung. Es liegt in der Natur der Sache, dass Auskünfte über einen eventuell erlebten Flow-Zustand erst nach dem Erleben gegeben werden können, wenn sich wieder das normale Wachbewusstsein eingestellt hat.

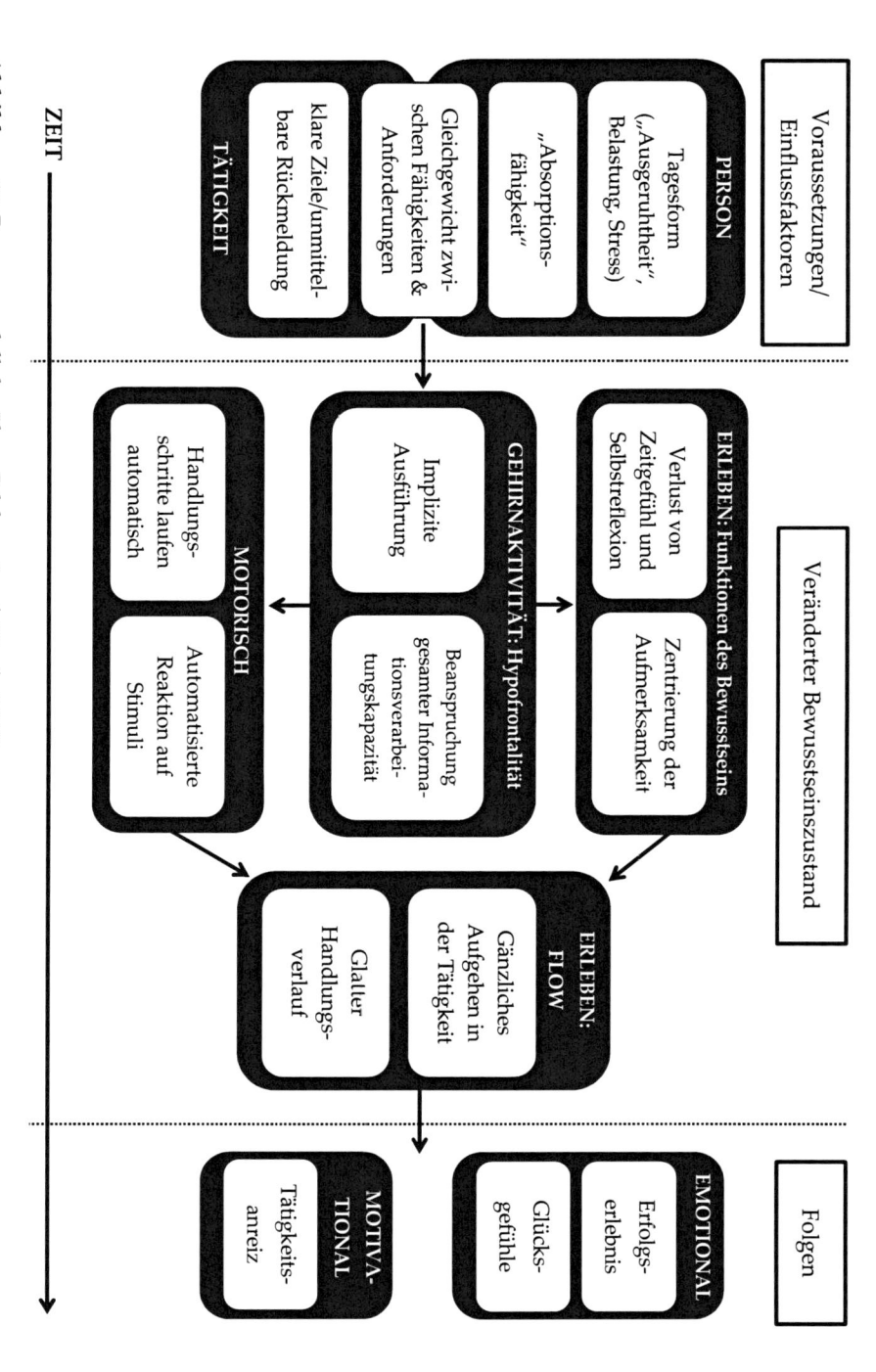

Abbildung 17: Prozessmodell des Flow-Erlebens (nach Henk, 2011)

ZEIT ⟶

Voraussetzungen/Einflussfaktoren

PERSON
- Tagesform („Ausgeruhtheit", Belastung, Stress)
- „Absorptionsfähigkeit"

TÄTIGKEIT
- Gleichgewicht zwischen Fähigkeiten & Anforderungen
- klare Ziele/unmittelbare Rückmeldung

Veränderter Bewusstseinszustand

GEHIRNAKTIVITÄT: Hypofrontalität
- Implizite Ausführung
- Beanspruchung gesamter Informationsverarbeitungskapazität

ERLEBEN: Funktionen des Bewusstseins
- Verlust von Zeitgefühl und Selbstreflexion
- Zentrierung der Aufmerksamkeit

MOTORISCH
- Handlungsschritte laufen automatisch
- Automatisierte Reaktion auf Stimuli

ERLEBEN: FLOW
- Gänzliches Aufgehen in der Tätigkeit
- Glatter Handlungsverlauf

Folgen

MOTIVATIONAL
- Tätigkeitsanreiz

EMOTIONAL
- Erfolgserlebnis
- Glücksgefühle

Es ist zumindest fraglich, ob das Gedächtnis an das Erleben im zurückliegenden Veränderten Bewusstseinszustand so gut funktioniert, dass zuverlässige Aussagen möglich sind (Massen & Bredekamp, 2005). Die Entwicklung von Methoden, die einen Flow-Zustand erfassen können, während er erlebt wird, scheint daher unumgänglich. Jedoch lassen sich Flow-Zustände auch dann nicht auf Knopfdruck herstellen. Experimentelle Versuchspläne in kontrollierten Laborumgebungen oder direkte Untersuchungen bspw. der Hirnaktivität mit bildgebenden Verfahren sind daher (noch) erschwert bis unmöglich. Bis dahin bleibt nur, die Umstände für das Eintreten eines Flow-Zustands möglichst günstig zu gestalten, so dass sich dieser vergleichsweise verlässlich einstellt.

Flow und Kreativität

Eine Reihe der von Csikszentmihalyi (1975, 1996) befragten Personen waren künstlerisch-kreativ tätig. Unter seinen Interviewpartnern finden sich unter anderem Schriftsteller, Bildhauer oder Komponisten. Der US-amerikanische Autor Richard Stern beschreibt ihm gegenüber sein Erleben während des Schreibens mit folgenden Worten:

„At your best you're not thinking. [...] You're concentrated on your characters, on the situation, on the form of the book, on the words which are coming out. And their shape. You've lost ... you're not an ego at this point. It's not competitive. It's ... I would use the word *pure* [...]." (Csikszentmihalyi, 1996, p. 119f.)

Kreative Tätigkeiten scheinen besonders gut geeignet für das Erleben von Flow-Zuständen. Das ist nicht verwunderlich, denn die Voraussetzungen für einen Flow-Zustand ähneln denen für das Entstehen von Kreativität. Der kreative Prozess erfordert ebenfalls das Einsetzen der ganzen Fähigkeiten. Nur wenn die eigenen Möglichkeiten voll ausgeschöpft werden, kann etwas Neues von Wert geschaffen werden. Bei Über- oder Unterforderung stellt sich schnell Frustration oder Langeweile ein. Für das Gelingen eines kreativen Prozesses sollte zudem das Ziel des Prozesses, z.B. die Lösung eines Problems, dem Kreativen klar sein und er ebenso Rückmeldungen erhalten, ob und inwiefern er sich diesem Ziel annähert (Csikszentmihalyi, 1996). Doch inwieweit kann das tatsächliche Erleben von Flow den kreativen Prozess anfeuern? Sind die Produkte eines Schaffensprozesses kreativer, wenn der Schaffende beim Herstellen Flow erlebt?

"Genius is one percent inspiration, ninety-nine percent perspiration."

Nicht nur laut Thomas Alva Edison (nach Rosanoff, 1932, p. 406) gehört zum kreativen Prozess in erster Linie ein ausdauerndes Arbeiten, ohne sich vom zu lösenden Problem abzulenken oder ablenken zu lassen und das Ziel aus den Augen zu verlieren. Ein Flow-Zustand kann hierfür nur förderlich sein: Neben dem notwendigen Ausschöpfen der eigenen Fähigkeiten wird die Aufmerksamkeit auf die für den kreativen Prozess relevanten Dinge gelenkt, die Ablenkbarkeit sinkt. Das Gefühl für Zeit und physische Bedürfnisse wie Hunger wird ausgeblendet, Zweifel am eigenen Tun oder am Erfolg stellen sich gar nicht erst ein.

Flow kann den kreativen Prozess also fördern, ist aber nicht mit ihm gleichzusetzen. Allein durch das Erleben von Flow entsteht keine Kreativität. Sofern das Neue aus dem Abrufen des vorhandenen Potentials geschaffen werden kann, kann Flow zu Lösungen führen, die sonst nicht entstanden wären: Durch das volle Ausschöpfen der eigenen Fähigkeiten kann z. B. im künstlerischen Schaffensprozess ein besonders gutes Ergebnis entstehen, das auch als besonders kreativ angesehen werden kann. Entsteht durch das Erleben von Flow aber auch Kreativität im Sinne von etwas gänzlich Neuem? Tatsächlich ist es unwahrscheinlich, dass in einem Flow-Zustand Innovationen entstehen, die über die eigenen Fähigkeiten und Potentiale hinausgehen. Flow entsteht ja gerade durch das automatisierte Abrufen verinnerlichter Fähigkeiten; wenn man sich Herausforderungen stellt, die die eigenen Fähigkeiten voll beanspruchen, sie aber nicht übersteigen. Zu dem einen Prozent Inspiration kann das Erleben von Flow also nur bedingt beitragen – umso mehr aber zu den 99 Prozent ausdauerndem Arbeiten, ohne das Kreativität nicht entstehen kann.

Flow und die Entwicklung von Fähigkeiten

Das Ausschöpfen der eigenen Fähigkeiten und Potentiale in einem Flow-Zustand kann zu besonders guten Leistungen führen. So berichten beispielsweise Sportler häufig von Flow oder Flow-ähnlichen Erlebnissen, nachdem sie Höchstleistungen aufgestellt haben (Jackson & Csikszentmihalyi, 1999). Gleichzeitig wird das Erleben von Flow oft auch als eine besonders befriedigende Erfahrung gesehen, die sogar zu Glücksgefühlen führen kann. Es kann so erstrebenswert werden, dass die Tätigkeit wieder und wieder allein um ihrer selbst Willen ausgeführt wird und es keines äußeren Anreizes bedarf. Ein Klavierschüler beispielsweise benötigt nicht mehr die Aufforderung des Lehrers oder der Eltern, sondern übt aus freien Stücken. Für seine Fingerfertigkeit am Klavier ist das nur förderlich: Das geübte Stück kann er bald im Schlaf. Sein Gehirn beansprucht nicht mehr die gesamte Informationsverarbeitungskapazität für das Spielen des Stückes, sondern kann sich nebenbei auch noch anderen Aufgaben widmen. Um wieder einen Flow-Zustand erleben zu können, muss sich der Klavierspieler neue Herausforderungen in Gestalt von schwierigeren Stücken suchen, bis er auch diese wie automatisch spielen kann. Auf diese Weise können Flow-Zustände wesentlich zu einer spiralförmigen Weiterentwicklung der eigenen Fähigkeiten beitragen: Verbessern sich die Fähigkeiten durch das – vom Erleben von Flow-Zuständen motivierte – wiederholte Ausführen, müssen die Anforderungen höher gesetzt werden, woraufhin die Fähigkeiten noch weiter entwickelt werden usw. Dabei werden oft neue Wege gegangen und Herausforderungen gesucht, denen man sich sonst nicht stellen würde.

Fördert Flow die kindliche Entwicklung?

Im Vergleich zum eben beschriebenen Klavierspieler ist es wahrscheinlich, dass in Kindern ähnliche Prozesse ablaufen, wenn sie intensiv spielen (Köller, 2008). Sie können dann gänzlich in ihrem Spiel aufgehen, ohne ablenkbar zu sein, und können das Spiel x-mal wiederholen, ohne dass es ihnen langweilig wird. Die vielleicht bekannteste Beschreibung von Flow beim kindlichen Spiel stammt von Montessori unter der Bezeichnung „Polarisation der Aufmerksamkeit" (Montessori, 1976; vgl.

Moskopp, 2010). Sie beobachtete ein 3-jähriges Mädchen beim Spielen mit Einsatzzylindern:

„Zu Anfang beobachtete ich die Kleine, ohne sie zu stören, und begann zu zählen, wie oft sie die Übung wiederholte, aber dann, als ich sah, dass sie sehr lange damit fortfuhr, nahm ich das Stühlchen, auf dem sie saß, und stellte Stühlchen und Mädchen auf den Tisch; die Kleine sammelte schnell ihr Steckspiel auf, stellte den Holzblock auf die Armlehnen des kleinen Sessels, legte sich die Zylinder in den Schoß und fuhr mit ihrer Arbeit fort. Da forderte ich alle Kinder auf zu singen; sie sangen, aber das Mädchen fuhr unbeirrt fort, seine Übung zu wiederholen, auch nachdem das kurze Lied beendet war. Ich hatte 44 Übungen gezählt; und als es endlich aufhörte, tat es dies unabhängig von den Anreizen der Umgebung, die es hätten stören können; und das Mädchen schaute zufrieden um sich, als erwachte es aus einem erholsamen Schlaf." (Montessori, 1976, S. 70).

Kinder spielen, wenn sie es wollen. Sie nehmen sich die Zeit dafür, ohne darüber nachzudenken oder sich dessen bewusst zu sein. Wenn sie in ihrem Spiel aufgehen – also Flow erleben – beschäftigen sie sich intensiv mit dem Gegenstand ihres Interesses, so dass das Spiel seine für die Entwicklung so wichtigen Einflüsse umso besser entfalten kann. Das Erleben von Flow-Zuständen kann bei Kindern (wie auch bei Erwachsenen) dazu führen, die Tätigkeit, bei der Flow erlebt wurde, immer und immer wieder auszuführen. Gerade durch die Unmöglichkeit ihrer Planung oder willentlichen Herbeiführung sind Flow-Zustände ein effektiver Tätigkeitsanreiz, egal bei welcher Spiel-Art.

Fazit

Die meisten Menschen, die über einen erlebten Flow-Zustand berichten, sprechen von einer tiefen Befriedigung über die gemachte Erfahrung des Ausschöpfens der eigenen Fähigkeiten. Sie kann dazu führen, dass die Tätigkeit, bei der Flow erlebt wurde, immer wieder ausgeführt wird. Flow-Zustände können zu kurzen Momenten des Glücks über die befriedigende Erfahrung führen oder in der rückblickenden Bewertung des eigenen Lebens zu einer größeren Lebenszufriedenheit beitragen.

Flow kann nicht willkürlich auf Knopfdruck oder durch das Einnehmen einer Pille hergestellt werden. Die einzige Möglichkeit besteht darin, die Bedingungen so günstig wie möglich zu gestalten. Dazu gehört auch ein „loslassen können", das Abgeben der Kontrolle über die eigenen Handlungen und das eigene Bewusstsein. In einer „Kultur [...], deren Hymne die Kontrolle der Zeit ist" (Baeriswyl, 2000, S. 1177), mag es schwerfallen, die Tür zu schließen, das Smartphone auszuschalten oder das E-Mail-Programm zu beenden und sich ganz auf die Aufgabe einzulassen. Doch nur dann ist ein gänzliches Eintauchen in die Tätigkeit, eine „Auszeit" aus dem kontrollierten und kontrollierenden Alltag möglich.

Im Gegensatz zu anderen Veränderten Bewusstseinszuständen oder solchen, die sich beim stundenlangen Medienkonsum einstellen, führen Flow-Zustände dabei nicht zu einer Realitätsflucht (vgl. Beitrag von Sandhagen in diesem Band). Im Gegenteil – im Flow ist man in höchstem Maße aktiv und der Realität zugewandt. Das Ergebnis sind oft bessere, effizientere oder auch kreativere Leistungen. Zusammen mit der befriedigenden Erfahrung wirkt das Erleben von Flow rückblickend also doppelt belohnend.

Sowohl für Kinder als auch für Erwachsene ist es daher wichtig, Freiräume für Tätigkeiten zu haben, die Flow ermöglichen. Kinder nehmen sich die Freiräume und Gelegenheiten, Erwachsene müssen sie sich oft erst einmal schaffen. Die Tätigkeiten, bei denen man Flow erleben kann, können dabei ganz unterschiedlich sein, das muss jeder für sich selber herausfinden. Und sei es auch einfach mal zu spielen, ganz unabhängig vom Ziel – egal, wie alt man ist.

Literatur

Baeriswyl, M. (2000). Die Zeit vergessen – Musik und Ekstase. *Universitas, 55* (12), 1176–1190.

Csikszentmihalyi, M. (1975). Play and instrinsic rewards. *Journal of Humanistic Psychology, 15* (3), 41-63.

Csikszentmihalyi, M. (1996). *Creativity: Flow and the Psychology of Discovery and Invention.* New York: Harper.

Csikszentmihalyi, M. (1997). *Finding Flow: The Psychology of Engagement with Everyday Life.* New York: Basic Books.

Deutsch, W, Debus, M., Henk, F., Schulz, N. & Thoma, E. (2009). Flow erleben – Flow erforschen. In R. Schumacher (Hrsg.), *Pauken mit Trompeten* (S. 71-87). Berlin: BMBF.

Dietrich, A. (2004). Neurocognitive mechanisms underlying the experience of flow. *Consciousness and Cognition, 13* (4), 746-761.

Henk, F. (2011). *Was heißt und zu welchem Ende studiert man Flow?* Vortrag im Rahmen der 20. Tagung der Fachgruppe Entwicklungspsychologie, Erfurt.

Henk, F. & Deutsch, W. (2011). Flow – das Geheimnis des Glücks? *Denkbar anders, 3* (3), 19-25.

Jackson, S.A. & Csikszentmihalyi, M. (1999). *Flow in Sports.* Champaign: Human Kinetics.

Köller, I. (2008). *Bullerbü ist überall.* Frankfurt a. M.: Campus.

Massen, C. & Bredekamp, J. (2005). Die Wundt-Bühler-Kontroverse aus der Sicht der heutigen kognitiven Psychologie. *Zeitschrift für Psychologie, 213* (2), 109-114.

Mogel, H. (2008). *Psychologie des Kinderspiels* (3. Aufl.). Heidelberg: Springer.

Montessori, M. (1976). *Schule des Kindes.* Freiburg: Herder.

Moreno, J.L. (1988). *Gruppenpsychotherapie und Psychodrama* (3., unveränd. Aufl.). Stuttgart: Thieme.

Moskopp, M. (2010). *Überprüfung des Konzepts der MINIPHÄNOMENTA im Hinblick auf Förderung des selbständigen Lernens im naturwissenschaftlichen Sachunterricht.* Unveröffentlichte Hausarbeit, Studienseminar für Lehrämter an Schulen, Siegburg.

Rosanoff, M.A. (1932). Edison in his laboratory. *Harper's Monthly Magazine, 165,* 402-417.

Schiller, F. (1960). *Briefe über die ästhetische Erziehung des Menschen.* Bad Heilbrunn: Klinkhardt.

Vaitl, D. (2003). *Veränderte Bewusstseinszustände.* Stuttgart: Steiner.

Bild von Destan (6)

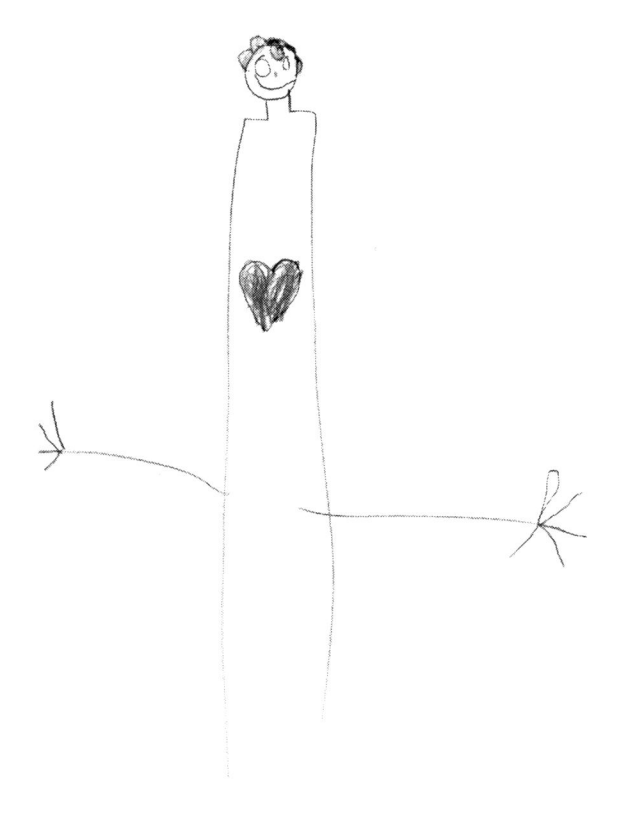

Vom Schulkind mit Schiefertafel zum Professor: Werner Deutsch stellt sich vor

1947 in Hau am Stadtrand von Kleve/Niederrhein geboren, aufgewachsen am Wald und auf der Heide in der Nähe einer psychiatrischen Großklinik. Idylle und Elend als Nachbarn.

1954 – 1958 den Schulranzen mit Schiefertafel und gehäkeltem Wischlappen in die Volksschule Sankt Johannes getragen, 500 m vom Geburts- und Elternhaus entfernt.

1958 – 1966 mit dem Fahrrad an Berg und Tal vorbei 5 km zum Gymnasium nach Kleve gefahren, Klassensprecher und Schulsprecher, Abitur im altsprachlichen Zweig. Zu viele Interessen: Biologie, Musik, Kunst, Literatur, Theater, Theologie etc.

1966 Beginn des Studiums an der Universität Münster i.W. mit den Fächern Psychologie, Sprachwissenschaften und Philosophie. Der Bund ruft: als Panzergrenadier in Hannover-Bothfeld bis zur Kriegsdienstverweigerung Gangarten geübt, 1968 Wiederaufnahme des Studiums an der Universität Marburg/Lahn; Psychologie als akademische Naturwissenschaft; daneben unterstützt von Karl Heinz Stäcker erste Einblicke in eine andere Psychologie mit schizophren Erkrankten, drogenabhängigen Jugendlichen und lebenslänglich einsitzenden Mördern.

1972 Diplom in Psychologie, einen Tag später Forschungsassistent bei Theo Herrmann in Marburg.

1972 – 1976 Hunderte von Kindern, Jugendlichen und Erwachsenen sprachpsychologisch untersucht, erste Vorträge und Publikationen (zusammen mit Theo Herrmann), Lehrerfahrungen gesammelt, bis zur Promotion (Dr. rer. nat.) zig Semester- und Diplomarbeiten betreut. Psychodrama-Ausbildung am Moreno-Institut in Stuttgart bei Heika Straub. In großen und kleinen Chören mitgesungen, Gesangsausbildung bei Dorothea Brinkmann.

1976 – 1977 Hals über Kopf in die neue Welt als Stipendiat von Eve und Herbert Clark an der Stanford University; Bekanntwerden mit der internationalen Psycholinguistik, Wiederentdecken des vergessenen Werkes von Clara und William Stern.

1977 – 1987 zehn Jahre in einem Forschungsparadies, dem Max-Planck-Institut für Psycholinguistik, in Nijmegen (Niederlande); Mitarbeiter in den Arbeitsgruppen von Willem Levelt und Wolfgang Klein. Außerdem Forschungsaufenthalte am Zentrum für Interdisziplinäre Forschung in Bielefeld und an der Hebrew University in Jerusalem sowie Lehraufträge bzw. Gastprofessuren an den Universitäten Nijmegen, Mannheim, Göttingen und Umea in Schweden. Ungezählte Vorträge und zählbare Publikationen; ein Wissenschaftlerleben mit Höhen und Tiefen.

1. April 1987 – 12. Oktober 2010 Professor für Psychologie an der Technischen Universität Braunschweig, Leitung der Abteilung für Entwicklungspsychologie, Lehraufgaben in der Entwicklungspsychologie, Differentiellen Psychologie, Kognitiven Psychologie und dem Fach „Psychologie des Sprechens und Handelns".

Forschungsschwerpunkte: Entwicklung des Sprechens, Singens und des Zeichnens, Identitätsentwicklung insbesondere bei Zwillingen, Geschichte der Psychologie (William und Clara Stern), Autismus.

Von 1987 bis heute [12.10.2010] innerhalb und außerhalb der TU in vielen Gremien gesessen und Wortneubildungen gesammelt, 1 x Dekan und 3 x Mitglied des Senats der Carolo-Wilhelmina gewesen. Freude am interdisziplinären Austausch: in der Braunschweigischen Wissenschaftlichen Gesellschaft, dem Naturwissenschaftlich-Philosophischen und dem Ästhetikkolloquium. Vertrauensdozent der Studienstiftung des Deutschen Volkes und des Bischöflichen Cusanuswerkes mit Stimme im Graduiertenauschuss.

An Abenden ohne Kolloquium oder Sonstigem häufig hoch oben im dritten Rang des Braunschweiger Staatstheaters; manchmal auch selbst auf der Bühne: in einem Psychodrama des Weiterbildungsganges Psychotherapie Braunschweig-Göttingen, in einer Tenor-Tenorbegegnung mit dem Saxophonisten Günther Zins und in einem Konzert mit der Sopranistin Grit Sommer, dem Pianisten Volker Link oder dem Ensemble Moment. An Wochenenden ‚Go West' zu W.A.S. oder ‚Go East', irgendwohin zwischen Oker und Oder, Ostsee und Oybin.

„All eines ist der Anfang und das Ende,

und wo du stehst,

dort ist die Zeitenwende."

Frei zitiert nach Hugo von Hofmannsthal.

Bild von Emilio (6)

Nach-Worte

Als kreativer Mensch hat Werner Deutsch viele unterschiedliche Themen und Interessen verfolgt. In der Forschung ging es ihm weniger darum, anhand großer, repräsentativer Stichproben statistisch bedeutsame Ergebnisse zu produzieren. Vielmehr war sein Ziel, individuelles Erleben und Verhalten der Menschen sichtbar zu machen. Dieses Buch stellt Ausschnitte seiner Arbeit sowie die von Freunden und Kollegen vor. Leitlinie bei der Auswahl war dabei der Titel des Buches: Kreative Entwicklung. Sicherlich gibt es noch viele weitere Bereiche, in denen sich Menschen kreativ entwickeln und ausleben können, aber wir hoffen dennoch, dass Sie bereits durch die hier vorgestellten Auszüge an der einen oder anderen Stelle des Buches wieder Lust bekommen haben, selbst einmal wieder zu malen, zu singen, zu spielen oder sich einfach eine Auszeit zu nehmen. Wann haben **Sie** das letzte Mal Flow erlebt?

Um dem Titel des Buches auch am Ende gerecht zu werden, finden Sie zum Abschluss kein reguläres Nachwort, sondern ausgewählte „Nach-Worte". Diese stammen von teils berühmten, teils weniger berühmten, aber in jedem Fall kreativen Personen.

> „Vor ein paar Jahren beklagte eine führende Ölgesellschaft, dass es einigen Mitarbeitern im Bereich Forschung und Entwicklung an Kreativität mangele. Die Firmenleitung setzte ein Psychologenteam ein. Es sollte herausfinden, worin sich die wenig kreativen Mitarbeiter von den Kreativen unterschieden. Nach drei Monaten kamen die Psychologen zu dem Ergebnis: Der Hauptunterschied zwischen den kreativen und den weniger kreativen Mitarbeitern bestand schlicht darin, dass die Kreativen sich selbst als kreativ einschätzen, und die weniger Kreativen genau dies nicht taten."
>
> Richard L. Weaver, amerikanischer Hochschullehrer

„Lange, ehe die Schule die geistigen Güter der Zeit bewusst dem jungen Geschlecht zu übertragen beginnt, hat dies selbst eigenmächtig durch das nachahmende Spiel angefangen, für die historische Stetigkeit zu sorgen."

William Stern (1871-1938)

„The great people take the same colours and notes as everyone else and do something different."

Chris Martin (Coldplay) über die Beatles

„Es deutet sich bereits an, dass eine kreative Person nach diesen Annahmen unmöglich in allen Bereichen des Lebens kreativ sein kann. Einerseits weil es in der Praxis natürlich zeitaufwändig ist, sich auf verschiedenen Gebieten Sachverstand zu erarbeiten, aber andererseits auch, weil ein bestimmter kognitiver Stil eben nicht bei jeder Art von Problem hilfreich ist."

Auszug aus einer Referatsausarbeitung aus Werner Deutschs Seminar „Kreative Entwicklung"

„In jedem Menschen steckt etwas von einem ermordeten Mozart."

Antoine de Saint-Exupéry (1900-1944)

„Als Kind ist jeder ein Künstler. Die Schwierigkeit liegt darin, als Erwachsener einer zu bleiben."

Pablo Picasso (1881-1973)

Autorenliste & Kontaktdaten

Dipl.-Psych. Ariane Gernhardt
Universität Osnabrück
Institut für Psychologie
Artilleriestr. 34, 49069 Osnabrück

Dipl.-Psych. Maike Hauschildt
AWO Psychiatriezentrum
Vor dem Kaiserdom 10, 38154 Königslutter

Dipl.-Psych. Florian Henk
Technische Universität Braunschweig
Institut für Pädagogische Psychologie
Bienroder Weg 82, 38106 Braunschweig

Soz.-Päd. Jan Kretzschmar
Leiter der Kindertagesstätte
Diakonie Wolfsburg
Erich-Bammel-Weg 2, 38446 Wolfsburg

Dr. rer. nat. Petra Sandhagen
Universität Hildesheim
Institut für Psychologie
Marienburger Platz 22, 31141 Hildesheim

Dr. habil. Meike Watzlawik
Technische Universität Braunschweig
Institut für Psychologie
Humboldtstr. 33, 38106 Braunschweig

Dipl.-Psych. Susanne Wiedau
Psychologische Praxis
Erlenbruch 2a, 38226 Salzgitter

Herzliches Dankeschön

Bei Herrn Werner Steinecke bedanken wir uns für die Idee zu diesem Buch und die Bereitstellung von sowohl Texten als auch Bildern.

Bei Prof. Dr. med. Eckart Altenmüller bedanken wir uns für das Verfassen des Vorwortes zu diesem Buch!

Darüber hinaus bedanken wir uns bei der Fakultät für Lebenswissenschaften und dem Institut für Psychologie der Technischen Universität Braunschweig sowie dem Moreno Institut in Stuttgart, die diese Publikation finanziell erst ermöglicht haben.

Wir bedanken uns natürlich auch bei allen, die für uns so bereitwillig und kreativ Menschen gemalt haben. Dies geschah u.a. mit Unterstützung von Ellen Watzlawik, Silvia de Vries, der Werkstatt für Menschen mit Behinderung des CJD Salzgitter, der Grundschule Salzgitter-Lichtenberg und des Kindergartens in Salzgitter-Salder. Leider konnten nicht alle Bilder berücksichtigt werden. Birgit Sobiech verdanken wir die kreative In-Szene-Setzung der ausgewählten Bilder auf dem Cover, Brunhilde Sobiech übernahm die Digitalisierung der Collage. Vielen Dank dafür!

Die Menschen auf dem Cover wurden gemalt von…

Rückseite (v.l.n.r.)	Vorderseite (v.l.n.r.)
[Foto von Werner Deutsch]	Stefanie, 34
Christoph, 43	Mia, 5
Marie, 4	Dogan, 26
Nina, 22	Edda, 4
Lara, 16	Can-Noah, 4
Dorothea, 15	Viktoria, 7
Logan, 4	Johannes, 68
Kathrin, 38	Tim, 37
Wiebke, 20	Paula, 6
Andrea, 34	Jesko, 7

Kreativ
vorankommen

Gebelsbergstraße 9
70199 Stuttgart
Tel. 0711-606 707

mail@morenoinstitut.de
www.morenoinstitut.de

Institut für Fort- und Weiterbildung

Wir bieten folgende berufsbegleitende Weiterbildungen an:

- Psychodrama-Praxis
- Psychodrama-Leitung
- Psychodrama-Therapie
- Psychodrama-Kindertherapie
- Psychodrama-Suchttherapie DRV-anerkannt
- Psychodrama und Organisationsentwicklung
- Supervision und Coaching DGSv-zertifiziert
- Selbsterfahrungsgruppen

und viele interessante Seminare sowie Abendveranstaltungen (z.B. Psychodrama-Szene) zum Schnuppern.

Wir freuen uns auf Sie!

MORENO INSTITUT
STUTTGART

---

schlichtundbündig

schlichtundbündig – Grafikdesign
Dipl.-Des. Birgit Sobiech

Telefon (0531) 38 99 93 40
Telefax (0531) 38 99 93 41
kontakt@schlichtundbuendig.de
www.schlichtundbuendig.de

Mitglied Allianz Deutscher Designer (AGD)